常州文博论丛

2019年（总第5辑）

常州博物馆 编

文物出版社

图书在版编目（CIP）数据

常州文博论丛：2019 年．总第 5 辑 / 常州博物馆编． -- 北京：
文物出版社，2019.12
  ISBN 978-7-5010-6331-4

  Ⅰ．①常… Ⅱ．①常… Ⅲ．①文物工作－常州－文集
②博物馆－工作－常州－文集 Ⅳ．①G269.275.33-53

中国版本图书馆 CIP 数据核字(2019)第 246546 号

常州文博论丛

2019 年（总第 5 辑）

常州博物馆 编

责任编辑：张小舟
责任印制：梁秋卉
书名题签：谢稚柳
封面设计：程星涛

出版发行：文物出版社
社   址：北京市东直门内北小街 2 号楼
邮   编：100007
网   址：http://www.wenwu.com
邮   箱：web@wenwu.com
经   销：新华书店
印   刷：常州报业传媒印务有限公司
开   本：889mm×1194mm 1/16
印   张：12.5
版   次：2019 年 12 月第 1 版
印   次：2019 年 12 月第 1 次印刷
书   号：ISBN 978-7-5010-6331-4
定   价：68.00 元

目　录

中国古人类用火问题研究的回顾与思考

◇ 叶灿阳

内容提要：“用火”一直被视为古人类生存和演化进程中十分重要的一步，但长期以来，由于发现和研究的深度不够，中国古人类用火研究长期停留在证据识别和遗迹描述阶段，直到近些年才开始上升到与古人类行为相联系的阐释层面上。本文分四个时期回顾了中国古人类用火问题的研究历史，对各个阶段的古人类用火发现和研究史概况进行了梳理；随后，结合国内外新近的研究动态分析存在的问题，对中国古人类用火问题研究的发展提出了思考。

关键词：中国 旧石器时代 古人类用火 研究史回顾

“用火”对古人类的生存和体质进化至关重要，也是反映其适应自然能力和智力发展水平的重要尺度。研究“古人类用火”与研究“石器技术”一样，是研究古人类生存演化和文化发展的重要途径，对于理解古人类的生存状态和文化面貌、复原古人类生活图景，具有十分重要的价值。但长期以来，由于缺乏相关理论与方法论的指导，中国古人类用火的研究在很大程度上还停留在“是否用火”的辨识层面上，尤其在早期遗址用火证据认定上存在科学性争议；在晚期人类用火研究中，虽有可靠的火塘遗迹，但对火塘的管理方式、火塘空间结构所反映的人类栖居模式、人工用火体现的社会意义等问题直到近些年才开始有所关注。关于用火研究的学术史，近年来已有相关梳理[①]，但并不全面。因此，本文首先分四个时期回顾中国古人类用火问题的研究历程，然后结合国内外新近的研究动态分析存在的问题，针对中国古人类用火问题研究的发展提出自己的思考。

一、以“发现”为中心的中国古人类用火研究简史

1. 1949 年以前——周口店最早的发现与研究

1949 年以前，中国旧石器考古学的最重要的工作就是周口店遗址的发掘，中国最早的古人类用火遗迹的发现和研究也是以周口店 1927 年开始的发掘为起点的。但在起初两年的发掘中，用火遗迹并未引起重视。大概从 1929 年开始，在第 1 地点主堆积的发掘中开始辨识出用火遗迹，但对燃烧遗迹与古人类的关系还不能确定。到了 1930 年冬天，德日进携带部分疑似用火遗迹的标本前往巴黎，与欧洲史前遗址出土的用火遗迹资料进行比较，并请巴黎博物馆的戈贝尔（Dr. Gaubert）博士对黑色物质进行定性分析，结果表明黑色样品确实含有炭，而不是铁锰浸染，进而证明了周口店主堆积中确实有过燃烧活动；1931 年又从新发现的 “石英 I 层”取样，将黑色堆积及一起发现的烧骨送给北京协和医学院的黎德(B. E. Read)教授，化验结果同样显示为炭；同时，在"石英Ⅱ层"，石器、灰烬层、烧骨和古人类化石的共存关系，也肯定了古人类的用火现象②。除第1地点外，在第4、13、15地点③、山顶洞④也都发现有用火遗迹。此后多年的发掘，在第1地点的4-5层、8-9层和第10层的底部又发现了大量的用火遗迹⑤。除周口店外，德日进(Teilhard de Chardin)和桑志华(Emile Licent)20年代在水洞沟

也曾发现并报道过晚期的用火遗迹⑥，1937年贾兰坡和卞美年在云南丘北黑菁龙岩厦遗址发现了中期的用火遗迹⑦。总体来看，这一时期，由于周口店丰富的用火遗迹和良好的保存状况，再加上研究者的多学科参与及国际合作的背景，使得在对用火遗迹的辨识观察、资料收集、利用科学手段初步分析和逻辑论证上体现出世界水准，也为后来我们研究古人类用火遗迹现象积累了宝贵的经验（参考表一）。

表一 1949年之前发现的用火遗迹

遗址名	发现年代	时代⑧	埋藏类型	指示物
周口店第1地点		EP		灰烬层、烧骨、炭屑
周口店第13地点		EP		灰烬、烧骨、烧过的朴树籽
周口店第4地点	1927-1937	MP	洞穴	灰烬层、烧骨、烧石
周口店第15地点		MP		灰烬层、含烧石、烧骨、烧过的朴树籽
山顶洞		UP		灰烬层、烧骨和疑似火塘
水洞沟	1920s	UP	旷野	布满炭屑的火塘(1号点)；含烧骨的用火遗迹(2号点)；边界清晰的灰烬遗迹(5号点)
黑菁龙	1937	MP	岩厦	木炭、灰烬、烧骨和烧过的朴树籽

2. 1949-1980年——早期用火的争议及研究方法的局限

1949年以后，周口店的发掘和研究工作很快得以恢复，同时在全国范围内开展新的工作。随着50-60年代西侯度⑨、匼河⑩、蓝田⑪、元谋⑫等一批早期遗址的发现和发掘，认定比北京猿人更古老的人类和石器文化成为重要的学术命题⑬。"最早的古人类用火"同"最早的石器"一并成为探索中国远古文化古老性的重要论据。但由于这些遗址在埋藏性质(河流相)、堆积保存状况和遗迹遗物丰富程度上都无法与周口店猿人遗址相媲美，很多遗址至今在年代、埋藏性质、石制品人工性质等方面仍有较大争议。其中又以西侯度⑭、元谋⑮的情况最具代表性。西侯度遗址以32件石制品和用火遗迹为主要文化特征。在1978年的报告中，对于用火的认定依据是"燃烧"过的骨、角和马牙。主要根据烧骨的颜色和少量的化学分析，以及与相关遗址用火遗迹的比对来推定用火⑯；同时，以"用火遗迹"与遗址的共存关联来回应部分学者"自然火"假设的质疑⑰。这一时期在一些中晚期遗址如金牛山⑱、庙后山⑲、

鸽子洞⑳、峙峪㉑、小南海㉒、虎头梁㉓、富林㉔、岩灰洞㉕、硝灰洞㉖等遗址也发现了用火遗迹，并且对部分遗址(如金牛山、鸽子洞、富林、岩灰洞)的用火遗迹做了"含碳量"和"埋藏学"的分析，还根据烧骨遗存推定古人类的狩猎对象及食谱，岩灰洞还进行过烧骨实验的对比。但总体上，"用火遗迹"或从属于地层的描述，或服务于古人类活动的推测，一直未能作为一个专门的议题。

在偏科普的领域，贾兰坡、王建1965年发表的《人类用火的历史和火在社会发展中的作用》㉗和贾兰坡1978年发表的《从工具和用火看早期人类对物质的认识和利用》㉘对古人类用火的行为进行了推敲和阐释；周国兴、张兴永1977年发表的《火的化石》㉙对用火遗迹的保存和用火起源及意义等相关问题进行了介绍。但由于缺乏"遗址形成过程"和"人类行为学"的知识背景，同时也没有足够的技术支撑去验证一些推理，学术界对"用火遗迹"问题（尤其是早期遗址）的认识还停留在有还是没有、多还是少的问题上，对共存关系的理解还是比较简单（只要是在古人类活动的

遗址里发现燃烧的痕迹，那就一定是古人类所为）；而正由于研究的不足，对用火起源与意义的科普阐释也就缺乏可靠的知识背景作为支撑（参考表二）。

表二　1949-1980 年之间发现的用火遗迹

遗址名	发现年代	时代	埋藏类型	指示物
西侯度	1961-1962	EP	旷野	"烧过"的骨、角、马牙
匼河	1962	EP	旷野	一块烧骨
元谋	1965	EP	旷野	灰烬、炭屑、烧骨
蓝田公王岭	1965	EP	旷野	灰烬、炭屑
金牛山 C(1974 和 1976)	1974	EP	洞穴	灰烬层、烧土块、木炭粒、烧骨
庙后山	1978	EP	洞穴	灰烬层、烧骨、零星炭屑
鸽子洞	1973	MP	洞穴	灰烬层、烧骨、烧石、炭屑
岩灰洞	1971-1972	MP	洞穴	炭屑、烧骨
硝灰洞	1973-1974	MP	洞穴	各色灰烬、炭屑、烧骨、烧石
峙峪	1963	UP	旷野	灰烬层、烧石、烧骨
小南海	1960	UP	洞穴	烧土块、炭粒、烧骨
富林	1960	UP	旷野	烧过的骨块、炭屑
虎头梁	1972-1973	UP	旷野	3 个炉灶坑(含大量炭粒、烧骨、烧过的鸵鸟蛋皮)

3. 1980—2000 年——中国猿人用火之争与研究思路的转变

1978 年，中国实行改革开放，思想的解放与对外交流的深入使得中国旧石器时代考古在 20 世纪的最后 20 年中取得了巨大成果，其中一个很重要的进步就是对古人类生产和生存活动遗迹的发现和辨认[30]。这一时期随着因基本建设增多而导致的考古规模扩大和国外先进田野发掘方法的引入，更多的用火遗迹被揭露和识别，专门针对用火的研究文章也开始出现，量化分析、多学科合作和实验考古也开始引入，对遗址形成过程和古人类行为的认识水平也在提高。在早期人类用火方面，80 年代初在锡水洞遗址发现用火遗迹并发表了专题研究文章[31]。1984 年，金牛山人第五次发掘，确认了有三个灰堆的居住面[32]；1993 年第九次发掘，在居住面又发现 9 个灰堆；鉴于金牛山发现丰富的用火遗迹，在发掘期间顾玉才做了封火模拟实验，观察用石块封火的条件、火种保存的时间以及烧烤兽骨的状况等[33]。1985 年，裴文中、张森水在《中国猿人石器研究》中系统地梳理了周口店第 1 地点的人类用火遗迹材料，并总结了对北京人用火状况的认识。90 年代末在洛南龙牙洞也发现了丰富的早期人类用火遗迹[34]。此外，中期的板井子[35]、洪沟[36]、禹门口[37]、织机洞[38]、盘县大洞[39]、井水湾[40]，晚期的海城仙人洞[41]、承德四方洞[42]、东方广场[43]、阳原马鞍山[44]、南磨[45]、白莲洞[46]、龙潭山第 2 地点[47]、老龙洞[48]、船帆洞[49]、桐梓马鞍山[50]、海南落笔洞[51]等遗址也都报道了丰富的人类用火遗迹，其中不乏有保存完好的火塘被发现（参考表三）。

面对着越来越丰富的用火遗迹的发现，古人类用火问题也不断引发讨论。董韶华[52]、傅朗[53]、丁国强[54]等结合用火遗迹发现对用火起源和证据做了讨论；汪宁生[55]、宋兆麟[56]结合民族志材料对人工取火和用火方式做了综述；周军[57]通过对小空山下层"似灰烬层"的误判案例出发，认为在研究古人类用火遗迹时一定要采取科学、审慎的态度。但最重要的应是宾福德(Lewis L. Binford)对周口店北京猿人用火的质疑所引发的讨论了。自上世纪 30 年代周口店发现用火遗迹以来，北京猿人用火在很长时间里被国际学术界公认为人类有控制用火的最早证据。1985 年，宾福德与何传坤在《当代人类学》(Current Anthropology)发表了《远距离的埋藏学：周口店，北京猿人的洞穴之家》一文，从埋藏学、遗址形成过程等角度对北京猿人的用火能力及其证据提出疑问，他们认为所谓灰烬更可能是猫头鹰或其他猛禽的粪便或自然火的遗存，而非人工火的遗留[58]。同年，宾福德对中国进行访问，回国后发表论文《近观周口店》，得出猿人更可能是食腐者而非狩猎者的结论[59]。宾福德的文章发表后，引发了国内外学术界的诸多讨论[60]。国内的专家学者大多持强烈的反对观点,认为宾福德对遗址材料了解和研究不够深入,甚至是一种帝国主义的妄想和判断。国外的学者对其方法和模式给予了肯定,但并不完全信任其对材料的研究精度[61]。到了20世纪末,魏纳(Weiner S.)、古德伯格(Goldberg P.)等西方学者与中国学者合作,针对周口店第1地点西剖面开展了较系统的地质学、地球化学和埋藏学研究,认为没有直接证据表明第4层和第10层发生过古人类原地用火[62]。2001年,古德伯格等又在《人类演化杂志》(Journal of Human Evolution)发表了更详尽的有关周口店遗址形成过程的埋藏学研究论文,认为在任何层位都不存在没有争议的原地用火证据[63]。

面对新的挑战,我国学者很快做出了回应[64],声明灰烬层、烧骨及其他用火证据的可信性。后来又运用科技手段,结合新的发掘(2009-2010年)来证实北京人第4层用火的真实存在[65]。

回顾这一时期的古人类用火研究,首先是科学田野发掘方法引入后,对用火遗迹辨识能力的提高,遗迹发现的数量和质量提高(从南到北、从早到晚、还有结构性火塘的发现)。然后是"周口店之争"留给我们的启示:宾福德的挑战提示我们要系统地、关联地、整体地看待出土的考古材料,不能仅仅直接的将所见与古人类行为相联系;而魏纳的工作提示我们从经验描述的考古遗存研究转向量化统计与科技分析的研究思路上来。

表三 1980-2000年之间发现的用火遗迹

遗址名	发现年代	时代	埋藏类型	指示物
锡水洞	1981	EP	洞穴	灰烬层、烧石、烧骨、木炭屑
金牛山	1984-1994	EP	洞穴	灰堆、火塘
龙牙洞	1998	EP	洞穴	灰烬层、烧石、烧骨
板井子	1991	MP	旷野	火塘(含红烧土、木炭粒)
洪沟	1994-1996	MP	旷野	木炭屑、烧土块、烧骨、烟熏痕
禹门口	1981	MP	洞穴	灰烬层、烧骨、木炭屑
织机洞	1990-1995	MP&UP	洞穴	灰烬堆、红烧土面、大量烧骨
盘县大洞	1992-1993	MP	洞穴	炭屑、灰烬、烧骨
海城仙人洞	1983-1993	MP&UP	洞穴	灰烬堆、烧骨、炭屑
承德四方洞	1984/1988	UP	洞穴	灰烬层(含文化遗物)
东方广场	1996-1997	UP	旷野	集中的灰烬、炭屑、烧石和烧骨
阳原马鞍山	1996	UP	旷野	火塘、火堆、灶
南磨	1995	UP	旷野	3个火塘(含烧骨、烧石、木炭颗粒)
白莲洞	1979-1982	UP	洞穴	两处烧火堆、炭屑
龙潭山第2地点	1982	UP	洞穴	灰烬层、炭粒、烧骨
老龙洞	1991	UP	洞穴	灰烬层、灰堆(大量炭屑和烧骨)
船帆洞	1999-2000	UP	洞穴	烧石、烧土、灰烬
桐梓马鞍山	1990	UP	洞穴	炭屑、烧骨、烧石、红烧土块
海南落笔洞	1992-1993	UP	洞穴	烧石、烧骨、烧土块、炭屑

4. 2000年以后——新问题、新视角与新方法

新世纪以来,随着国家总体实力的增长,与西方学术的交流、合作与接轨,中国旧石器考古学呈现出蓬勃发展的新势头。伴随着一些重大课题(东方人类探源、现代人起源等)的推动,这一时期的古人类用火研究也呈现出实质性的突破和进展。在用火遗迹的发现方面,早期有周口店第1地点西剖面2009-2010年的清理[66]和云南甘棠箐遗址2014-2015年的发掘[67]、丁村遗址群新发现的过水洞遗址[68];中期的郧西黄龙洞[69]、乌兰木伦[70]、老奶奶庙[71]、通天洞[72];晚期发现最为丰富,在水洞沟第2、8、12地点[73]、柿子滩S5、S9、S12、S14、S29地点[74]、二道梁[75]、龙泉洞[76]、将军崖[77]、烟云洞[78]、富源大河[79]、龙王辿[80]、宁夏鸽子山[81]、甘肃石峡口[82]、青海的江西沟第1地点、黑马河1号地点、娄拉水库、沟后001地点、晏台东遗址等青藏高原边缘地区[83]都发现有晚期人类频繁用火的证据(参考表四)。

随着新世纪以来科技考古学的蓬勃发展和对

考古学研究的渗透,新时期的古人类用火在用火遗迹分析上更多引进与国际接轨的新技术和新方法,同时吸收西方考古学理论与思考方式。如刘武等对郧西黄龙洞用火遗迹的判定[㉘]、高星等对周口店第1地点西剖面新发掘用火遗迹的分析[㉙],对认定早期用火遗迹提供了新的手段和思路。在火的使用方面,高星等对水洞沟第12地点烧石的分析和实验研究推断了古人类使用"石烹法"的考古学证据[㉚];张乐等对贵州马鞍山烧骨的深入研究,揭示了古人类烧烤肉食的行为[㉛];周振宇等对水洞沟石料的热处理研究揭示了古人类用火与石料利用的关联[㉜]。在用火遗迹的空间分析方面,关莹等通过对水洞沟第2地点与火塘相关的遗迹遗物的空间分布分析,尝试探讨了空间利用方式、群体规模与构成、遗址功能分区与人类行为等问题[㉝]。近年来,学者们在用火遗迹的判定[㉞]、火塘[㉟]与热处理[㊵]等问题上更是表现出持续的关注,对以用火遗迹为代表的旧石器时代遗迹研究开始朝着更高层次的人类行为阐释方面努力。

表四　2000年以来发现的用火遗迹

遗址名	发现年代	时代	埋藏类型	指示物
周口店第1地点西剖面	2009	EP	洞穴	集中用火的部位或火塘、灰烬、烧骨、烧石
云南甘棠箐	2014-2015	EP	旷野	一处篝火遗存
丁村过水洞	2015	EP	旷野	大量炭屑、炭粒和少量的红烧土块
郧西黄龙洞	2006	MP	洞穴	地层夹裹的黑色物质
乌兰木伦	2010-2011	MP	旷野	灰烬、木炭、烧骨、炭屑
通天洞	2016-2017	MP	洞穴	三个灰堆、烧骨
老奶奶庙	2011-2012	MP	旷野	火塘或灰烬堆、灰烬内包含大量炭屑
水洞沟第2地点		UP	旷野	8个火塘(平地堆烧、范围清晰)
水洞沟第8地点	2003-2007	UP	旷野	灰烬、炭屑、烧骨
水洞沟第12地点		UP	旷野	灰烬层(含木炭、烧骨、烧石)
柿子滩S5	2010	UP	旷野	3处火塘
柿子滩S9	2001、2002、2005	UP	旷野	灰堆(含炭屑、烧骨)
柿子滩S12	2001-2005	UP	旷野	灰堆、烧石、烧骨
柿子滩S14	2002-2005	UP	旷野	结构性火塘、一般灰堆
柿子滩S29	2009-2010	UP	旷野	大量的灰堆和结构性火塘(围石/圆坑)
二道梁	2002	UP	旷野	1处完整火塘
龙泉洞	2011、2014	UP	洞穴	火塘、灰烬层、烧骨、烧石
将军崖	2002-2006	UP	洞穴	2处疑似灶坑
玉米洞	2013	UP	洞穴	2处"低投入"火塘
烟云洞	2005	UP	洞穴	1处火塘、多处灰烬
富源大河	2001-2006	UP	洞穴	多处火塘、大量烧骨、少许炭屑
龙王辿	2005-2009	UP	旷野	灰烬堆、炭屑、烧骨
鸽子山	2014-2016	UP	旷野	数个结构性火塘和临时建筑遗迹
石峡口	2014	UP	旷野	灰烬、烧骨、炭粒
江西沟第1地点	2004	UP	旷野	灰堆(含烧骨、炭屑)
黑马河1号地点	2004	UP	旷野	灰堆(炭屑、烧石)
娄拉水库	2007、2009	UP	旷野	火塘
沟后001地点	2007	UP	旷野	灰堆(灰烬、炭屑、烧石)
晏台东	2009	UP	旷野	10个火塘

二、国际古人类用火研究的"他山之鉴"

1.最早的古人类用火及其判别方法

在研究最早的人类用火时,如何分辨"自然火"与"人为用火"是最主要的难点,也常常引发对考古材料科学性的质疑。近些年来,随着地质考古学和土壤微形态学的发展,越来越多的科技方法被提出和实践,如微观形态分析、傅里叶变换红外光谱、X射线衍射、扫描电镜、植硅石分析、电子自旋共振、释光法、地磁法、有机化学、有机岩石学、稳定同位素分析等[㊶],从微观尺度分析早期用火遗存的性质成为一种有效的手段。通过更精细的发掘和科技分析手段，早期人类用火的年代不断被提前到接近距今 200 万年[94]。但这些微观手段仍然离不开对用火遗存证据的保存状况、遗址相关古人类活动背景等宏观层面的考察；同时也要结合民族考古学的类比、实验考古学的验证；最后是综合从宏观到微观的所有相关信息和证据分析的结果进行总体判断（参见表五）。即便如此，有关早期遗址的用火证据还存在可能性的争议。

表五　古人类用火证据确认的方法流程

1.提取用火证据信息(木炭、灰烬、过火物如烧石/骨；分布与结构特征)
2.分析遗存形成过程、对提取信息的各种科技量化分析
3.结合民族考古学和实验考古学的数据库进行对比
4.综合从宏观到微观的 Context 信息和证据分析结果进行判断

2.古人类用火研究的理论动向

在很长一段时间内，古人类用火被看作线性发展的过程，发现最早的古人类用火即被作为用火"何时何地(When&Where)"起源的证据。而随着材料的积累和研究范式的转变，一些学者开始意识到人类用火起源其实是一个"人"与"火"长期互动的复杂发展过程，而非一个点或事件[95]。因此，即使发现了最早的确定性人类用火，也不能就把这项技术作为全人类"全面普及"地接受和"一劳永逸"地传承的东西。比如，新近的研究揭示出尼安德特人在用火的时空频率上很不稳定，甚至环境更寒冷恶劣的时段不用火[96]。古人类的用火能力在不同时空和群体条件下可能并不一致。

概念的界定和规范化是学术议题讨论和研究深入的重要保证。基于对古人类用火问题复杂性的新认识，有的学者开始反思目前研究术语中存在的问题[97]。比如"控制性用火(Controlled use of fire)"和"习惯性用火(Habitual use of fire)"在不同的学者那里的内涵并不一致。此外，理论的反思直接影响到对问题的关注，相比于追寻最早的人类用火，人类用火的目的和用法、最早的取火方式、用火的功能与象征意义等方面的研究开始得到关注。

总之，以微观科技分析方法认定用火证据为代表的方法论和以概念反思和新问题为导向的理论动向都是中国考古学需要借鉴和思考的。

三、中国古人类用火研究现状的反思与展望

根据上文对中国几十处古人类用火遗迹发现和研究史的梳理，结合目前国内外关于古人类用火的研究动态和趋势，笔者认为中国古人类用火研究今后可以从以下三方面着力：

（1）早期用火遗迹的科学分析——破除争议

回顾我国早期人类遗址的用火研究，仅有少量遗址做过有限的测试分析，像西侯度、元谋、蓝田这样的遗址在新的技术条件下能否破除一些不必要的争议，取得新的研究进展？如果能将新的研究方法与分析技术引入进来，找到 100 万年以上东亚古人类在中纬度温带地区的古人类用火的确凿证据，将对于我们理解早期人类如何扩散到东亚以及早期人类在东亚的生存状况和体质演化具有十分重要的意义。

（2）晚期火塘结构的空间分析——探讨人群组织与规模

如前所述，近些年来，在一系列科研项目的推动下，一大批中国旧石器晚期遗址被发现，大多含有丰富的用火遗迹（如柿子滩、水洞沟等），这些火塘的功能如何？性质怎样？是否能结合火塘周围的遗存特征分辨出不同的活动区？不同的火塘规模和空间分布能否区分出不同的人群组织方式或社会结构？我们需要带着这些问题去深入研究这批资料，并在借鉴国外相关研究的基础之上，尝试发展出适合本地区情况的分析方法和阐释模式。

（3）用火方式手段分析——烧烤、石煮法、热处理的应用

用火对人类的生存演化至关重要，对身体机能的进化有重大影响，导致人类在体质上发生众多改变。用火还催生新的技术发明，丰富着人类的体外适应方式的拓展。近年来，随着分析技术与研究方法的进步，我们对于古人类烧烤肉食、热处理石器

和利用间接法炊煮加热食物的研究已经有了一些进展,但要真正透视古人类的生活,还需要继续深化对古人类用火活动(如燃料选择、取火方式、利用和管理方式等方面)的系统研究,并将其整合到对中国旧石器时代社会研究的范畴中去。

四、结语

回顾中国古人类用火研究 90 多年的历史,从 1949 年以前中外合作发掘与识别报道北京人用火遗迹,到新中国成立后封闭环境下的独立发现与探索实践,再到宾福德的质疑和学科转型发展,最后到达今天与世界接轨并跟上国际潮流的学术史回顾,笔者得到三点启示:一是旧石器考古学科的发展离不开与世界同行的互动和交流,闭门造车总归成就有限;二是科学技术发展对学术发展具有重要的支持和推动作用;三是理论、方法论和考古材料三者总是相互关联的,没有高屋建瓴的理论思考和严谨可靠的方法论支撑,再好的考古材料也无法充分发挥其价值。

附记:本文初稿为 2018 年春季学期的研究生课程论文,在修改过程中,中国人民大学考古文博系的仪明洁和陈胜前两位老师都曾提出宝贵的修改意见,在此一并致谢!

注释:

①a.武仙竹、李禹阶、刘武:《旧石器时代人类用火遗迹的发现与研究》,《考古》2010 年第 6 期,第 57—65 页;b.周振宇、关莹等:《旧石器时代的火塘与古人类用火》,《人类学学报》2012 年第 1 期,第 24—40 页;c.刘建超:《从旧石器时代遗迹现象初探古人类行为》,山西大学硕士学位论文,2016 年。

②a.Black D.,1932. Evidences of the use of Fire by Sinanthropus,Acta Geologica Sinica (English Edition)11(2):107—108;b.W. C. Pei,1932. Notice of the Discovery of Quartz and other Stone Artifacts in the Lower Pleistocene Hominid-Bearing Sediments of the Choukoutien Cave Deposit. Acta Geologica Sinica(English Edition)11(2):110,137.

③W. C. Pei,1934. Reports on the excavation of the Locality 13 in Choukoutien. Acta Geologica Sinica(English Edition)13(1):359—367.

④W. C. Pei,1934. A preliminary report on the Late-Paleolithic cave of Choukoutien. Acta Geologica Sinica(English Edition)13(1):327—358.

⑤裴文中、张森水:《中国猿人石器研究》,科学出版社,1985 年,第 13—22 页。

⑥[法]布勒、布日耶、德日进、桑志华著,李英华、邢路达译:《中国的石器时代》,科学出版社,2013 年,第 8、11 页(原著法文版发表于 1928 年)。

⑦M. N. Bien,L. P. Chia,1938. Cave and Rock-Shelter Deposits in Yunnan. Acta Geological Sinica(English Edition)18(3—4):345—347.

⑧时代简称:EP 为旧石器时代早期,距今 330—20 万年;MP 为旧石器时代中期,距今 20—5/3.5 万年;UP 为旧石器时代晚期,距今 5/3.5—1.2 万年。

⑨贾兰坡、王建:《山西旧石器的研究现状及其展望》,《文物》1962 年第 1 期,第 23—27 页。

⑩贾兰坡、王择义、王建:《匼河—山西西南部旧石器时代初期文化遗址》,科学出版社,1962 年。

⑪周明镇:《蓝田猿人动物群的性质和时代》,《科学通报》1965 年第 6 期,第 482—487 页。

⑫胡承志:《云南元谋发现的猿人牙齿化石》,《地质学报》1973 年第 1 期,第 65—71 页。

⑬a. 裴文中:《中国猿人究竟是否最原始的"人"?——答吴汝康、贾兰坡二先生和其他同志》,《新建设》1962 年第 4 期,第 28—41 页;b.贾兰坡:《中国猿人不是最原始的人——再与裴文中先生商榷》,《新建设》1962 年第 7 期,第 54—87 页。

⑭a. 张森水:《关于西侯度的问题》,《人类学学报》1998 年第 2 期,第 81—93 页;b.卫奇:《西侯度石制品研究感悟》,《文物世界》2008 年第 5 期,第 27—38 页。

⑮周国兴:《对"元谋人"认识的探讨》,《自然杂志》1979 年第 3 期,第 169—172 页。

⑯贾兰坡、王建:《西侯度—山西更新世早期古文化遗址》,文物出版社,1978 年,第 86 页。

⑰贾兰坡:《中国旧石器时代考古学的研究现状和发展趋势》,《山西师院学报(哲学社会科学版)》1979 年第 1 期,第 9 页。

⑱金牛山联合发掘队:《辽宁营口金牛山旧石器文化的研究》,《古脊椎动物与古人类》1978 年第 2 期,第 129—130 页。

⑲辽宁省博物馆、本溪市博物馆编《庙后山——辽宁省本溪市旧石器文化遗址》，文物出版社，1986年，第30-31页。

⑳鸽子洞发掘队：《辽宁鸽子洞旧石器遗址发掘报告》，《古脊椎动物与古人类》1975年第2期，第124页。

㉑贾兰坡、盖培、尤玉柱：《山西峙峪旧石器时代遗址发掘报告》，《考古学报》1972年第1期，第39、41页。

㉒安志敏：《河南安阳小南海旧石器时代洞穴堆积的试掘》，《考古学报》1965年第1期，第4、21页。

㉓盖培、卫奇：《虎头梁旧石器时代晚期遗址的发现》，《古脊椎动物与古人类》1977年第4期，第298页。

㉔张森水：《富林文化》，《古脊椎动物与古人类》1977年第1期，第14-15页。

㉕吴茂霖、王令红等：《贵州桐梓发现的古人类化石及其文化遗物》，《古脊椎动物与古人类》1975年第1期，第22页。

㉖曹泽田：《贵州水城硝灰洞旧石器文化遗址》，《古脊椎动物与古人类》1978年第1期，第68页。

㉗贾兰坡、王建：《人类用火的历史和火在社会发展中的作用》，《历史教学》1956年第12期，第7-9页。

㉘贾兰坡：《从工具和用火看早期人类对物质的认识和利用》，《自然杂志》1978年第1期，第31-34页。

㉙周国兴、张兴永：《火的化石》，《化石》1977年第2期，第19-22页。

㉚高星：《中国旧石器时代考古学的昨天、今天与明天》，参见高星、侯亚梅主编《20世纪旧石器时代考古学研究》，文物出版社，2002年，第5页。

㉛黄春长：《锡水洞遗址古地理环境、用火遗迹及时代问题》，《史前研究》1984年第1期，第3-4页。

㉜吕遵谔：《金牛山猿人的发现和意义》，《北京大学学报》1985年第2期，第110页。

㉝傅仁义：《金牛山古人类遗址的发掘和研究简史》，《考古学研究(七)》，科学出版社，2008年，第23页。

㉞陕西省考古研究院、洛南县博物馆编《花石浪（Ⅱ）——洛南花石浪龙牙洞遗址发掘报告》，科学出版社，2008年，第39-45页。

㉟谢飞、李珺、刘连强：《泥河湾旧石器文化》，花山文艺出版社，2004年，第131页。

㊱巩义市文物保护管理所、河南省社会科学院河洛文化研究所：《河南巩义市洪沟旧石器遗址试掘简报》，《中原文物》1998年第1期，第2页。

㊲刘士莪、张洲：《陕西韩城禹门口旧石器时代洞穴遗址》，《史前研究》1984年第1期，第46页。

㊳张松林、刘彦锋：《织机洞旧石器时代遗址发掘报告》，《人类学学报》2003年第1期，第2-5页。

㊴斯信强、刘军、张汉刚、袁成武：《盘县大洞发掘简报》，《人类学学报》1993年第2期，第116页。

㊵李国洪：《丰都井水湾旧石器遗址再次发掘》，《中国文物报》2000年6月18日，001版。

㊶黄慰文、傅仁义主编《小孤山——辽宁海城史前洞穴遗址综合研究》，科学出版社，2009年，第21页。

㊷中国科学院古脊椎动物与古人类研究所、河北省文物考古研究所：《四方洞——河北第一处旧石器时代洞穴遗址》，《文物春秋》1992年第S1期，第112页。

㊸李超荣、郁金城、冯兴无：《北京市王府井东方广场旧石器时代遗址发掘简报》，《考古》2000年第9期，第6页。

㊹谢飞、李珺、刘连强：《泥河湾旧石器文化》，花山文艺出版社，2004年，第171页。

㊺中国考古学会编《中国考古学年鉴(1996)》，文物出版社，1998年，第103页。

㊻柳州白莲洞洞穴科学博物馆、北京自然博物馆、广西民族学院历史系：《广西柳州白莲洞石器时代洞穴遗址发掘报告》，《南方民族考古·第一辑》，四川大学出版社，1987年，第147页。

㊼邱中郎、张银运、胡绍锦：《昆明呈贡龙潭山第2地点的人化石和旧石器》，《人类学学报》1985年第3期，第234页。

㊽白子麒：《老龙洞史前遗址初步研究》，《人类学学报》1998年第3期，第254页。

㊾陈子文、李建军、余生富：《福建三明船帆洞旧石器遗址》，《人类学学报》2001年第4期，第257页。

㊿a.张森水：《马鞍山旧石器遗址试掘报告》，《人类学学报》1988年第1期，第66-67页；b.黄四淳、龙凤骧、安家瑗：《马鞍山南洞旧石器文化遗址试掘报告》，《人类学学报》1992年第1期，第71页。

(51)郝思德：《三亚落笔洞洞穴遗址文化初探》，《南方文物》1997年第1期，第95页。

(52)董韶华：《我国原始人类用火渊源刍议》，《北方文物》1989 年第 1 期，第 19—23 页。

⑤ 傅朗：《旧石器时代人类用火的几个问题》，《史学月刊》1996 年第 2 期，第 2—6 页。

⑤ 丁国强：《人类用火起源于哪里？》，《化石》1991 年第 1 期，第 18—20 页。

⑤ 汪宁生：《我国古代取火方法的研究》，《考古与文物》1980 年第 4 期，第 115—124 页。

⑤ 宋兆麟：《从生食到熟食的飞跃——兼谈取火技术》，《史前研究》2000 年，第 428—439 页。

⑤ 周军：《谈谈旧石器遗址中的用火遗迹——兼论小空山下洞旧石器遗址中的灰烬层》，《中原文物》1990 年第 4 期，第 125—127 页。

⑤ Binford L. R.，Chuankun H.，1985. Taphonomy at a distance：Zhoukoudian，"the cave home of Beijing man" Current Anthropology 26(1):413—442.

⑤ Binford L. R.，Stone N. M.，1986. Zhoukoudian：a closer look. Current Anthropology 27(5):453—475.

⑥ a.王吉：《北京猿人是生活在山洞里的吗？》，《科学》1986 年第 4 期，第 297—298；b.路石(张森水先生笔名之一)：《周口店是"北京人"之家吗》，《化石》1987 年第 4 期，第 16—17 页；c.贾兰坡：《周口店无疑是北京人之家》，《科学》1988 年第 1 期，第 54—56 页；d.贾兰坡：《关于周口店北京人遗址的若干问题——评宾福德等的新看法》，《考古》1988 年第 1 期，第 77—84 页；e.Binford L. R.，Stone，N. M.，1987. On Zhoukoudian: Reply to comments. Current Anthropology 28 (1):102—105；f.Reynolds T. E.G.，Binford L. R.，1986. On agents of bone accumulation at Zhoukoudian. Current Anthropology 27(4):368—369.

⑥ 战世佳、董哲、陈胜前：《宾福德与北京猿人遗址之争》，《边疆考古研究》2016 年第 2 期，第 141—153 页。

⑥ Weiner S.，Xu Q.，Goldberg P.，et al.，1998. Evidence for the use of fire at Zhoukoudian，China. Science 281:251—253.

⑥ Goldberg P.，Weiner S.，Bar-Yosef O.，et al.2001. Site formation processes at Zhoukoudian，China. Journal of Human Evolution 41(5):483—530.

⑥ 徐钦琦、刘金毅：《对美国〈科学〉杂志关于周口店第 1 地点用火证据的文章的评论》，《人类学学报》1998 年第 4 期，第 318—329 页。

⑥ a.沈承德、易惟熙、杨英等：《周口店猿人遗址样品"元素碳"浓度及其应用于人类用火证据探究的可能性》，《科学通报》2004 年第 3 期，第 275—278 页；b.张岩、郭正堂、邓成龙等：《周口店第 1 地点用火的磁化率和色度证据》，《科学通报》2014 年第 8 期，第 679—686 页。

⑥ 张双权、高星等：《周口店第一地点西剖面 2009—2010 年发掘报告》，《人类学学报》2016 年第 1 期，第 63—75 页。

⑥ 刘建辉：《云南江川甘棠箐旧石器遗址发掘获重大发现》，《中国文物报》2016 年 3 月 25 日第 005 版。

⑥ 王益人、袁文明等：《2011 年以来丁村遗址群考古新进展》，《人类学学报》2018 年第 37 卷网络版，第 265 页。

⑥ 刘武、武仙竹等：《湖北郧西黄龙洞古人类用火证据》，《科学通报》2008 年第 24 期，第 3096—3103 页。

⑦ 王志浩、侯亚梅等：《内蒙古鄂尔多斯市乌兰木伦旧石器时代中期遗址》，《考古》2012 年第 7 期，第 6—10 页。

⑦ 王幼平：《嵩山东南麓 MIS3 阶段古人类的栖居形态及相关问题》，《考古学研究（十）》，科学出版社，2013 年，第 289—290 页。

⑦ 新疆文物考古研究所、北京大学考古文博学院：《新疆吉木乃县通天洞遗址》，《考古》2018 年第 7 期，第 3—14 页。

⑦ 高星、王惠民等著《水洞沟：2003~2007 年度考古发掘与研究报告》，科学出版社，2013 年，第 322 页。

⑦ a. 柿子滩考古队：《山西吉县柿子滩旧石器时代遗址第五地点发掘简报》，《考古》2016 年第 4 期，第 4—5 页；b.柿子滩考古队：《山西吉县柿子滩遗址第九地点发掘简报》，《考古》2010 年第 10 期，第 9 页；c. 赵静芳：《柿子滩遗址地点发现综述》，《考古学研究（十）》，科学出版社，2013 年，第 223—231 页；d.柿子滩考古队：《山西吉县柿子滩旧石器时代遗址 514 地点》，《考古》2002 年第 4 期，第 17 页；e. 柿子滩考古队：《山西吉县柿子滩旧石器时代遗址 S14 地点 2002~2005 年发掘简报》，《考古》2013 年第 2 期，第 4 页；f.山西大学历史文化学院、山西省考古研究所：《山西吉县柿子滩遗址 S29 地点发掘简报》，《考古》2017 年第 2 期，第 37—38 页。

⑦谢飞、李珺、刘连强:《泥河湾旧石器文化》,花山文艺出版社,2004年,第190页。

⑦北京师范大学历史学院、洛阳市文物考古研究院、栾川县文物管理所:《河南栾川龙泉洞遗址2011年发掘报告》,《考古学报》2017年第2期,第229—230页。

⑦房迎三、惠强等:《江苏连云港将军崖旧石器晚期遗址的考古发掘与收获》,《东南文化》2008年第1期,第18—19页。

⑦四川省文物考古研究院、绵阳市博物馆、北川县文物管理所:《四川北川县烟云洞旧石器时代遗址发掘简报》,《四川文物》2006年第6期,第6—7页。

⑦吉学平、刘成武等:《大河洞穴之魅——富源大河旧石器遗址揭秘》,《中国文化遗产》2008年第6期,第78—83页。

⑧尹申平、王小庆:《陕西宜川龙王辿遗址考古发掘取得重大收获》,《中国文物报》2006年12月1日,002版。

⑧郭家龙、王惠民、乔倩:《宁夏鸽子山遗址考古新发现》,《西夏研究》2017年第2期,封面文章。

⑧李锋、赵宇超、陈福友:《甘肃张家川发现旧石器晚期遗址和用火遗迹》,《中国文物报》2014年10月10日第008版。

⑧a.仪明洁、高星等:《青藏高原边缘地区史前遗址2009年调查试掘报告》,《人类学学报》2011年第2期,第124—136页;b.仪明洁:《青海省旧石器的发现与研究》,董为等主编《第十三届中国古脊椎动物学学术年会论文集》,海洋出版社,2012年,第187—194页。

⑧刘武、武仙竹等:《湖北郧西黄龙洞古人类用火证据》,《科学通报》2008年第24期,第3096—3103页。

⑧高星、张双权等:《关于北京猿人用火的证据:研究历史、争议与新进展》,《人类学学报》2016年第4期,第481—492页。

⑧高星、王惠民等:《水洞沟第12地点古人类用火研究》,《人类学学报》2009年第4期,第329—336页。

⑧张乐、王春雪等:《马鞍山旧石器时代遗址古人类行为的动物考古学研究》,《中国科学(D辑:地球科学)》2009年第9期,第1262—1263页。

⑧高星、王惠民等著《水洞沟:2003~2007年度考古发掘与研究报告》,科学出版社,2013年,第295—307页。

⑧高星、王惠民等著《水洞沟:2003~2007年度考古发掘与研究报告》,科学出版社,2013年,第290—295页。

⑨武仙竹、李禹阶、刘武:《旧石器时代人类用火遗迹的发现与研究》,《考古》2010年第6期,第57—65页。

⑨周振宇、关莹等:《旧石器时代的火塘与古人类用火》,《人类学学报》2012年第1期,第24—40页。

⑨a.周振宇、关莹等:《水洞沟遗址的石料热处理现象及其反映的早期现代人行为》,《科学通报》2013年第9期,第815—824页;b.陈虹、沈辰:《史前石制品的热处理研究》,《江汉考古》2009年第2期,第93—103页。

⑨关于这些科技方法的适用对象参见 Goldberg P., Miller C. E., and Mentzer S. M. 2017. Recognizing fire in the Paleolithic archaeological record. Current Anthropology 58(16):S180—S181, Table1.

⑨Hlubik S., Berna F., et al. 2017. Researching the Nature of Fire at 1.5 Mya on the Site of FxJj20 AB, Koobi Fora, Kenya, Using High—Resolution Spatial Analysis and FTIR Spectrometry. Current Anthropology 58(16):S243—S257.

⑨a.Gowlett J.A.J. 2016. The discovery of fire by humans:a long and convoluted process. Philosophical Transactions of the Royal Society B: Biological Sciences 371 (1696):1 —12;b.Chazan Michael. 2017. Toward the long history of fire. Current Anthropology 58(16):S351—359.

⑨Dibble, Harold L., Abodolahzadeh Aylar,et al. 2017. How did hominins adapt to ice age Europe without fire Current Anthropology 58(16):S278—S287.

⑨Dennis M. Sandgathe.2017. Identifying and describing pattern and process in the evolution of Hominin use of fire. Current Anthropology 58(16):S360—S370.

(作者单位:中国人民大学历史学院)

略论中国早期宫殿类建筑的起源

◇ 李　彤

内容提要：本文以二里头宫殿类建筑为基点，从建筑技术和布局两个方面对仰韶至龙山时期的大型建筑进行考察，认为中国早期宫殿类建筑中的木构建筑技术自仰韶时期就已经出现，至二里头时期发展出成熟的柱网技术、木骨泥墙技术以及擎檐柱技术。而夯土台基技术、组合式建筑群以及封闭式四合院布局则在龙山早期出现，到龙山晚期发展成熟，成为中国早期宫殿类建筑的核心特征。
关键词：宫殿　建筑技术　文明起源

　　宫殿建筑是中国古代文明中的重要组成部分。从夏商周三代到明清时期，以大型高台木构建筑为代表的宫殿建筑，自其出现以来与中国礼制文明有着深刻的关联，在三千多年的漫漫长河中伴随着中华文明不断发展。因此回归原点，探寻宫室建筑的起源和早期发展脉络，无疑是探寻中华文明形成过程的一个重要途径。一般而言，学界多认为二里头遗址发现的大型建筑属于较为成熟的宫殿类建筑，与早商和殷墟时期的宫殿类建筑一脉相承，奠定了中国古代宫殿建筑的基本格调。

　　二里头遗址宫殿建筑坐北朝南，以廊庑环绕庭院，庭院中后部坐落大型夯土建筑，展现出复杂的建筑布局和技术(图一)。许宏先生认为二里头宫殿建筑具有以下几个物化特征：其一，超常规的大体量，面积达数千至上万平方米；其二，建筑位于高出地面的夯筑台基上，土木结构；其三，复杂的建筑格局，形制方正规整、封闭的庭院式布局[①]。因此，将二里头遗址的大型建筑作为一个基点向前追溯，是探寻中国宫室建筑起源和发展脉络的重要途径。本文即选取仰韶和龙山时期具有代表性大型建筑案例，对其建筑形式、布局、功能以及性质进行分析，从建筑技术与布局方面讨论中国古代宫殿类建筑的来源。

一、仰韶时期大型建筑

　　半坡 F1[②]：位于半坡聚落的中心广场旁边，为一方形半地穴建筑，复原后东西 10.5 米，南北 10.8 米；墙厚 0.9~1.3 米，高 0.5 米；门道位于东墙，宽约 1 米。墙体为泥土堆筑而成，内掺有草木枝叶以及烧土残块作为骨料。房屋内部遗存有两个完整的大柱洞，直径 0.5 米左右；另有一个残破的柱洞。从柱洞分布情况来看，F1 应有四个中心柱。杨鸿勋先生经过考察，认为半坡遗址 F1 内部被连接西侧两个中心柱的内墙分隔成前后两部分。前部面积约占三分之二，为一独立的大室；后部则被分为三个小室。虽然前室被唐墓打破，但是可以推断 F1 的灶址应当位于此室中部，性质应当为议事活动场所；

而后室较小,应当为卧室③(图二)。

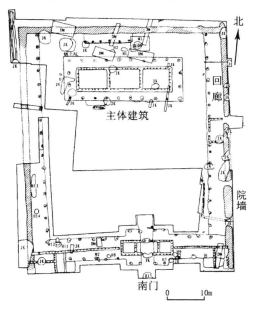

图一　二里头遗址 F2 平面图

(据中国社会科学院考古研究所:《偃师二里头——1959-1978 年考古发掘报告》图 93 改制)

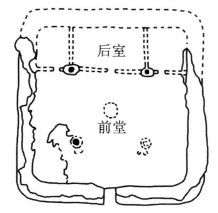

图二　半坡遗址 F1 复原平面图

(据杨鸿勋:《宫殿考古通论》图三改制)

灵宝西坡 F105④:位于灵宝西坡遗址中心部位的广场中,门道朝向广场中心。该房址为半地穴式建筑,平面呈五边形,坐西朝东。房基南北长 19.85 米,东西宽 18.85 米,面积 204 平方米。斜坡门道窄长,位于东墙中部,长约 8.7 米,宽 1 米。室内柱洞共发现 42 个,其中四个对称分布于室内地面,另外 38 个为壁柱洞,洞内还发现有朱砂痕迹。房基外有一周柱洞,应为室外回廊、门棚设施。算上回廊部分,F105 的建筑面积超过 500 平方米。从目前考古发现情况来看,西坡 F105 是发现最早有回廊的建筑(图三)。

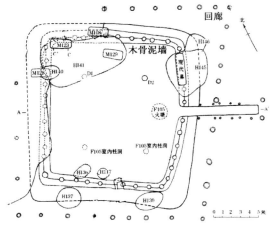

图三　西坡 F105 平面图

(据河南省文物考古研究所等:《河南灵宝西坡遗址 105 号仰韶文化房址》图三改制)

案板遗址 F3⑤:该房址为地面起墙式建筑,整体平面呈凹字形,坐北朝南,平面布局可分为主室和前廊两部分,南北中轴线长 14 米,东西宽 11.8 米,建筑面积约为 165.2 平方米。主室平面圆角方形,建筑面积约 134.5 平方米。墙基为先挖基槽,后立柱,在于其内填以黄土、料姜石及红烧土碎块掺合的混合土,并经踩踏压实,非常坚硬。木柱间用草拌泥填充而成木骨泥墙。门道位于主室南墙正中,宽约 0.75 米。前廊位于主室之前,主室东、西墙基向南延伸,成为前廊东西两侧墙基。前廊南北进深 2.6 米,东西面阔 11.5 米,面积约 30 平方米,应为一向南开敞的敞棚,特点与后世殿堂建筑前的"轩"相似(图四)。

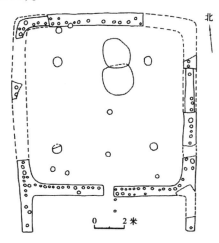

图四　案板遗址 F3 平面图

(据西北大学文博学院考古专业:《扶风案板遗址发掘报告》图五二改制)

大地湾遗址 F901[⑥]:F901 发现于大地湾聚落遗址中部，这是一座地面起墙式多间复合建筑,整体为横长方形。前墙长 16.7 米,后墙长 15.2 米,左墙长 7.84 米,右墙长 8.36 米,总建筑面积 420 平方米。整体布局由主室,后室以及侧室组成,三个门道位于主室前面,各宽约 1.2 米中门有突出的门斗,主室中部有一直径 2.6 米的大火塘,左右接近后墙处各有一大柱,形成轴对称格局。主室左右各有一侧室残迹;前部有与主室等宽的三列柱洞,表明主室前部连接有敞棚,这个敞篷与案板遗址 F3 有相似之处,也具有"轩"的特点。整个建筑纵轴北偏东 30 度,面向西南方。F901 在建筑材料和工艺方而也是因地制宜,不仅创造性地使用了人造轻骨料,而且居住面的加工近似现代混凝土,经久耐用。杨鸿勋对该房址进行了复原,认为其具备前室与后室,左右各有侧室,构成明确的"前堂后室"和"夏后氏世室"具备的"旁"和"夹"[⑦]。而且 F901 中出土的陶器多为大型器物,四足鼎、敛口小平底釜、条形盘、环形把手异形器等组合也具有较为特殊的意义与功能,或许是某种场合下专用的陶礼器组合(图五)。

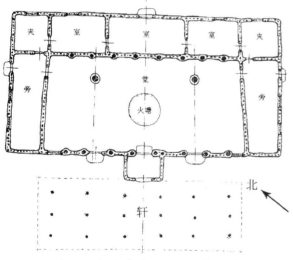

图五　大地湾遗址 F901 平面图

(据杨鸿勋:《宫殿考古通论》图一五改制)

二、龙山时期大型建筑

芦山峁遗址夯土建筑群[⑧]:芦山峁遗址夯土建筑群位于延安市芦山峁遗址的核心区域——营盘梁台顶,台顶南北长约 160 米,东西宽约 100 米,是由坡状的自然山梁人工垫土夯筑而成的夯土大台

基,边缘地带垫土厚度大于 10 米,中心稍薄。台基顶部坐落有三座院落,其中 1 号院落为一四合院式院落,布局清晰,规模宏大。1 号院落座北朝南,三座大型夯土建筑为院落主体建筑, 位于院落中后部,单个建筑面积超过 200 平方米。主体建筑两侧对称分布有东西厢房,为夯土联间建筑。整个院落内部建筑呈品字形分布, 被夯土院墙包围起来,形成封闭的四合院布局。院门设置于南院墙偏西处,门道内还发现有南北向的石砌排水渠。南门外左右各设置一门墩,应负责警备安全。发掘过程中,在大型建筑、院墙以及广场的夯土中多次发现用玉器、猪下颌骨奠基现象。更为重要的是,在大型建筑附近的倒塌堆积中还发现大量形态成熟的筒瓦与槽型板瓦的残片,个体超过 100 件,这是目前中国发现最早的建筑用瓦。芦山峁遗址面积超过 200 万平方米,是整个延安地区发现面积最大的遗址,应是这一时期的大型中心聚落。1 号院落所在的营盘梁处于该遗址的核心区域,在海拔上亦是遗址范围内的最高点。从所处位置、规模体量、布局特点、高等级遗物的奠基以及瓦的使用来看,芦山峁遗址 1 号院落无疑具有极高的等级性(图六)。

图六　芦山峁遗址 1 号院落正射影像与出土的筒瓦、板瓦

(据陕西省考古研究院史前研究室:《2008—2017 陕西史前考古综述》图二四改制)

山西襄汾陶寺城址夯土建筑群[⑨]:城址东北部集中发现数座大小不一的夯土基址,发掘者推断为宫殿区。其中最大的一处夯土基础(IFJT3)属陶寺文化中期。夯土基础近正方形,面积大约 1 万平方

米。基址中部偏东残留柱网结构，面向西南，发掘者推断应为主体殿堂。柱网所占范围长 23.5 米，宽 12.2 米，面积为 286.7 平方米。殿堂柱洞有三排，总计发现 18 个柱础。柱间距不一，窄者间距约 2.5 米，宽者约 3 米，中央最宽者达 5 米。另外在破坏夯土基址的灰沟、灰坑中还见有陶板瓦片、刻花白灰墙皮、带蓝彩墙裙墙皮、以及压印绳索纹的白灰地坪残块等，都表明这里曾有高等级建筑存在（图七）。

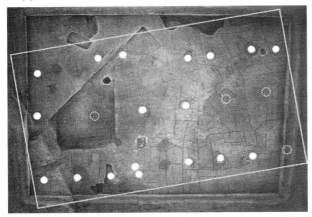

图七　陶寺遗址大型建筑基址 IFJT3 主体殿堂

（据中国社会科学院考古研究所山西队：《山西襄汾县陶寺城址发现陶寺文化中期大型夯土建筑基址》图四改制）

新密古城寨大型建筑基址群⑩：该建筑群发现于新密古城寨龙山文化遗址，由 F1 和 F4 组成。F1 属夯土台基建筑，台基呈长方形，南北长 28.4 米，东西宽 13.5 米。夯土台基下为基础坑，于生土上施夯，然后挖柱坑、栽立木柱后再填土层层夯实，直到高出地面。夯土层厚 2-4 厘米，夯窝为圆形，直径约 3 厘米。根据其现存柱洞、磉墩等遗迹，杜金鹏先生对其进行推测性复原，认为 F1 墙体为木骨泥墙，外围一圈柱洞系擎檐柱，整体形态与二里头和商代宫殿主体建筑类似（图八：2）。F4 则为廊庑建筑，系两面坡式夯土台基木骨泥墙建筑。从分布特点来看，F1 与 F4 的组合为四合院式建筑群，F1 为主体殿堂，F4 为其廊庑设施 11（图八：3）。这是考古发现中最早的主殿与廊庑的组合形式，并且构成了四合院的形制。而且建筑技术中使用了最早的擎檐柱，表示了回廊雏形的产生，整体布局近似二里头遗址的宫殿和宗庙建筑（图八：1）。

三、中国早期宫殿类建筑的技术和布局来源

1.技术来源

就建筑技术而言，二里头遗址宫殿建筑中包括了夯土台基技术、夯土墙技术、木骨泥墙技术、承重柱技术、擎檐柱技术等，这些技术共同构成了中国早期宫殿类建筑的技术基础。不仅仅是二里头宫殿建筑，在偃师商城、殷墟以及周原等地发现的宫殿类建筑中，上述技术依然属于核心建筑技术。通过上一节对于仰韶至龙山大型建筑的分析，可以发现这些建筑技术均可找到来源。

在仰韶早期，大型建筑的房基处理方式为减地式，例如上文介绍的半坡 F1 即为半地穴式建筑，墙体为踩泥墙，屋顶主要靠室内的四个中心柱来承重，暗示承重柱技术的成熟。仰韶中期，房基依然为半地穴式，屋顶依然以中心柱承重，但木骨泥墙技术在此时成熟起来，而且出现了室外回廊，这可能与擎檐柱的起源有关。到了仰韶晚期，大型建筑多为平地起墙式，墙体为成熟的木骨泥墙建筑，而且出现了"轩"一类的棚架设施。

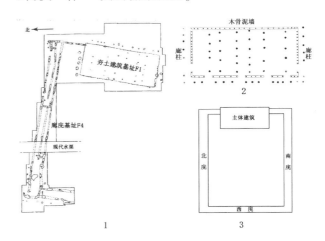

图八　新密古城寨夯土建筑基址

1.夯土建筑基址平面图　2.主体建筑 F1 平面复原图　3.主体建筑与廊庑关系图

（据杜金鹏：《新密古城寨龙山文化大型建筑基址研究》图二、三、八改制）

进入龙山时期，最大的技术变革在于出现了成熟夯筑技术，这意味着大型房屋的基础处理达到了一个全新的层面——夯土台基。龙山偏早的芦山峁夯土建筑虽然没有专门构筑的夯土台基，但其所坐落的营盘梁台地为人工修筑而成，本质上具有台基

性质。而且其墙体为夯土墙,表明夯筑技术已经较为成熟。略晚的陶寺大型建筑基址修筑有方形夯土台基,上有密集的柱网,已经具备了三代大型夯土建筑的特点。龙山晚期的古城寨大型建筑基址主体建筑使用了夯土台基技术、木骨泥墙技术、承重柱网技术以及擎檐柱技术,在建筑技术特点上已经与二里头宫殿建筑无异。

可以看出,仰韶时期的大型建筑对于柱网、梁架以及木骨泥墙等木构技术已经掌握非常成熟,为后世宫殿类建筑中的木构技术奠定了坚实的基础。进入龙山时期,先民对于黄土资源的开发使得夯筑技术飞速发展,进而产生了夯土台基技术,这是宫殿类建筑产生的重要条件。

2.布局来源

作为宫殿类建筑,其最大的布局特点有两个,一是形成主配结合的组合式建筑群,二是具有封闭的四合院式院落结构。仰韶时期的大型建筑均为单体建筑,还未出现组合式的建筑群组,因此中国早期宫殿的布局来源应在龙山时期寻找。

处于庙底沟二期文化晚段的芦山峁遗址为我们寻找这一源头提供了重要的材料:由夯土院墙围合出近万平米的四合院式院落,三座大型夯土建筑坐落于院落中后部,两侧配伍长方形夯土联间房,整个建筑群呈品字形对称分布。封闭的四合院式院落、主配结合的组合式建筑群以及对称分布的建筑

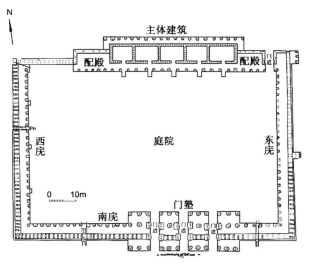

图九　偃师商城三号宫殿复原平面图

(采自谷飞:《偃师商城宫城第三号宫殿建筑基址的复原研究》图三)

布局无不体现了芦山峁大型夯土建筑群与二里头宫殿建筑之间的密切关系。到了龙山晚期,新密古城寨大型建筑基址在布局上已经完全具备了二里头2号宫殿遗址的特点。从杜金鹏先生的复原情况来看,主体建筑与东廊庑相连,形成联体式组合建筑(图六:3),这一特点更与偃师商城的宫殿建筑布局如出一辙(图九)。因此,中国早期宫殿类建筑的布局特点应源于龙山早期,并在龙山晚期基本成熟。

四、结论

除了上文讨论的技术和布局外,还有一点比较重要,就是仰韶时期大型单体和龙山时期大型夯土建筑群的性质问题。对于性质的考察不仅仅在于探讨其物化特征,更要将其放在当时的社会发展背景下来进行考察。仰韶时期的聚落布局多为向心式和凝聚式,大型建筑虽然也是集全部聚落人力进行修建的,但其多位于聚落中心,并且具有公共性和开放性,汪宁生先生将此类建筑称为"大房子"。这些"大房子"往往位于中心广场中,周围都有若干小型建筑围绕,学者一般推断其为公共活动场所[12]。而且仰韶时期社会发展程度较低,社会分化不明显,整个社会还处于氏族社会阶段,所以这些大型房屋应当是聚落的公共活动场所,在此进行集会,议事等公共活动,并不具类似二里头宫殿的封闭性和独占性。龙山时期的大型夯土建筑最大的特征就是出现了夯土台基,与夯土城垣相同,这些夯土建筑的修筑需要大量的劳动力集中才能够完成,而如此大量的劳动力的集中需要极其强大的号召力和统治力。另外,在芦山峁和古城寨遗址出现了四合院式的封闭式院落布局,体现了这一时期大型建筑的封闭性,反映了政治决策的隐秘和排他性。龙山时期是一个社会变革和重组的时期,社会贫富分化明显,军事冲突频繁,等级差异巨大,均反映了这一时期社会发展的高度复杂化。具有院落布局的大型夯土建筑群即是这种社会背景下的产物,体现了其作为社会上层人员对于权力掌控的独占性和排他性,这一点与二里头遗址的宫殿建筑的性质相同。

通过以上讨论,我们可以看到中国早期宫殿类建筑的建筑技术、布局以及性质均能从仰韶至龙山

时期的建筑中找到其雏形。而其发展又可分为仰韶时期和龙山时期两个阶段,前一阶段"大房子"的木构建筑技术奠定了早期宫殿建筑中梁架、柱网等木构技术。后一阶段,夯土台基技术、组合式建筑群、以及四合院式布局的出现适应了社会复杂化的需求,为社会上层人员提供了具有封闭性,独占性和排他性的特殊场所,并在二里头时期发展出典型的宫殿建筑,为此后中国古代宫殿建筑三千余年的发展奠定了基础。

注释:

① 许宏:《宫室建筑与中原国家文明的形成》,《中国文物报》2012年6月22日第006版。

② 中国科学院考古研究所、陕西省西安半坡博物馆:《西安半坡——原始氏族公社聚落遗址》,文物出版社,1963年,第13—20页。

③ 杨鸿勋:《宫殿考古通论》,紫禁城出版社,2001年,第5页。

④ 河南省文物考古研究所等:《河南灵宝西坡遗址105号仰韶文化房址》,《文物》2003年第8期。

⑤ 西北大学文博学院考古专业:《扶风案板遗址发掘报告》,科学出版社,2000年,第76—79页。

⑥ 甘肃省文物工作队:《甘肃秦安大地湾901号房址发掘简报》,《文物》1986年第2期。

⑦ 杨鸿勋:《宫殿考古通论》,紫禁城出版社,2001年,第22页。

⑧ 马明志、翟霖林等:《陕西延安芦山峁遗址发掘取得重要收获》,《中国文物报》2018年11月16日第7版。

⑨ 中国社会科学院考古研究所山西队、山西省考古研究所、临汾市文物局:《山西襄汾县陶寺城址发现陶寺文化中期大型夯土建筑基址》,《考古》2008年第3期。

⑩ 河南省文物考古研究所、新密市炎黄历史文化研究会:《河南新密市古城寨龙山文化城址发掘简报》,《华夏考古》2002年第2期。

⑪ 杜金鹏:《新密古城寨大型建筑基址研究》,《华夏考古》2010年第1期。

⑫ 汪宁生:《考古发现中的大房子》,《考古学报》1983年第3期。

(作者单位:西北大学文化遗产学院)

中国史前牙璧研究述评

◇ 李宁宁

内容提要：牙璧是龙山文化最具代表性的一种呈旋涡状的玉璧，一直以来，由于其特殊的形制，自发现伊始就备受学界关注。以往对于牙璧的研究，主要集中在形制、分类和功能三个方面，尤以功能用途为重点。本文将在梳理前人研究的基础上进行反思与展望，并提出一些新的研究思路。

关键词：牙璧 新石器时代 述评

一、前言

牙璧是新石器时代最具特色的玉器之一，也是龙山文化的代表性玉器之一，其分布地域比较广泛，犹以山东半岛为多。牙璧由于形制特殊，首次出土后便引发一批学者的研究兴趣，研究重点多集中于定名、起源、功能和文化交流等方面。本文拟梳理牙璧研究的学术历程，回顾前人研究成果，并尝试讨论其中的认知偏差，对牙璧定名、起源和功能等方面进行反思，对今后的研究略作启发式思考。

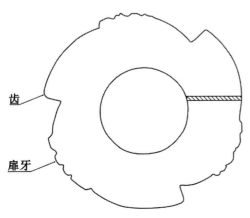

齿

扉牙

图一　牙璧细部名称示意图

为了方便叙述，本文沿用夏鼐先生提出的"牙璧"①一词，并把周缘斜出旋向相同的三个或多个突出物叫"齿"，璧边缘有扉棱状突起的叫"扉牙"（参见图一）。

二、史前牙璧研究的历程

由于牙璧形制的特殊性，对它的研究和认识大致可以分为三个时期，即探索期（新中国成立后至20世纪80年代中期）、初步研究期（20世纪80年代中期至20世纪90年代末）、深入期（20世纪90年代末至今）。

1. 牙璧研究探索期（新中国成立后至20世纪80年代中期）

最早见于考古发掘的牙璧为30年代濬县辛村墓②和安阳小屯南地③出土，濬县辛村简报中将其称为"风车形玉饰"，正式报告出版后又改称"璇玑"，小屯则把这种器物称为"齿环形器"。新中国成立后至80年代中期以前，史前时期辽宁四平山④、山东呈子⑤、山东滕县⑥、辽宁长海广鹿岛⑦、五莲丹土⑧和商周时期妇好墓⑨、黄陂鲁台山⑩、藁城台西村⑪等陆续出土和采集了类似的器物,在报告中,有学者将其与文献中的"璇玑"印证起来,将这种玉器统称为"璇玑"。最早将该词与这种特殊形制玉器相联系的是清末学者吴大澂《古玉图考》[12],吴大澂把这种玉器与古书里的"璇玑"对应起来,认为是一种天文仪器,可用以观测星辰,但具体如何操作已不得而知。至 1984 年之前,这种玉器一直被称为"璇玑",其功能内涵的研究也受吴大澂影响,处于"天文仪器"阶段。

1983 年,夏鼐在《商代玉器的分类、定名和用途》[13]一文中认为这种玉器源于仰韶文化三联璧和山东大汶口文化玉璧,而后 1984 年在《所谓玉璇玑不会是天文仪器》[14]中正式提出"牙璧"说,即依据外形特点,将旋向外侧相同的三个或多个突出物称为"牙",外郭边缘锯齿状突起称为"齿",结合考古学方法将其按照扉牙的有无分为"简单三牙璧"和"多齿三牙璧",简称"牙璧",提出按齿牙数量命名的原则。在功能内涵上认为是"玉璧的变体",绝非什么"天文仪器",并排列出牙璧的演变图,认为带扉牙的牙璧的年代早不过龙山晚期。实际上,夏鼐撰写此文的缘由正是发觉此前对于牙璧的研究方向已经稍有偏颇,以至于国外学者很大程度上基于吴大澂的观点,在做"璇玑"所代表的天文学星象研究[15]。夏鼐对于牙璧研究具有开创性、建设性,定名原则基本确定,对探究牙璧基本内涵的分析给出了指导性意见,为今后材料日渐丰富后的牙璧研究奠定了基调。

这一时期伴随中国考古工作的逐步开展,出土一批学者从未见过的器物,对这些器物的认知仍处于初步解读阶段,牙璧也是其中之一。中国学界首次否定了天文仪器说,即否定了"玉璇玑"的天文勘测作用,自此"牙璧"一词被引入,导正了长久以来牙璧内涵研究方向。"牙璧"一词本身是舶来品,见于日本学者梅元末治在描述郭家村出土的四枚齿状玉器,"在 1953 年,日本学者新规矩、梅原末治等就已经使用了'牙璧'一词,可能实际命名的时间早于 1953 年。在其《器物说明》中承认只是沿用"[16]。所以,目前为止很难究明"牙璧"一词的真正起源。

2. 牙璧初步研究期(20 世纪 80 年代中期至 20世纪 90 年代末)

这一时期山东海阳司马台[17]、临朐县[18]、胶县三里河[19]、三堂村[20]、神木石峁[21]等集中出土了一批牙璧,基础材料日渐丰富,具备了系统研究的条件。各报告或简报均未对牙璧进行系统分析,在称呼上也并未统一,"玉璇玑"一词仍在使用。

进入 90 年代以后,基于夏鼐否定"天文仪器说"后,引发了一次关于牙璧内涵的争鸣。1988 年,作为对夏鼐一文的回应,曲石撰写《为璇玑正名》[22],驳斥了夏鼐的"牙璧"说和"玉璧变体"的观点,仍主张是天文观测用具,并从源流、用途两方面为"璇玑"正名。他指出牙璧并非源于璧,并选取三里河M273:1 和 M113:12[23]、庄里遗址[24]为典型器物进行型式分析,认为牙璧源出于三里河遗址。其次在功能用途上以海阳司马台出土的有领套组牙璧为依据,阐述了璇玑作为天文观测仪器的使用特点。但孤证不例,山东海阳司马台这组牙璧并不能作为天文仪器使用的直接证据,另外其真正内涵也不可尽得,有领套组牙璧在内涵上是否与常规牙璧一致也值得商榷。曲石的研究是建立在"天文仪器说"基础上的,该篇文章也成为他同夏鼐之间关于牙璧研究的一次学术争辩和"天文仪器说"仅有的一次"反扑"。

除"天文仪器说"外,学界开始对这种特殊器物的内涵各抒己见。1991 年,尤仁德著《璇玑新探》否定牙璧和璇玑说,将其造型定为拟日型,牙状旋转为日晕,因而定名为"日晕形佩",是一种象征太阳神用以祈雨的日晕形佩,与太阳崇拜关联密切[25]。其后,安志敏再次否认"天文仪器说"和"璇玑"的称谓,并依据此玉器似风车、齿轮的外形特点,提出"风车形玉器"或"齿轮形玉器"[26]。尤仁德对牙璧的定名,在今天看来并不准确,有强加附会之嫌。且器物定名应简洁形象、易于理解,显然"日晕形佩"对于读者把握牙璧形态特征具有一定困难和误导。但无疑,尤仁德认为牙璧的功能应是和原始崇拜有关的佩饰,这一点值得肯定。安志敏根据形态命名的方法,有一定的借鉴意义,但该命名并不能全面概括牙璧的共性,因为并非所有牙璧都是风车形或齿轮形。安志敏更多地是站在唯物主义角度,强调牙璧的装饰作用,同时认为作为配饰,牙璧可能并没有原始崇拜等复杂的内涵,实际上并未将牙璧作为一种"神器"。

除了功能与形态探索之外,已有学者注意到牙璧这种特殊器物在文化交流中的标识性。1995年,冈村秀典在《中国史前玉器的生产与流通》[22]文中提出牙璧"辽东半岛起源说",认为辽东半岛和山东半岛的牙璧存在年限为大汶口文化后期至龙山文化前期以及小珠山文化上层,根据墓葬出土情况,牙璧应是"颈下的一种装饰品"。至于牙璧具体内涵并未进行具体论述,寥寥数语带过。实际上,这种以个案分析作为推论依据,仍然有孤证之嫌。不过,对探索牙璧的起源地具有重要的启发作用,至今仍被大部分学者所认同。

这一时期,总体来说是牙璧的初步研究阶段,呈现出"百花齐放"的研究态势。研究方向主要集中在对这一特殊器型的定名和内涵探索上,无论是"日晕形佩"还是"风车形器""齿轮形器"都不可避免地陷入将某一特定形态的牙璧统归为牙璧整体性特点的困局。但不可否认,这一时期的核心工作仍然是形态功能探讨,根据形态特征和出土状况分析,基本符合对牙璧功能研究的基本思路。而且,冈村秀典的文化交流分析给牙璧研究提供了新的视角。

3.牙璧研究深入期(20世纪90年代末至今)

这一时期对牙璧的研究逐渐深入至探讨多样性的文化交流层面,主要有刘俊勇、李新伟、杨伯达等人的研究。21世纪初期,刘俊勇先后发表《大汶口——山东龙山文化玉器研究》[28]和《辽东半岛玉牙璧初步研究》[29],重申牙璧起源地在辽东半岛地区,并认为牙璧与红山文化玉器一样属于"神器";李新伟在《中国史前玉器反映的宇宙观——兼论中国东部史前复杂社会的上层交流网》[30]中,将牙璧与凌家滩玉版和负八角星纹双猪首翅鸟、良渚文化玉琮、玉璧、红山文化勾云形器共同作为见证上层社会进行文化交流的特殊物品。通过考察史前特殊玉器的形态特征,他将牙璧视作一种"巫神"用具,非普通用品,而玉器作为牙璧载体,加之牙璧本身的特殊形态,因而为上层之间沟通交互的凭证。新

近,王永毅在《龙山时代河套与晋南的文化交融》[31]将视角拉至河套和晋南的文化交融上,由于牙璧的出土地点除山东半岛和辽东半岛外,河套地区和晋南也有不少发现,作为玉器交流的一部分,牙璧作为龙山时代河套地区和晋南各级聚落中心交流的辅证。这一视角实际是将牙璧的文化交流纳入中国多元文化格局的探讨之中,这在牙璧研究中属于新的研究方向,也是以后牙璧研究的重点之一。

除此之外,牙璧出土材料的丰富已经具备牙璧类型学的系统研究,2005年栾丰实《牙璧研究》[32]继承夏鼐研究性认识,在"牙璧"定名前提下依据齿牙数量对当时出土的不同时代的牙璧做了类型学分析,理清了牙璧的基本类型,并认为某些牙璧具备祭祀功能。但他并未详细论述功能内涵,且对于特殊功能解释得不够透彻,只说了可能类似"璇玑"作用的推测。

2000年以后,虽说专门的定名研究基本不见,但杨伯达仍关注着这一问题,其在2009年发表的《综述海洋性的"嵎夷玉文化板块"》[33]中对牙璧进行了与栾丰实分类标准截然不同的类型学研究,选取璧面平弧程度及边缘是否有刃作为分类标准,根据造型特点将其称为"玉牙器",因出土的牙璧多边缘刃状,且有圆有方,不符合璧片状平圆形这一特征,以"牙璧"中的"璧"含义有局限对该名予以否定,认为"牙璧"定名不利于璧的功能研究及定性工作,也因此提出"圆孔边刃器"概念,认为真正的"牙璧"只有平面圆孔牙器。这实际上否定了"牙璧"和"璇玑"的定名。这也是目前为止除夏鼐外,对牙璧定名和形态区分方面最为细致的研究。

这一时期以栾丰实的《牙璧研究》作为转折点,对牙璧进行的考古类型学研究发展到顶峰。但栾丰实对牙璧的界定太过宽泛,将所有边缘有牙状突出的璧形器都囊括进来。有几件实际是值得商榷的,如吴家村的动物型牙璧[34]、野店M31:4[35]等实际上与常规牙璧形态差异过大。值得肯定的是,栾丰实在进行分类时注意到,成型的牙璧形态受初加工时玉璧形态限制,基于此有圆形牙璧、方形牙璧、三角形牙璧等,这也是牙璧研究中首次注意到牙璧加工工艺。相比之下,杨伯达的"玉文化板块理论"实际上

是以玉器为着眼点所进行的文化交流的思考,提出的"边刃器"概念在一定程度上属于对牙璧形态细节特征的精致把握。对于渔猎活动频繁的辽东半岛来说,"海洋性神器"观点的提出实际上是将牙璧研究同区域性考古学文化以及生业模式相关联的一种新尝试。不难看出,这一时期研究视角已经跳出牙璧本身,在积累牙璧出土资料基础上转向以牙璧为代表的龙山文化或海岱文化的玉文化同其他文化之间的交流层面上。对牙璧研究已经脱离了定名阶段,转入更深层次的以牙璧为媒介的文化交流研究中。

三、史前牙璧研究的反思与展望

通过上述回顾,不难看出,史前牙璧研究在探索期、初步研究期和深入期,研究取向可大致概括为"器物定名→形态功能→文化交流→文明格局"四个研究层次。其中,形态功能研究是基础性研究环节,在研究链条中有着"透物见人"的关键作用,既关涉到器物的准确定名,也指向文化阐释的意义。

一种器物被制造出来必定与人们的生产、生活息息相关,并拥有特定功能,即使是形而上的观念性功能,也蕴含着人们的审美与意识。可资类比的是,不同啤酒品种根据特性不同,派生出扎啤杯、郁金香杯、笛形杯等等。牙璧可能也会由于使用功能的不同而塑造出不同的形态类型,但由于实物遗存本身的"物质性和复杂性特征,导致我们在认知过程中带有模糊性,而实物遗存的形态受到功能用途、制作材料及技术、文化传统和精神意识等方面的限制,尤其是社会功能和精神文化方面的内容不能直接被我们获知"⑰。这就导致我们在探索牙璧功能时易于陷入一种貌似主观唯心的"思维旋涡"之中。考虑到牙璧这种特殊器物,观念性功能大于实用性功能的器物,其外部形态可能更多取决于文化传统和精神意识。牙璧具体功能与使用方式的解读,还有待于保留有牙璧使用情境遗存的发现与分析。

值得注意的是,杨伯达的"边刃器""平面圆孔牙器(牙璧)"与夏鼐、栾丰实的"二牙璧、三牙璧"等,是基于两种不同研究目的的分类研究。杨伯达

旨在辨析何为"牙璧",继而探讨功能,夏、栾二人旨在清晰描述器物,并未涉及功能,但我们不能武断认为齿牙数量与功能无关。同时,璧坯形态决定齿牙数量的差异可能是工艺传统不同所导致的。因此,按齿牙数量进行分类的原则或可沿用。

牙璧在形态上大致经历了从无旋转感到呈旋涡状,从无齿牙到小齿牙再到大齿,边缘也从无扉牙再到一个甚至锯齿状扉牙,中孔也逐渐变大甚至整体呈环状。形态特征在地域上也存在一定差异,我们要注意陕西龙山文化与山东龙山文化的牙璧是两种不同的风格,器物在传播和传承过程中其蕴含的意义可能会由于地域风俗而发生变化,即动态传承。在传播过程中,牙璧的初始精神内涵可能会变异,通过形态外化出来。山东海阳司马台等出土的"有领牙璧"就需要重新审视,是否可以叫牙璧都是需要商榷的。因此,我们应该牢牢把握牙璧的主要特点:一是璧体较薄,多片状;二是斜出齿牙基本同向;三是玉质。但不乏玉原料短缺或对玉的界定不明确时将美石加工成美玉制品的情况存在。

文明是交错进发的,牙璧单一起源论或许并不完整。通过观察山东半岛和辽东半岛出土的牙璧,大汶口文化中期阶段两地各自独立发展出自己特有的牙璧;到了大汶口文化晚期至龙山文化早期,辽东半岛的牙璧造型独特,数量较多;龙山文化中晚期,山东半岛的牙璧造型规整且类型增多,数量增大,山东半岛牙璧获得极大发展,并成为牙璧的主要代表,对以后牙璧造型的发展起到重要作用,而辽东半岛则逐渐衰落。实际上,山东半岛和辽东半岛有可能在同一时期孕育了各自的牙璧文化,而后在相互交流中发展起来,尚难肯定何者是牙璧的发源地。

伴随着中国考古学的成长,牙璧研究在这60余年中从基本的定名研究走向深层的文明格局研究,正是中国考古学发展历程的缩影,具有一定的学术史价值。对于中国史前牙璧的研究,还有以下几个方面有待进一步探索。其一,功能内涵研究一直是玉器研究中一块难啃的"骨头",需要以更广阔的视野思考器物之间的关联,分析牙璧的出土情境、埋藏过程,寻找关于相关民族志材料、人类学理

论。其二,加强牙璧的微观痕迹分析,通过微痕考古技术手段,一方面研究这类玉器的制作工艺与技术,另一方面也可寻找相关使用痕迹。其三,将牙璧研究纳入史前大环境中进行全面考察,探讨其在中国东部地区玉文化传统的地位和作用,置于早期文明格局研究的宏观格局中来,牙璧流通地域性特征的不断显化,将为区域文化交流及文明格局研究提供新的观察视角。

附记:本文线图为常州博物馆肖宇先生绘制,谨致谢忱!

注释:

①夏鼐:《所谓玉璇玑不会是天文仪器》,《考古学报》1984年第4期。

②郭宝钧:《濬县辛村残墓之清理》,《田野考古报告》(第一册),1935年,第192页。

③石璋如:《小屯一本丙编三:南组墓葬》,台湾"中央研究院历史语言研究所"出版,1973年,第55-57页。

④[日]澄田正一、秋山进午、冈村秀典:《1941年四平山积石冢的调查》,《考古学文化论集》(第4集),文物出社,1997年,第40页。

⑤昌潍地区文物管理组等:《山东诸城呈子遗址发掘报告》,《考古学报》1980年第3期。

⑥中国社会科学院考古研究所山东队等《山东滕县古遗址调查简报》,《考古》1980年第1期。

⑦辽宁省博物馆:《长海县广鹿岛大长山岛贝丘遗址》,《考古学报》1981年第1期。

⑧杨波:《山东五莲县丹土遗址出土玉器》,《故宫文物月刊》1996年第2期。

⑨中国社会科学院考古研究所:《殷墟妇好墓》,文物出版社,1980年。

⑩黄陂县文化馆等:《湖北黄陂鲁台山两周遗址与墓葬》,《江汉考古》1982年第2期

⑪河北省博物馆文物管理处:《河北藁城台西村的商代遗址》,《考古》1973年5期。

⑫吴大澂:《古玉图考》,1898年,第51页。

⑬夏鼐:《商代玉器的分类、定名和用途》,《考古》第5期。

⑭夏鼐:《所谓玉璇玑不会是天文仪器》,《考古学报》1984年第4期。

⑮夏鼐《所谓玉璇玑不会是天文仪器》中题提及国外关于牙璧星象学的研究,卡楞和A.S.L.法累尔(Farrer):《"璇玑"一名和牙璧》,《东方非洲学院院刊》,46卷1期(1983年)。

⑯中国社会科学院考古研究所山东队等:《山东滕县古遗址调查简报》,《考古》1980年第1期。

⑰王洪明:《山东海阳县史前遗址调查》,《考古》1985年第12期。

⑱山东省文物考古研究所等:《临朐县西朱封龙山文化重椁墓的清理》,《海岱考古》(第一辑),山东大学出版社,1989年,第205页。

⑲中国社会科学院考古研究所:《胶县三里河》,文物出版社,1988年,第88页。

⑳辽宁省文物考古研究所等:《辽宁省瓦房店市长兴岛三堂村新石器时代遗址》,《考古学报》1994年第2期。

㉑戴应新:《神木石峁龙山文化玉器探索》,《考古与文物》1988年第5、6期合刊;戴应新:《神木石峁龙山文化玉器探索——完结篇》,《故宫文物月刊》1994年第10期。

㉒曲石:《为璇玑正名》,《文博》1988年第5期。

㉓中国社会科学院考古研究所:《胶县三里河》,文物出版社,1988年,第88页。

㉔中国社会科学院考古研究所山东队等《山东滕县古遗址调查简报》,《考古》1980年第1期。

㉕尤仁德:《璇玑新探》,《考古与文物》1991年第6期。

㉖安志敏:《牙璧试析》,《东亚玉器》(I),香港中文大学中国考古艺术研究中心出版,1998年,第39页。

㉗[日]冈村秀典著、姜宝莲译:《中国史前玉器的生产与流通》,《考古与文物》1995年第6期。

㉘刘俊勇:《大汶口——山东龙山文化玉器研究》,《出土玉器鉴定与研究》,紫禁城出版社,2001年,第286-297页。

㉙刘俊勇:《辽东半岛玉牙璧初步研究》,《中国玉文化玉学论丛》(下编),紫禁城出版社,2007年,第364-371页。

㉚李新伟:《中国史前玉器反映的宇宙观——兼论中国东部史前复杂社会的上层交流网》,《东南文化》2004年第3期。

㉛王永毅:《龙山时代河套与晋南的文化交融》,《中原文物》2018年第1期。

㉜栾丰实:《牙璧研究》,《文物》2005年第7期。

㉝杨伯达:《综述海洋性的"嵎夷玉文化板块"》,《辽宁省博物馆馆刊》(2009),江海出版社,2010年,第214-229页,杨伯达将牙璧分成弧面圆孔边刃牙器、斜面圆孔边刃牙器、平面圆孔牙器以及平面圆孔边刃牙器四种牙器;杨伯达:《莱夷玉文化板决探析——胶县三里河大汶口文化玉器解读》,《故宫博物院院刊》2009年第6期。

㉞山东省博物馆等,《邹县野店》,文物出版社,1985年,第94-95页。

㉟辽宁省博物馆等:《长海县广鹿岛大长山岛贝丘遗址》,《考古学报》1981年第1期。

㊱钱耀鹏主编:《考古学概论》,高等教育出版社,2011年,第14页。

(作者单位:西北大学文化遗产学院)

南京牛首山地区历史上的塔

◇ 左凯文

内容提要：南京牛首山地区历史上佛教昌盛，建造了包括佛塔在内的大量佛教建筑。本区历史上建造的佛塔有唐代牛首山东西峰双塔、宋代辟支佛塔和明代弘觉寺塔。大致在清末，牛首山上建造了一座有警戒瞭望功能的六也亭塔。此外，依据相关文献记载可知，牛首山地区还有鹤林塔、净果禅师塔、孚中禅师塔、铁汉和尚塔等多座僧人墓塔。

关键词：佛塔　墓塔　牛首山地区　南京

牛首山位于南京江宁、雨花台两区交接之处，因山之东西两峰似牛角而得名。历史上，牛首山还包括周边的将军山、凤凰山、翠屏山、韩府山、吴山、岱山、吉山等地。自古以来，牛首山地区就是金陵的佛教盛地，"牛头宗"便发祥于此，历代所建之佛寺更是不可胜数，而佛教的另一重要建筑——塔，在本地区也多有建造。根据史料记载，牛首山地区历史上建造的佛塔有唐代牛首山东西峰双塔、宋代辟支佛塔、明代弘觉寺塔，以及为数众多的僧人墓塔。除佛塔外，晚清时牛首山上还曾建有一座用于军事的六也亭塔。

一、唐代牛首山佛窟寺双塔

据《景定建康志》记载，大历九年（774），唐代宗因梦到牛首山辟支佛来拜见他，而下令在牛首山佛窟寺之东、西二峰峰顶修建七层佛塔[1]，这应当是牛首山地区最早的造塔记录。按，佛窟寺创建于梁天监二年（503），宋代易名为崇教寺，至明正统间又更名为弘觉寺[2]。由于代宗敕令于佛窟寺之东、西二峰

造塔，故可推测当时应修建了两座佛塔。

事实上，唐代宗下如此大的气力在牛首山建造双塔的原因，绝非只因梦到辟支佛前来拜见这么简单，笔者认为唐代宗修塔与当时的历史背景有很大的关系。唐代宗之时，国家内忧外患严重，大历九年（774）前后尤甚。这一时期，郑王李邈、临晋公主、华阳公主、信安王李瑝等多位皇族成员先后去世，而同时吐蕃又进攻灵武，气势直逼长安[3]。面对这样的局面，唐代宗或许希望借助佛教的力量来帮助自己渡过难关，《旧唐书》就记载他曾在这一时期多次下令赦免囚犯，使"死罪降从流，流已下并释放"[4]。而牛首山双塔的建造，很可能就是在这样的背景下进行的。

由于缺乏相关史料记载，唐代牛首山双塔的规模和具体位置不详。据《牛首山崇教寺辟支佛塔记略》记载，北宋崇教寺僧德铨曾希望在牛首山山顶造塔[5]，可见到宋代时，唐代牛首山双塔或已无存。

二、宋代辟支佛塔

北宋天圣年间(1023—1032),当地僧人僧德铨曾四处募集资金,欲在牛首山山顶造砖塔"以标胜迹",但无果而终。到了皇祐二年(1050),在佛教信士高怀义等人的帮助下,僧德铨终于筹集到了足够的资金,于今弘觉寺塔西南麓双峰间"按图定址,审曲面势,下葬舍利,上建砖塔",是为辟支佛塔。建塔工程始于皇祐二年(1050)三月三日,并于当年八月十五日完工。该砖塔高四丈五尺,塔中有辟支佛夹苎像一躯。佛塔修成三日后,长干寺园照大师撰写了《牛首山崇教寺辟支佛塔记略》一文,记载修塔之始末,并勒石于塔门左壁⑥。相传该塔藏有辟支佛舍利,但明人王世贞对此表示怀疑,认为可能是某位高僧舍利⑦。

南宋淳祐四年(1244),有位如愚居士弃儒奉道,寓居于牛首山上,并在这期间"装銮佛相""造遮旸石道",对辟支佛塔做了一些维修工作。如愚居士曾作《满庭芳》一词⑧,记述了自己修塔之事。该词刊刻于辟支佛塔塔门右壁,后录于盛时泰所编纂的《牛首山志》之中,词曰:

吾乃当途,弃儒奉道,遵行圣诲多年。已逾三纪,截灭六尘缘。因业习自营度,日未尝、谒见豪贤。般若力,掀翻烦恼,坦荡独修然。来斯十四载,装銮佛相,塔宇尽光鲜。造遮旸石道,直至水渚边。都系束脩已,锱舍为、助道安碑。知惭愧,了无所得,本觉性明圆⑨。

明嘉靖二十七年(1553),由于辟支佛塔年久失修,有倒塌的危险。故由当地信士何公等人筹集资金,在三际禅师的主持下,对辟支佛塔进行了重修。此次修缮历时三个月,塔修成后盛时泰撰《重修辟支佛方塔记》一文,记载了重修佛塔的始末,并刻石嵌于塔门右壁⑩。到上世纪30年代,朱偰先生曾两次前往牛首山考察,后撰写了《游牛首山记》一文,其中记录了当时辟支佛塔的情况:

(普觉寺)大殿后为毗卢殿,殿后依岩而上,为辟支佛塔,塔作方形,高凡五层,门左右嵌以壁碑,左题"圣宋江宁府江宁县牛首山崇教寺辟支佛塔记",系宋皇祐二年长干圆照大师普庄所记,右嵌二碑,一为淳祐年号,一系明嘉靖时碑⑪。

1958年,当地政府为防止开采牛首山铁矿时辟支佛塔被震倒,故将其拆除。拆塔时,在塔内发现了一件石函,石函内藏檀香木盒、晶体小葫芦、金丝、宋人墨迹等文物⑫。

图一　辟支佛塔(1930年代)

三、明弘觉寺塔

据《牛首山志》记载,宣德八年(1433),御用监太监王瑾到南京公干,见弘觉寺荒废,于是"自备木料砖瓦,倩工起盖佛殿、山门、廊庑及宝塔一座完备"⑬。故弘觉寺塔当建于宣德八年之后,但最终的建成时间史籍无载。不过,上世纪50年代至90年代南京文物部门对弘觉寺塔进行调查、维修过程中,发现了70余条明清时期游人的题记,时间从明正统五年(1440)到清乾隆三十二年(1767),跨度300余年⑭。据此可以推测,弘觉寺塔最迟当于正统五年(1440)之前完工。

由于弘觉寺塔塔基选定在岩石之上,十分坚固,几百年来塔的主体并未发生倾斜。该塔七级八面,高25米,由砖砌筑而成。每层均挑出雕木飞檐,是典型的江南楼阁式砖木佛塔。清乾隆年间,弘觉寺塔似乎因遭受雷击而引发火灾,塔内各层楼板、塔心木、塔外围的平座栏杆、腰檐、内外斗拱、底层附阶等所有木结构部分都被烧毁,只留下了砖塔的躯壳⑮。1956年,考古人员发现了弘觉寺塔基底部的地宫,在其中清理出土一座明代鎏金喇嘛塔、两尊佛像、两件玉瓶、四件青花瓷罐和一件装有骨灰的龙泉窑大瓷罐。鎏金喇嘛塔上刻有"金陵牛首山弘觉禅寺永充供养""佛弟子御用太监李福善奉施"等字样,一些研究者认为明代御用监太监李童很有可能是这批宝物的施奉者[16]。

从古代游人刻划的题记来看,明嘉靖、万历与清康熙年间来弘觉寺塔的参观的游人最多[17]。而"弘觉寺塔影"——即在弘觉寺的一些禅舍内可以看到佛塔的影像,则属当时的"热门景点"。《客座赘语》《戒庵老人漫笔》《金陵琐事》《万历野获编》《白下琐言》等不少明清时期的文人笔记,都提及了这一奇观。如《客座赘语》中记载:"牛首山之塔影,在禅堂西夹室,阖双扉观之,影于缝中倒现,玲珑可觏。"[18]又如《戒庵老人漫笔》载:"牛首山塔影在僧

图二　弘觉寺塔(1930年代)

图三　弘觉寺塔(1990年代)

室中,闭门暗映桌前,悬纸或以白衣承之,影小而倒,黝黝可见。室与塔甚近,非相值之地,不知何故。"[19]从现代物理学的角度来看,出现塔影的原因可能主要是小孔成像的原理所致。

经过上世纪90年代的修缮,弘觉寺塔已重现昔日的风采,成为了目前牛首山地区仅存的一座古代佛塔。

四、清代六也亭塔

据朱偰先生《游牛首山记》一文载,在兜率岩附近还建有一座名为"六也亭"的塔:

再上登兜率岩,又高据拾身台之上,悬崖千仞,鹄立其巅,风飘欲坠,绝顶有砖浮图,额书"天阙山六也亭"[20]。

同时期罗香林先生在牛首山访古时也见到了六也亭塔:

由牛鼻子稍折西,直上山顶,文人称之曰天阙。其上有六也亭,亭为一塔,砖砌,清代建,今为要塞区瞭望塔,盖为牛首之最高峰矣[21]。

根据六也亭塔留存的照片资料来看,该塔为四级砖构圆塔,层层向上缩小,与一般所见的佛塔迥然不同,故该塔应与宗教无关。南京历代地方志中对该塔亦无记载,因此这座塔的建造可能时间较晚。

牛首山是金陵城的南大门,历来为兵家必争之地,民国时期这里还曾是军事管制区。六也亭塔建于"牛首之最高峰",在上世纪30年代尚被当作"要

图四　六也亭塔

塞区瞭望塔"，故最初该塔很可能是因军事用途而建。结合南京近代历史，笔者认为六也亭的建造很可能与太平天国起义军占领南京有关。抗日战争期间，六也亭塔毁于兵火，现已无存[22]。

五、牛首山历代墓塔

由于牛首山地区是金陵的佛教圣地，本地区建有多所寺庙，历史上很多高僧也在此修行。一些僧人圆寂之后，其弟子或当地的官员会为他们修建墓塔，以安放道骨舍利，或作为纪念之所。如今这些墓塔均已不存，但通过检索史籍，我们还是可以发现不少相关的线索。

1.鹤林塔

鹤林玄素禅师，据史料记载，他俗姓马氏，字道清，俗称"马素"或"马祖"，为润州延陵人（今江苏丹阳）。武则天如意元年（692），玄素禅师在江宁长寿寺剃度出家，后来师从牛头宗智威大师，潜心研究佛学，振兴了牛头宗风，成为当时有名的佛教大师[23]。

唐玄宗天宝十一年（752）十一月十一日夜，鹤林玄素禅师坐化。《润州玄素大师碑铭》载其涅槃之际，"倚桐双枯。虎狼哀号，声破山谷。人祇惨恻，天地晻暝"[24]。当月二十一日，鹤林玄素禅师的弟子在今江苏镇江黄鹤山之西原为其造塔[25]。但据文献记载，南京牛首山也有一座鹤林塔。明代大学士杨溥《通善寺碑》云："南京都城西南二十里，旧有佛刹曰'龙泉禅寺'，据山水之胜，左有盘陀石，右有鹤林塔，东有牛首山，西南瞰扬子江，东南有祖堂江山环抱。"[26]龙泉禅寺，据《金陵梵刹志》记载，该寺在牛首山，曾为鹤林禅师说法之处。永乐年间，镜中禅师重修该寺，并奏改为"通善寺"[27]。《润州玄素大师碑铭》的作者李华与鹤林玄素禅师为同时代的人，其所记鹤林玄素禅师之墓塔在镇江黄鹤山当不会有误，而明人杨溥所言亦绝非空穴来风。笔者认为镇江黄鹤山上的墓塔应当是埋葬鹤林玄素禅师遗骨之所，而牛首山通善寺内的鹤林塔，则很可能是因鹤林玄素禅师曾在该寺说法，后人为其建造的一座纪念塔[28]。牛首山鹤林塔的建造年代、规模不详，今已无存。

2.孚中禅师塔

孚中禅师，据《孚中信禅师志略》载，其为明州奉化人（今浙江宁波），15岁即入法华院为僧。元泰定年间，任明州观音寺住持。天历二年（1329），前往洛迦山弘扬佛法。至正九年（1349），住持金陵龙翔寺。至正十六年（1356）朱元璋攻克南京后，曾前往龙翔寺听孚中禅师说法，并改龙翔寺为大天界寺[29]。

至正十七年（1357）八月二十四日孚中禅师圆寂，朱元璋命内府出资助丧，并亲自参加葬礼[30]。后来，孚中禅师的弟子似桂拜谒宋濂，请他为其师撰写塔铭。宋濂撰《大天界寺住持孚中禅师怀信公塔铭有序》一文，其中提到了牛首山孚中禅师塔的一些信息：

大天界寺住持孚中禅师信公示寂之十四年，其弟子似桂谒濂于禁林，合掌胡跪而为言曰："先师之塔在金陵牛首山者，则真骨与设利之所藏。其别分爪衣履而瘗之，则四明之太白山也。太白之铭，佛真文懿大师、国清霆公实为之。而牛首乃师之全塔，反有石而无词，不几于甚阙典欤？"[31]

从这则记载可知，孚中禅师有两处墓地，一在南京牛首山，一在宁波太白山。由于孚中禅师为奉化人，故宁波太白山上的衣冠冢当为纪念之用。而南京牛首山上的孚中禅师塔葬有其道骨舍利，应该是其圆寂后，朱元璋出资助丧时所造之塔。孚中禅师塔建于牛首山东麓[32]，今已不存。

3.铁汉和尚塔

铁汉和尚，又名"铁屎"，他为一放浪形骸，超凡脱俗的才子，曾自镂印章两枚，一曰"混账行子"，一曰"老实泼皮"。他作诗四十首，其文诙谐幽默，见者无不捧腹。秀水王司直曾刊梓其诗，名曰《牛山四十屁》。铁汉独居牛首山兜率岩数十年，养二猕猴自随左右[33]。据清人王士禛的《带经堂诗话》记载，铁汉和尚去世后，他所饲养的两只猕猴"悲鸣不食，死葬于塔侧"[34]，这里的塔很可能指的就是铁汉和尚的墓塔。

铁汉和尚与当时的学士方拱乾友善，方氏曾题其画像曰："两个猕猴杖一根，献花石上独称尊。怪公事事能超脱，留此赃私误子孙。"[35]方拱乾为桐城人，崇祯元年（1628）进士，曾先后在明崇祯、弘光及清顺治三朝为官[36]。由于他在降清之后赴北京任宏文馆学士、少詹事等职，直到顺治中期方才赐归故里^㉜，这期间不太可能在南京活动。因此铁汉和尚塔大致应建于崇祯末年或南明弘光时期，今不存。

4.其他墓塔

幽栖寺冲素和尚塔。宋人陈思的《宝刻丛编》卷十五载有《唐幽栖寺冲素和尚塔记》："唐沙门灵尊行书，长庆三年(822)归化，宝历二年(826)正月起塔，三月十日毕工。"^㉝冲素和尚生平史籍无载。唐宝历二年(826)所建之幽栖寺冲素和尚塔，形制、规模不详，今已无存。

诸祖师塔。据《佛祖统纪》记载，唐宣宗于大中十二年(858)曾勑天下诸寺修治诸祖师塔^㉟，故唐宣宗年间，牛首山佛窟寺还应当依据敕令修建有祖师塔，惟其修建的具体时间、座数待考。

净果禅师塔。净果禅师，笔者尚未查找到有关他的记载，只知其生活在南唐时期。据清人刘世珩《南朝寺考》的记载可知，净果禅师塔位于江宁吉山之南的净果院内，该寺本为梁武帝时所建之永泰寺，因南唐时葬净果禅师而改名为净果院^㊵。《金陵梵刹志》载明代吉山永泰讲寺是中刹祖堂寺所统辖的小刹，距聚宝门20里，寺内主要建筑有金刚殿三楹、正佛殿三楹、僧院一房^㊶，并未提及墓塔。故至少在明代，净果禅师塔已毁。上世纪30年代，朱偰先生前往吉山调查时，永泰寺犹有梵宇数楹^㊷。

铁板道人塔。1920年，日本学者常盘大定曾对南京牛首山的佛寺进行过调查，据其撰写的游记——《南京怀古》中记录，在牛首山观音窟下有铁板道人舍身塔^㊸。另据罗香林先生的游记记录，该塔是一座覆钵式石塔^㊹。相传中唐之时，禅宗六祖慧能曾在牛首山修行，他为了躲避追杀，被迫从兜率崖跳崖逃生，后兜率崖又被称为"舍身台"。铁板道人塔当是后人为纪念慧能而修造的纪念塔，其修建时间未知，今已不存。

常盘大定在牛首山地区踏查时，还曾见到了不少无名墓塔。据其游记载，弘觉寺铁板道人塔所在的舍身崖下，还有五座覆钵式石塔，常盘大定推测这些塔是明代弘觉寺住持的墓塔^㊺。

此外，在幽栖寺及牛首山山路边，常盘氏还曾见到了三座墓塔：

(幽栖寺)对面左手边有座石塔，似乎颇有来

头，经询问知是(法融)祖师衣钵塔。……在通往牛首山的山路下，有规模较大的石塔，幽栖寺金刚殿左下方也有相同式样的石塔。由于没有文字，所以不知建于何时。不过，其形状与牛头山崖上崖下的六座石塔相同^㊻。

法融禅师，姓韦氏，是佛教牛头宗的创始人。贞观十七年(643)，他曾来到牛首山栖霞寺北岩下，构筑一所禅室，日夜于其中潜心修行。据刘禹锡撰写的《牛头山第一祖融大师新塔记》载，法融禅师圆寂于南京建初寺，墓塔在鸡笼山^㊼。因此幽栖寺对面的衣钵塔，可能是后人为纪念法融禅师而建，建造时间不详，今不存。牛首山山路边与幽栖寺金刚殿左下方的石塔，具为覆钵式石塔，墓主及建造时间不详，今亦不存。

需要指出的是，牛首山地区古代佛教繁荣、僧人众多，历史上所建的墓塔绝非上文所举的几例，更多的墓塔由于史书失载及各种原因的破坏，已经永远地消失在历史的长河中。

图五　幽栖寺法师塔(1920年代)

附记：本文在选题、写作及修改过程中，得到业师南京师范大学王志高教授诸多帮助，谨此致谢！

注释：

①[宋]周应合：《景定建康志》卷46《寺院》，宋元方志丛刊，中华书局，1990年，第2084页。

②[明]葛寅亮：《金陵梵刹志》卷33《牛首山弘觉寺》，南京出版社，2011年，第523页。

③[后晋]刘昫等：《旧唐书》卷11《代宗本纪》，中华

书局,1975年,第301—306页。

④[后晋]刘昫等:《旧唐书》卷11《代宗本纪》,中华书局,1975年,第306页。

⑤[明]葛寅亮:《金陵梵刹志》卷33《牛首山崇教寺辟支佛塔记略》,南京出版社,2011年,第528页。

⑥[明]葛寅亮:《金陵梵刹志》卷33《牛首山崇教寺辟支佛塔记略》,南京出版社,2011年,第528页。

⑦[明]葛寅亮:《金陵梵刹志》卷33《游牛首诸山记略》,南京出版社,2011年,第541页。

⑧[清]孙岳颁:《佩文斋书画谱》卷36《如愚居士》,景印文渊阁四库全书第820册,(台北)商务印书馆,1986年,第460页。

⑨[明]盛时泰:《牛首山志》下卷《如愚居士〈满庭芳〉》,南京出版社,2010年,第92页。

⑩[明]盛时泰:《牛首山志》下卷《金陵牛首山弘觉寺〈重修辟支佛方塔记〉》,南京出版社,2010年,第92页。

⑪朱偰:《金陵古迹图考》,中华书局,2006年,第252页。

⑫政协江宁区委员会编、王志高总纂:《江宁历史文化大观》,南京出版社,2008年,第210页。

⑬[明]盛时泰:《牛首山志》上卷《公文》,南京出版社,2010年,第72页。

⑭江苏省地方志编纂委员会编著:《江苏省志·文物志》,江苏古籍出版社,1998年,第318页。

⑮政协江宁区委员会编、王志高总纂:《江宁历史文化大观》,南京出版社,2008年,第178页。

⑯政协江宁区委员会编、王志高总纂:《江宁历史文化大观》,南京出版社,2008年,第178页。

⑰南京市地方志编纂委员会编:《南京文物志》,方志出版社,1997年,第148页。

⑱[明]顾起元:《客座赘语》卷9《塔影》,中华书局,1987年,第301页。

⑲[明]李诩:《戒庵老人漫笔》卷3《塔影》,中华书局,1982年,第101页。

⑳朱偰:《金陵古迹图考》,中华书局,2006年,第236页。

㉑罗香林:《金陵牛首山访古记》,江宁区政协教卫文体和文史委编:《江宁春秋》(第15辑),南京出版

社,2016年,第218页。

㉒江苏省文物管理委员会编:《江苏之塔》,江苏人民出版社,1957年,第28页。

㉓[宋]普济:《五灯会元》卷2《鹤林玄素禅师》,中华书局,1984年,第67页;[明]葛寅亮:《金陵梵刹志》卷33《润州玄素大师碑铭》,南京出版社,第551—555页。

㉔[明]葛寅亮:《金陵梵刹志》卷33《润州玄素大师碑铭》,南京出版社,2011年,第554页。

㉕[明]葛寅亮:《金陵梵刹志》卷33《润州玄素大师碑铭》,南京出版社,2011年,第553页。

㉖[明]葛寅亮:《金陵梵刹志》卷33《通善寺碑》,南京出版社,2011年,第561页。

㉗[明]葛寅亮:《金陵梵刹志》卷33《通善寺碑》,南京出版社,2011年,第562页。

㉘相似的例子还有后文所述的明代大天界寺住持孚中禅师。

㉙[明]葛寅亮:《金陵梵刹志》卷16《孚中信禅师志略》,南京出版社,2011年,第341—342页。

㉚[明]葛寅亮:《金陵梵刹志》卷16《孚中信禅师志略》,南京出版社,2011年,第342页。

㉛[明]焦竑:《国朝献征录》卷118《大天界寺住持孚中禅师怀信公塔铭有序》,(台北)学生书局,1984年,第5195页。

㉜[明]焦竑:《国朝献征录》卷118《大天界寺住持孚中禅师怀信公塔铭有序》,(台北)学生书局,1984年,第5197页。

㉝[清]王士禛:《带经堂诗话》卷20《铁汉和尚》,人民文学出版社,1963年,第583页;[清]蒲松龄:《聊斋志异》卷11《司札吏》,岳麓书社,1988年,第485页。

㉞[清]王士禛:《带经堂诗话》卷20《铁汉和尚》,人民文学出版社,1963年,第583页。

㉟[清]王士禛:《带经堂诗话》卷20《铁汉和尚》,人民文学出版社,1963年,第583页。

㊱[清]何绍基等撰:《安徽通志》卷180《人物志》,中国省志汇编之三,(台北)华文书局,1967年,第2057页。

㊲[清]何绍基等撰:《安徽通志》卷180《人物志》,中

国省志汇编之三,(台北) 华文书局,1967 年,第 2057 页。

㊳[宋]陈思:《宝刻丛编》,中华书局,1985 年,第 412 页。

㊴[宋]释志磐撰,释道法校注:《佛祖统纪校注》,上海古籍出版社,2012 年,第 996 页。

㊵[清]刘世珩:《南朝寺考》,明文书局,1944 年,第 94 页。

㊶[明]葛寅亮:《金陵梵刹志》卷 44《永泰讲寺》,南京出版社,2011 年,第 636 页。

㊷朱偰:《金陵古迹图考》,中华书局,2006 年,第 252 页。

㊸[日]常盘大定:《南京南郊牛首山、祖堂山怀古》,江宁区政协教卫文体和文史委编,《江宁春秋》(第 15 辑),南京出版社,2016 年,第 207 页。

㊹罗香林:《金陵牛首山访古记》,江宁区政协教卫文体和文史委编,《江宁春秋》(第 15 辑),南京出版社,2016 年,第 218 页。

㊺[日]常盘大定:《南京南郊牛首山、祖堂山怀古》,江宁区政协教卫文体和文史委编,《江宁春秋》(第 15 辑),南京出版社,2016 年,第 208—209 页。

㊻[日]常盘大定:《南京南郊牛首山、祖堂山怀古》,江宁区政协教卫文体和文史委编,《江宁春秋》(第 15 辑),南京出版社,2016 年,第 212 页。

㊼[明]盛时泰:《牛首山志》下卷《刘禹锡撰〈牛头山第一祖融大师新塔记〉》,南京出版社,2010 年,第 84 页。

(作者单位:南京师范大学社会发展学院)

试析苏鲁地区出土的两组汉画图像

◇ 周 黎 周 波

内容提要：苏北、鲁南地区是汉画像石重要的出土地,本文所列两组画像石均发现于此。一组被命名为"伏羲举日 女娲捧月",此画内容丰富,构图精美,现陈展于徐州汉兵马俑博物馆。另一组为带题榜的昆仑众神,解决了部分仙神的身份及名号问题,具有十分重要的资料价值。

关键词：汉画像石 伏羲女娲 东王父 狗首人身 鸡首人身

在中国的传统神话故事中,伏羲、女娲属于创世界神话系统,东王公、西王母属于昆仑神话系统,但在汉画像石中的神仙世界两者却有了联系。首先,两组仙神均为对偶神,代表男女,象征阴阳;其次伏羲、女娲作为从属出现在以东王公、西王母为主题的汉画图像中;第三,羽人、龙、虎、蟾蜍、三足乌、九尾狐等神兽作为象征符号同时现于两个神话系统的画像中。本文选取了两组此类题材的汉画像石,一组出土于徐州地区,现藏于徐州汉兵马俑博物馆,共两图,一图以伏羲为中心,一图以女娲为中心,手托日月,周围饰有神兽仙人。此画构图精美,内容丰富,较为少见。另一组图像分两层,上层图案以东王公为核心,两侧为带题榜的神人。其中,东王公榜文为"东王父",带翅羽的神人榜文为"仙人",鸡头人身神人榜文为"鸡头子张",马首神人榜文为"皋陶",狗首神人榜文为"苟头君明"。下层为一榜文为"取妇家"的跪拜宴舞图。本文将分别对两组图像进行释读。

一、"伏羲举日 女娲捧月"图

此组图案刻于两块相对的画像石上(图一),左侧图案被命名为"伏羲举日",右侧图案被命名为"女娲捧月"。这组汉画出土于徐州南部地区。

图一 伏羲举日(左)、女娲捧月(右)拓片

(一)伏羲举日

此图纵120厘米,横68厘米,石板厚17厘米。中心为伏羲,头戴冠,人身蛇尾,一手托日,一手执尾。头顶左右两侧各有一日,中部为一牛首人身神

人,神人手托食盘,似在喂食立于小臂之上的金乌鸟。伏羲身下为一神兽和一雀形神鸟,武利华将神兽释为鸟首龙身的句芒(少昊后代,名重,为伏羲臣,死后成为木神)[①]。此神兽虽似鸟首龙身,但尾部的刻划与汉画中常见的九尾狐相似。图像下部中间为一兽,羊角尖嘴,武利华释为"麒麟"。汉代的麒麟形象多为带翼鹿,但不少学者认为东汉时期带翼羊图像是麒麟的另一种表现[②]。"麒麟"两侧各有一神人,一人手持缰绳,一人戏麒麟。

(二)女娲捧月

此图纵120厘米,横66厘米,石板厚17厘米。中心为女娲,人身蛇尾,头饰长发髻,双手张开,各举一月。正上方为一蟾蜍,蟾蜍是月亮的象征。在女娲两侧刻有青龙、白虎,下方亦刻有图案"羽人戏麒麟"。两幅图像四周均饰有几何图形,由内而外分别为矩形边框和幔纹,最底部饰锯齿纹。

(三)图像之疑

关于画像石中伏羲女娲图像的认识由来已久,常任侠[③]及闻一多[④]已有论述。后人们将这种人首蛇身(人身蛇尾)的图像统称为伏羲女娲。20世纪80年代开始有学者提出不同意见,认为怀抱或手托日月的人首蛇身图像应为羲和、常羲[⑤]。后又有学者将对象对应到阴阳二神[⑥]。对此,王煜在收集大量材料的基础上对全国范围内伏羲女娲图像进行分析,从带有题记的图像入手,力求分辨出伏羲、女娲图像[⑦]。王文从题榜入手,证实部分手持规矩、日月的人首蛇神图像为伏羲女娲,本文认同这一观点。

此组伏羲女娲图像属手持日月的一类,但此组图像构图丰满,诸多神兽、神人集于一处,与常见该题材的画像石不同,学者对图像内容也有不同的解读。首先,伏羲、女娲各举双日图像较为少见。有观点认为双日、双月分别为一日一月,图像应命名为"日月同辉",此说不无道理。伏羲、女娲本为对偶神,象征男女、阴阳,与日月有相似之处。第二,牛首神人常出现在东王公、西王母和伏羲的画面中,却少见记载。应为一较重要的神祇,需进一步考证分析。第三,神兽"句芒"似有九尾,是否存在为九尾狐的可能。第四,"羽人戏麒麟"中麒麟形象尚有争议,是否存在为其它神兽的可能。诸多问题,本文谨在此提出,以引起方家关注。

图二　山东嘉祥出土的带题榜的汉画图像(拓片)

二、东王父及昆仑众仙图

此图发现于山东嘉祥地区，纵90厘米，横70厘米，石板厚18厘米。图案由上下两部分组成(图二)。上图中部为东王公，龙虎座，左上方榜文"東王父"，两侧立有四位神人。左一为狗首神人，双手持箫状乐器，似在吹奏，榜文为"苟頭君明"(图三，左上)。左二为鸡首神人，双手持物，榜文"雞頭子張"(图三，右上)。右一为马首神人，手持两物，右上榜文"皋陶"(图三，右下)。右二为一羽人，榜文"仙人"(图三，左下)，手持华盖。下面一组图像为跪拜宴饮，中部上方有一题榜，榜文"取婦家"。

在汉画像石的神仙系统中，东王公、西王母形象较为常见，在东王公、西王母身边比较突出的形象有鸟首人身、鸡首人身、犬首人身、牛首人身、马首人身、龙首人身。武利华先生认为犬首人身为"犬封"，牛首人身为"罗緅"，马首人身为"蚕马"⑧，鸡首人身尚待考证。东王公、西王母图像因出土数量较多，学者已多有研究，并且有题榜为证，图像人物认定及命名当无问题。然对二神身边常见的鸟首、鸡首、犬首、牛首、马首人身等图像研究相对较少，其身份及名号至今未能确定。此幅汉画榜文清晰，在很大程度上解决了狗首人身、鸡首人身、马首人身等仙神的命名问题。

(一)东王父

东王父又名东王公，关于东王公的由来及出现时间尚无统一认识，多数学者认为东王公出现较晚，大约在东汉中期以后西王母已经成为崇拜偶像时出现⑨，并与西王母相配成为对偶神。部分学者认为在西汉中期东王公的传说已经开始流行⑩。"东王父"是当时人们对东王公的习惯称呼，山东地区已发现数处榜文为"东王父"的画像石。

(二)苟头君明

狗首人身像是昆仑众仙中的一位，此图像左上榜文"苟頭君明"，指出此神名为"君明"。《汉书·京房传》载："京房字君明，东郡顿丘人也，……其说长于灾变，分六十四卦，……房用之尤精。好钟律，知声音。"⑪京房为西汉学者，善预测灾并通晓音律，对乐器改革有重要贡献。结合此图君明双手持乐器，似在吹奏，基本可以断定此处"君明"为神化后的京房。

(三)鸡头子张

鸡首人身像是昆仑神仙系统中常见的形象之一，此图榜文"鸡头子张"，根据史书及相关记载推断，此子张极有可能是春秋时期颛孙师，字子张，为孔门十二哲之一。子张此人为人勇武忠信，善交友，后人称有"亚圣"之德。在之后的朝代中，诸多帝王对子张进行追封。

(四)仙人

仙人又称羽人，是汉画神仙系统中最常见的形象之一，此类图像一般为人形并长有双翅，此处自名仙人，应是当时人们对羽人这一形象的习惯称呼。

(五)皋陶

文献记载：颛顼帝苗裔孙女修吞玄鸟卵而生大业，大业即皋陶。皋陶为东夷部落首领，与尧、舜、禹并称上古四圣，主张法制与德政。画像中马首人身像榜文皋陶，说明马首人身像即为圣人皋陶。值得一提的是在徐州汉王东沿村曾出土一组画像石，其中一幅以西王母为核心的画像带有题榜。在此图中西王母右侧三个图像分别为仙人、鸡首人身、牛首人身像。因榜文模糊不清，仙人与鸡首人身像之间的榜文经辨识为"弟子I□□"，牛首人身像左侧榜文不清，但可以辨识出上下两字的局部，上面一字上部为"罒"，下面一字左侧为"阝"，结合此处皋陶榜文，可基本确定汉王东沿村牛首人身像榜文为皋陶。

(六)取妇家

《礼记·曾子问》载孔子曰："嫁女之家，三夜不熄烛，思相离也。取妇之家，三日不举乐，思嗣亲也。"⑫此处榜文"取妇家"，应为娶妇之家或娶亲之意。结合整体画面看，榜文为"取妇家"主题图像左侧为乐舞，右侧为跪拜宴饮，榜文与图像主题相符。

(七)相关问题

在新出现题榜的几幅画像图案中，鸡首人身像与牛神人身像最为常见。主要流行于苏北、鲁南、陕北、甘肃一带。这两幅图像常作为对偶神出现，苏北、鲁南地区出现最早，东汉时期陕北地区曾一度流行。魏晋时期，甘肃地区牛首人身像与鸡首人身像常出现于墓内照墙上。对于两神身份及名号的认定尚无统一认识，赵吴成提出牛首人身、鸡首人身是墓中天门的守护神，或许存在为帝阍的可能[13]。郑红莉认为，牛首人身与鸡首人身像是在西汉末年至东汉的造神运动中产生，是人们对美好生活的渴望与寄托[14]。武利华认为牛首人身为"罗緦"[15]。狗首人身与马首人身较为少见，此处马首人身榜文为皋陶，前文分析徐州汉王出土的牛首人身像榜文亦为皋陶。

西汉晚期至魏晋时期，随着佛教、道教及各类神学理论的迅速发展，在社会上兴起了一场规模庞大的造神运动。这个过程中，许多先贤、圣人被不断神话，最终纳入各种神仙体系。君明、子张、皋陶等曾因在不同领域做出贡献并受人尊敬，在此时进升为仙神。此外，这些先贤在成为仙神时被不断异化，烙以时代及生活特征，使用鸡首、马首、牛首等以区别于凡人。马首人身、牛首人身像都曾出现皋陶这一榜文，牛首人身像在陕北画像石中还出现过"豊怒拜"榜文[16]，说明这些形象所代表的仙神并不固定为某一个。

图三　山东嘉祥出土的带题榜的汉画图像局部

三、结语

两组图像主要反映汉人思想中的神仙世界,汉代在政治上实现了大一统,物质资料增长迅速,各种文化相互交流融合。到了东汉,道教及阴阳五行学说行盛行,进一步影响了人们的精神世界及精神生活。本文通过对两组汉画的释读,得出以下几点粗浅认识:

第一,伏羲、女娲在汉人的思想中占有重要地位,不仅是祖先神,还应是阴阳的象征。

第二,"狗头君明""鸡头子张""仙人""皋陶"等榜文的发现在一定程度上解决了这些神兽仙人的身份及名号问题。

第三,先贤、先圣及有影响力的人物不断被神化,在西汉晚期至东汉魏晋的造神运动中被纳入各种神仙系统。

第四,画像石是汉人物质生活及精神世界的反应,图像中蕴藏了大量内容,在对图像进行解读时出现疏漏在所难免,需要更多考古材料的公布及深入细致的挖掘。

附记:本文系江苏省社会科学基金项目"江苏石刻史"(批准号:19WMB019)阶段性成果。

注释:

①武利华:《徐州汉画像石图像解读》,河海大学出版社,2015年,第60-61页。

②李零:《论中国的有翼神兽》,《入山与出塞》,文物出版社,2004年,第99-100页。

③常任侠:《重庆沙坪坝出土之石棺画像研究》,《说文月刊》1941年第10期。

④闻一多:《伏羲考》,《神话与诗》,中华书局,1959年。

⑤刘文锁:《伏羲女娲图考》,《艺术史研究》(第8辑),中山大学出版社,2006年,第143页。

⑥孟庆利:《汉墓砖画"伏羲、女娲像"考》,《考古》2000年第4期。

⑦王煜:《汉代伏羲女娲图像研究》,《考古》2018年第3期。

⑧武利华:《徐州汉画像石通论》,文化艺术出版社,2017年,第290-294页。

⑨信立祥:《汉代画像石综合研究》,文物出版社,2006年,第156页。

⑩武利华:《徐州汉画像石通论》,文化艺术出版社,2017年,第290-294页。

⑪[汉]班固:《汉书·京房传》

⑫[汉]戴圣:《礼记·曾子问》

⑬赵吴成:《河西墓室壁画中伏羲、女娲和牛首人身、鸡首人身图像浅析》,《考古与文物》2005年第4期。

⑭郑红莉:《两千年前的一场造神运动——陕北东汉画像石"鸟首人身"与"鸡首人身"》,《收藏》2017年第3期。

⑮武利华:《徐州汉画像石解读》,河海大学出版社,2015年,第60-61页。

⑯武利华:《徐州汉画像石解读》,河海大学出版社,2015年,第43页。

(作者单位:徐州市汉文化风景园林管理处)

试论丹阳南朝陵墓石刻的运输途径

◇ 阙 强

内容提要：丹阳城郊东北分布着齐梁两代帝王陵墓，共 11 处南朝陵墓今存 26 件体量巨大的陵墓石刻。笔者分析认为笨重的陵墓石刻组件从建康制作完成后是通过丹徒水道和破岗渎运至陵区的。此外，分析丹阳南朝陵墓石刻的运输途径也从侧面反映出六朝时期江南水利的发展历程与重要意义。
关键词：丹阳 南朝石刻 丹徒水道 破岗渎

江苏省丹阳市是一座历史悠久的文化古城，建置始于战国，古称云阳、曲阿、兰陵，为南朝齐梁帝王故里，其郊外集中分布着南朝陵墓石刻组件，以梁文帝萧顺之建陵尤为完整精彩，今存石麒麟二、神道柱二、石龟趺二。这 11 处 26 件陵墓石刻体形雄浑硕大，每只石兽长约 3 米、宽约 1 米、高约 3 米，每只石兽重约 10 余吨，其中位于大运河与萧梁河交叉处的陵口镇一对石兽身长约 4 米、高约 4 米，每只重达 30 余吨。这些庞大笨重的石刻运至陵区绝非易事。据《舆地志》："梁大同元年，作石麒麟。自京口由曲阿中丘致陵所，初其难，近陵二十余步，忽如跃走。"又载："泰安陵、景安陵、兴安陵，在故兰陵东北金牛山。其中邱埭西，为齐梁二代陵，陵口有大石麒麟辟邪，夹道有亭，有营户守典之。四时，公卿行陵，乘舸艒，自方山由此入兰陵（今丹阳），升安车，辂传驿所，以致陵所"。由此两处记载可推测：这些在建康制作完成后的石刻极有可能是通过自京口至兰陵的丹徒水道运达陵区或沿着公卿贵族谒陵的路线（破岗渎）运至陵区。

图一 丹阳建陵石刻

一、丹徒水道与破岗渎

丹阳依水而建，因水而兴，其中丹徒水道和破岗渎两条水道历史悠久尤为重要。成书于南朝刘宋的《京口记》第 17 条中记载道："有龙目湖，秦始皇东游，观地势，云此有天子气，使赭衣徒三千人凿此三湖间长岗使断，因名丹徒，今水北注江也。" 唐代《元和郡县图志》记载："丹阳县，本旧云阳县也，秦时望气者云有王气，故凿之以败其势，截其直道，使之阿曲，故曰曲阿。"可知秦始皇三十七年（前210），凿"丹徒、曲阿"形成丹徒水道。《光绪丹阳县志》卷二载："运河自京口引江潮达丹阳。"可知丹徒水道北起镇江古运河入江口（京口闸），南至丹阳吕城镇边界的，丹徒水道作为后来镇江大运河的雏形，逐渐成为沟通吴越地区的重要交通水道。

到三国时期孙吴定都建业，孙权考虑到军粮、物资等因素，下令在今句容市境内开凿了一条穿越宁镇山脉的"破岗渎"，目的在于便捷江南地区到国都建业的航运，避开涉长江风浪之险，经内河直达建业。破岗渎最早记载见于《三国志》卷四七《吴书·吴主传》赤乌八年（245）八月条："八月，大赦。遣校尉陈勋将屯田及作士三万人凿句容中道。自小其至云阳西城，通会市，作邸阁。"更为详细的记载见《建康实录》卷二《太祖下》赤乌八年（245）八年条："使校尉陈勋作屯田，发屯兵三万凿句容中道，至云阳西城，以通吴、会船舰，号破岗渎，上下一十四埭，通会市，作邸阁。仍于方山南截淮立埭，号方山埭，今县东南七十里。"其渎在句容东南二十五里，上七埭入江宁界。初，东郡船不得不行京行江也，晋、宋、齐因之，梁避太子讳，改为破墩渎，遂废之。而开上容渎，在句容县东南五里，顶上分流，一源东南三十里十六埭，入延陵界；一源西南流二十五里埭，入句容界。上容渎西流入江宁秦淮。后至陈高祖即位，又埋上容更修破岗，至隋平陈，乃诏并废此渎。

两处记载均提及"云阳西城"，据《至顺镇江志》卷二《地理·城池》："云阳东、西城，在延陵镇渎南。二城相去七里。当丹阳、句容分界之所，即吴楚之境也。吴赤乌前已有之。"另《舆地志》："延陵县西有东云阳、西云阳二渎，相去七里，与句容县接境，赤乌中所凿。"《至顺镇江志》注解延陵镇即故延陵县。再结合前文所引史料，破岗渎"上七埭入延陵"可知破岗渎的东端"云阳西城"就在今丹阳市延陵镇境内。将"云阳东城、云阳西城"与"东云阳渎、西云阳渎"结合起来看，再根据《隆庆丹阳县志》和《光绪丹阳县志》地图可知东云阳渎和西云阳渎应是分别起于云阳东城和云阳西城的人工运河，即今沟通丹阳市

区与延陵镇的简渎河、香草河。香草河源于句容茅山北麓诸水，经过丹徒区宝堰镇流境丹阳九里村，西北行至丹阳，在丹阳城南与简渎河水往东汇入江南运河（参见图二）①。

图二　六朝破岗渎路线示意图

破岗渎自小其（今句容春城镇附近），向东穿过宁镇山脉到达今丹阳市延陵镇南，并与丹阳原有河运相接，山岗凿开后，因河道纵坡较陡，陈勋在方山，修筑大型水坝即方山埭。埭即拦河坝，可以将运河一节一节拦断，分成梯级，坝与坝之间可以蓄水、平水，节节通航。为了调节水位便于行船陈勋从方山埭开始，沿着破岗渎全线修筑了14座埭，每座埭附近都设置旅店、商户和仓储设施②。从此沟通了建业秦淮河与太湖水系、杭州湾地区的漕运，从而加快了政治中心建业与三吴地区的经济交流。

二、运输路线和方式

关于丹阳南朝石刻组件的运输路线，史书只有零星的记载。据《舆地志》："梁大同元年，作石麒麟。自京口由曲阿中丘致陵所，初甚难，近陵二十余步，忽如跃走。"又《南史》卷七记载梁武帝回乡情形："己酉，幸京口城北固楼，因改名北顾。庚戌，幸回宾亭，宴帝乡故老及所经县奉迎候者，赡恤各有差。"由此可知梁武帝回故乡兰陵的路线应该是从建康过京口达兰陵即通过丹徒水道，运送南朝石刻应该也是走的这条路线。

再查阅《舆地记》得到另外一条线索即其记载："泰安陵、景安陵、兴安陵，在故兰陵东北金牛山。其中邱埭西，为齐梁二代陵，陵口有大石麒麟辟邪，夹道有亭，有营户守典之。四时，公卿行陵，乘舴艋，自方山由此入兰陵，升安车，韶

传驿所，以致陵所"。也能推测出当时运送南朝石刻可以沿着公卿行陵的路线即自秦淮河达方山埭经破岗渎达兰陵。

到达兰陵后，去具体陵区的路线，按《至顺镇江志》卷十二载："其地有港，名萧塘港，直入陵所，陵前有石麒麟高仗余。"又《光绪丹阳县志》卷二载："萧港在县东二十七里皇业寺前，直入陵口。"可知萧港为运输途中一个重要标志，到达萧港便达帝陵入口了，后沿萧港北上抵达陵所。再通过查阅各个时期的丹阳县志中的地图及到陵区实地考察知：齐梁两代陵区集中分布在今陵口以北，由陵口北上萧港先连接一条东西向的水系九曲河。九曲河向北至少有5条分叉的支流，其中1条抵达三城巷的南梁陵区，另外4条分别抵达水经山之麓赵家湾、狮子湾、仙塘湾、金家村的南齐陵区[③]。由此根据地理空间和陵口以北水系可知当时运输这些南朝石刻组件是借助这些发达水系(参见图三)[④]。

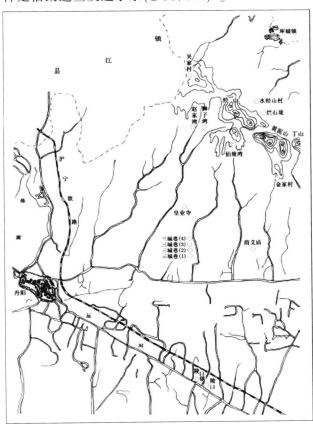

图三　丹阳齐梁帝陵水系示意图

待石刻从水道运达陵区上岸时便用车借助人力畜力运至具体的陵地，据《隋书·五行志》载："梁大同十二年(546)正月，送二辟邪于建陵。左双角者

至陵所。右独角者将引，于车上振跃者三，车两辕具折，因换车。未至陵二里，又跃者三，每一振则车侧人莫不怂奋，去地三四尺，车轮陷入土三寸。"能够直观的感受到在交通工具不发达的1500多年前运送如此庞大笨重石刻的艰难情景。

通过石麒麟压断车辕可知，当时在运送石刻组件时用到了车。据《梁书·候景传》载，侯景之乱时"造诸攻具及飞楼、橦车、登城车、钩堞车、阶道车、火车，并高数丈，车至二十轮。"由记载可知南朝时期制车技术已经相当成熟，并能根据使用场景制作专门的车辆。因此在运载陵墓石刻组件时当时的工匠应该制作了特定的运输车辆，通过石麒麟从车上震动掉落看，这种车应该比较低矮且车身没有围栏的平板车，为减小对地面的压力和车身的颠簸，很有可能增加了车轮数量，使用这种低矮多轮的平板车借助人力、牛马畜力将陵墓大型石刻运达具体的陵地进行安置[⑤]。

图四　南京中华门砂石山出土南朝陶牛车

三、结语

由前文推论丹阳南朝陵墓石刻是从当时的都城建康运达兰陵的，运输途径大致有两条：一是自建康从长江入京口闸沿丹徒水道南下，达陵口萧港后沿萧港北上进入陵区，沿着分叉的水道将石刻组件分别运送到赵家湾、狮子湾、仙塘湾、金家村的南齐陵区和三城巷南梁帝陵区。另一条推测为沿南朝时公卿谒陵的路线：自秦淮河经方山埭通过孙权开凿的破岗渎到达云阳西城后往东入西云阳渎，借着水势往北直驱丹徒水道后通过萧港等分叉水系将石刻组件运达帝陵区域，上岸后通过车和牛马牲畜的力量将石刻组件安置具体的陵区。通过分析丹阳南朝陵墓石刻的运输途径可以窥探，江南地区的水

道在先秦时期已经开凿,六朝时期在秦汉的基础上进一步疏通了各大主要水道,尤其是江南运河的开凿连通及破岗渎的开凿启用,大大促进了水陆交通的改善,水陆交通的发展与水利工程的兴修迎合了军事的争夺和政权的稳固。六朝时期江南地区水利事业的完备及快速发展促进了江南经济区的形成,加速了中国古代经济重心南移,对于六朝的政治、经济的快速发展具有重大的作用。

注释:

① 张学锋:《六朝建康都城圈的东方——以破岗渎的探讨为中心》,《魏晋南北朝隋唐史料》(第三十二辑),上海古籍出版社,2015 年。

② 王凯、吕宏军:《略谈南京治水史上的切岭工程》,《江苏水利》2010 年第 4 期。

③ 王志高:《论丹阳陵口南朝石兽的制作年代》,《南京晓庄学院学报》2012 年第 2 期。

④ [日]曾布川宽著、傅江译:《六朝帝陵——以石兽和砖画为中心》,南京出版社,2004 年,第 14 页。

⑤ 王志高、张金喜:《论南朝陵墓神道石刻的运输方式》,《江苏地方志》1999 年第 4 期。

(作者单位:丹阳市博物馆)

试析一墩多墓土墩墓葬俗的民间家族特征

◇ 刘 昊

内容提要：一墩多墓是江南典型土墩墓的代表,其并不是简单的封土埋人的普通土墩,而是一种特殊的埋葬形态,是按照家庭伦理和民间约定成俗的"规矩",在丧葬活动中渐次堆积而成的所谓"土墩"。笔者认为这一形成过程所反映的是血缘家族丧葬活动中"宗"和"孝"观念的最直接反映,它应该区别于一次性封土而成的各种封土墓,如环太湖的土墩石室墓(又称"石室土墩墓""石冢")、一墩一墓和北方中原地区的坟丘墓等。
关键词：一墩多墓 家族 伦理

一、概述

一般认为,土墩墓是流行于江南地区的以平地掩埋、封土成墩为特征,以随葬印纹硬陶与原始瓷器为特色的古墓遗存,存续时间以我国的青铜时代为主。江南地区土墩墓以江苏的宁镇地区和安徽漳河流域分布最为密集且规模宏大,时代以商周时期为主[①],但实际上土墩墓的分布范围更为广阔。从1974年第一次正式考古发掘土墩墓至今已有40多年,但是对土墩墓有较为清晰的认识则始于2005年的宁常、镇溧高速公路沿线40座土墩墓的发掘。这次发掘向我们揭示了土墩墓并不是简单的封土埋人的普通土墩,而是一种特殊的埋葬形态,按照家庭伦理和民间约定成俗的"规矩",在丧葬活动中渐次堆积而成的所谓"土墩"。笔者认为这一形成过程所反映的是血缘家族丧葬活动中的"宗"和"孝"观念,它应该区别于一次性封土而成的各种封土墓,如环太湖分布的土墩石室墓(也称"石室土墩墓"或者"石冢")和北方中原地区的坟丘墓等。

一墩多墓,区别于一墩一墓,特别是区别于代表社会地位的、有所谓"官方背景"的大型土墩墓。首次提出应该将大型土墩墓从中小型土墩墓中区分出来的是谷建祥和林留根先生。他们认为大型土墩墓有自己的分布规律,主要是分布在沿长江山脊或者平原高地上。它们都离长江不远,或临江而立,或眺江而望[②]。这些大型土墩墓反映了其社会地位,除了殉人之外全部是一墩一墓,应该区别于反映家庭或家族特性的一墩多墓。

人类进入父系家庭社会之后,家庭就是村落的基本单位。村落是农业定居产生之后重要的政治、经济和文化单位,村落作为一个整体强调内部团结和共同利益,拥有共同道德观念。村落可以是若干家庭集中居住、也可以是围绕一个中心分散居住。大量的民族学调查案例、甚至在我国1949年前的广大农村实际情况都支持在古代社会存在以宗族为核心的村落(地方群体),所以一处江南土墩墓群实际上就是一个村落墓地的最直观反映。

二、一墩多墓属于家族墓地的考古学证据

1.土墩的构建过程反映出墓地具有规划性和一定的营造法式。例如,宁常、镇溧高速公路沿线发掘的浮山果园29号墩位于一小山岗的最高处,在其周围还有十多座较小土墩。29号墩是向心结构布局方式,内部共发现墓葬45座,构筑方式是:第一步在生土面上平铺三层熟土作为墩子的中心基础;第二步在熟土面上下挖基槽、铺石床、搭建木棚,经过精心构筑而成为中心墓葬,然后封土成丘;第三步在坟丘的北侧、东侧和西南侧分别堆筑成新的平台,在平台之上陆续埋葬后来的死者,再层层覆土。这样经过多代人之后,在中心墓葬周围不同层面陆续累积埋葬了多达44座墓,并且这些墓葬的头向都朝向中心墓葬。但是在这座拥挤的墓地中虽然叠压打破关系异常复杂,却没有一座墓侵扰中心墓葬③!这就充分说明我们现在看到的这座所谓"土墩墓"具有规划性和一定的营造法式,它其实就是一处长幼有序的家族墓地。

2.墓葬的布局结构反映出了一种秩序。宁常、镇溧高速公路沿线的考古发掘不但确认了土墩墓存在一墩一墓和一墩多墓两种现象并存,而且对一墩多墓的布局和祭祀现象都有了新的认识。例如,参加发掘的人在对所谓"向心式"一墩多墓进行描述时是这样的(图一):"寨花头2号墩鸟瞰,中心墓葬尚未揭露出来,但可以明显看到所有墓葬头向均朝向土墩中心部位(即中心墓葬位置)。发掘证明,土墩其他层位的墓葬也显示了同样的向心结构,仿佛被中心墓葬所吸引,这种结构只见于青铜时代的江南地区。"④在东边山一号土墩的发掘过程中,其内部西北、东北、西南部陆续发现了形制相似的12座墓,在其中6座朝向墩心的墓的一端均发现了人牙或人骨,还有1座墓的人骨残骸能看出完整的人头骨的形态。在这些土墩墓的土墩中心发现并确认了带有墓道的主墓,14个小墓围绕中心主墓的向心结构一览无余。

3.随葬品不能够反映社会地位等级差异。虽然中心墓葬的构筑大多数很考究,但它的随葬品并不一定多于周围的墓葬,而且多数土墩的中心墓葬随葬品反而相对较少,随葬品的品质和组合与周围墓

葬也没有明显差异。这也说明,中心墓葬和周围墓葬之间不是社会地位上的高低,而纯粹是家庭或家族内部辈分上的区别,所以明显反映出了其家族墓地性质。例如江苏句容浮山果园29号墩中心墓葬的随葬器物仅有10件,而周围有24座墓葬的随葬品反而在10件以上,多者达38件。这表明随葬品的多少不是衡量中心墓葬身份等级的尺度,再例如,许家沟1号墩的中心墓葬随葬品33件,而周围墓葬最多的随葬品37件⑤。可见中心墓葬的特殊地位与随葬品的多寡没有必然的关系,完全是根据当时去世之时的家庭经济状况而定,穷则穷葬,富则富葬,家里没钱也要埋葬,充分表明是民间行为,随葬品多寡反映的是死者当时家庭经济状况的差异。

器物群中器物的数量多少不等,且摆放并不严肃,从一件到二十多件,器类有炊器、盛器、食器。出土的鼎、坛、罐、瓶等,大多有专门的泥质陶或者夹砂陶的专用器盖,但是也有的用钵、盆等倒扣在器口上,作为代用器盖,可见并不严肃。在浮山果园1号墩墓葬的随葬品中,鼎同其它实用器如陶鬲、甗等一样都有烟熏痕迹,可见并不是专门的礼器或冥器;在1号墩的十六个墓葬中虽然有十四座墓陪葬有鼎,最少的1只,最多的有六只,且有大小之分,但从其放置形式来看并不同于"有序的列鼎",而是随意堆放,有的大鼎内置数件小鼎,有的放在甗内,还有的被借作器盖使用⑥。其非官方性、随意性十分明显。

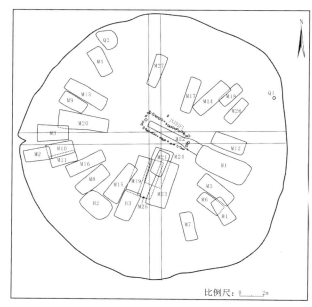

图一　江苏句容寨花头D2总平面图

4.入土先后顺序没有打破辈分伦理秩序。有必要指出,中心墓葬的墓主人并不一定是死得最早的现象并不罕见。金坛薛埠晒土场2号墩也是向心式一墩多墓,但是中心墓的层位较周围两座墓葬晚,即中心墓晚于另两座墓下葬。所以,中心墓葬反映的是辈分最高的而不是死得最早的,埋葬位置反映出晚辈对长辈的尊重和家庭伦理,可见宗与孝的观念已经根深蒂固。

5.祭祀遗迹的多样性。周礼对国家层面的各种祭祀有严格的规定,不允许随意而为之,然而江南地区的两周土墩墓形式多样的祭祀遗迹和建筑却显示出民间性质。江南土墩墓的重要考古学特征包括"墓地建筑""墓地祭祀"和"一墩多墓"。镇江句容浮山果园29号墩的中心墓葬不仅有石床,而且还有两面坡的棚类建筑和通往棚里的斜坡小路,棚内有规整的石床。建筑物的柱洞均斜向石床中心方向,根据其倾斜度就可以复原出石床上原有的两面坡窝棚式建筑。另外,柱洞痕迹显示当时的人使用的是并未作精细加工的原木,而是把原木一剖两半作为窝棚的支柱,有的洞内还残留着树皮、桠杈等痕迹。有人认为后来越文化的"人"字顶木构葬具起源于此,且其社会学含义应为房屋,与"事死如事生"的丧葬观念有关⑦。有学者认为这类葬前墓地建筑可能还具有"藏骸房"的功能⑧,还有学者认识到其性质应当是与丧葬祭祀行为相关的临时性建筑⑨。实际上笔者认为无论这种临时建筑表达的是"事死如事生"、还是"藏骸房"或是与"丧葬祭祀有关"等等,都是因为生者想表达对已经死去长辈的尊敬和孝道而不是相反。

江南土墩墓的构筑过程反映出长辈正式入葬之前有短期的殡孝意识,用于举行殡孝仪式的临时建筑较为普遍,例如寨花头D1、D2、D5等都有这类建筑,以江苏句容寨花头D2为例(图二)⑩其墓下建筑遗迹F1是年代最早的遗迹单位(西周中晚期),建造时间上早于所有的27座墓葬,且位于土墩中部。F1平面呈长方形,西北——东南走向,长约4.45米、宽约1.65米,由48个柱洞组成。从建筑质量来看显然是一处临时建筑,具体表现在:其南排的柱洞排列较为整齐,大体处在一条直线上;其

北排的柱洞则不甚规整,位置略有错乱,柱洞的平面形状也不太规则,直径5至30厘米不等,深5至65厘米,柱洞的间距5至38厘米不等。柱洞口较大而底较小,上部向内倾斜,底部呈现出尖状或三角尖状。所以推测当初是用粗细不一的木材劈削成尖形,打入地面,搭成两面坡形式的建筑。这些特点说明建筑的临时性和简易性质。该建筑完成使命之后,开始在其上堆土、夯实并在其表面建造中心主墓(M22),墓葬方向和石床位置基本与建筑重合。与这类土墩墓性质相似的遗存在江苏句容以及金坛一带经常被发现⑪。

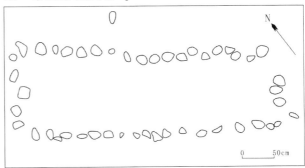

图二　寨花头D2建筑遗存(F1)

三、江南土墩墓反映出的其他特征

1.一墩一墓和一墩多墓并存。青铜时代已经进入父系社会是学术界共识。在宁常、镇溧高速公路发掘的40座土墩墓中共发现有11座土墩属于向心式结构布局,只占四分之一的比例,一是反映出当时由于人口流动性较大导致其后人大部分流出本地、或客死他乡者比较普遍,再加上一定比例的人没有男嗣,所以一墩一墓绝对数量较多,这也从侧面反映出两周时期的江南地区社会政治生活并不稳定!

2.两周时期一墩多墓分布范围从宁镇地区向南直到常州武进春秋淹城遗址周围仍然十分典型。淹城遗址及其周围的土墩墓如龙墩等,虽然同时流行着平地掩埋和掘坑埋葬的两种葬俗(一般是浅坑),但有一个共同点:其墓地最初建造方式都是预先在地表上堆筑一层熟土,各个墩子堆土厚薄不一,厚的达1.5米。平整后再在其上直接停尸,举行仪式后覆土掩埋或掘浅坑后再埋葬,然后堆土成墩。可见,在平整后的地面上是否挖坑下葬对同一座土墩墓的整体性质并没有影响。同时发现都有在平整地

面之后停尸尽孝祭祀一段时期之后才入土埋葬的共性。也同时发现土墩内各个墓葬之间随葬品数量等级差别不大,一般不超过20件[12]。其家族性和孝道祭祀反映的十分充分。

3.发掘中已确认在土墩墓中存在明显的二次葬现象,反映了对家族合葬的重视。例如,薛埠上水村一座土墩墓还有认真摆放碎陶片的现象,而且最出乎意料的是在其最下层的层面之上竟然摆放着十多件商代早期的完整陶器,但是苏南地区以往发现的土墩墓最早的不会早于西周时期,难道这座土墩是商代早期?经过寻找,在距离此座土墩墓一里多路有一处商代台形遗址,而周边几平方公里之内商代遗址就只有那处台形遗址,说明这些商代陶器应该来自于这一处台地[13]。先前去世的配偶首先是埋葬于此,在二次迁移合葬过程中在早期地层中偶然挖出了商代器物,也就一起迁移到了这座二次葬中!这也再次证明了葬俗的民间性质,非官方那样严谨。

4.一座土墩埋葬几代人特征明显。考古发掘的层位学资料显示,一墩多墓除中心墓葬外,其他墓葬大致可分为2到3层,若用同一代人大致葬在一个层面来推测,一个墩子或许只能安葬3到4代人。以寨花头D2为例:寨花头D2共有墓葬27座,属于江南土墩墓中的典型一墩多墓类型,如果按照层位来看埋葬有墓葬的共有5个层位,分别是:第2层下有墓葬1座(M1)、第3层下有墓葬1座(M2)、第4层下有墓葬10座(M3—M12)、第5层下有墓葬15座(M13—M27)[14]。前后埋葬了四代人。

四、结语

人类对尸体的处理方式是最保守的,它代表了人们的基本信仰和对祖先的态度,并不是任何外来的影响就能够促使其轻易改变的,除非发生了不可抗拒的社会变化,才会影响到人类对尸体习惯性处理方式。甲骨文中的宗(宀)造字本义是"献祭崇拜祖先的祖庙",示(丅)表示"祭拜祝祷",上面像封土一样的部分表示"房屋"类。《说文》:"孝,善事父母者,从老省,从子,子承老也。"可见普通意义上的"孝"就是子女善事父母长辈。因此,一墩多墓的埋

葬习俗就是"宗"与"孝"理念的真实写照!

另外,江南商周土墩墓所反映的社会平民家族墓地葬俗对重新审视江南地区两周时期社会性质十分重要,是否和北方中原地区一样属于"奴隶社会",还是存在另一种别具特色的社会结构和社会关系不得而知。所以,江南地区和环太湖流域商周时期社会性质再探讨将成为今后一个十分重要的研究课题。

最后需要说明的是,典型一墩多墓葬俗的影响力延续到了汉代走向衰落,单体的汉代土墩墓与一般竖穴汉墓并无太大差别,但其多个单体墓聚葬于一个土墩内的葬俗显然与北方地区异穴合葬的封土汉墓是不同的。究其源,当与环太湖地区商周时期的吴越土墩墓有密切联系,但是竖穴和砖室墓是因为受到了北方地区的影响[15]。应该说,秦汉以后所谓的江南"土墩墓"已经不属于典型土墩墓的概念范畴,例如平地掩埋和墓下建筑等文化元素已经消失,实际上是汉墓的一种地方类型。"这类墓葬均埋葬在人工堆筑的土墩之内,土墩有些是沿用商周时期的土墩墓,有些是汉代人工堆筑而成的。之后在土墩上开挖墓穴,墓葬形制包括土坑竖穴墓、砖椁墓和砖室墓等,不见商周时期平地堆土掩埋的埋葬形式,以一墩多墓为主,随着时代的推移,土墩堆积越厚,墓葬数量越多,土墩的体量也越大。"[15]所以,如果说在两周时期典型土墩墓是源自于某些特定的族属,但秦汉之后逐渐汉化,土墩式汉墓已经不具备某种考古学文化和某个古代族属的意义。

注释:
①费玲伢:《"古代东亚土墩遗存及其社会——中韩土墩墓比较研究学术研讨会"纪要》,《东南文化》2011年第1期。
②谷建祥、林留根:《江南大型土墩墓形制之研究》,《东南文化》1998年第1期。
③李虎仁、周润垦、原丰:《向心结构的多墓土墩》,《中国文化遗产》2005年第6期。
④李虎仁、周润垦、原丰:《向心结构的多墓土墩》,《中国文化遗产》2005年第6期。
⑤李虎仁、周润垦、原丰:《向心结构的多墓土墩》,《中国文化遗产》2005年第6期。

⑥镇江市博物馆浮山果园古墓发掘组:《江苏句容浮山果园土墩墓》,《考古》1979年第2期。

⑦付琳:《东南地区"人"字顶木构葬具刍议》,《东南文化》2017年第3期。

⑧杨楠:《土墩墓及其相关概念之辨析》,《东南文化》2013年第5期。

⑨付琳:《东南地区"人"字顶木构葬具刍议》,《东南文化》2017年第3期。

⑩田名利、郝明华、周润垦等:《江苏句容寨花头土墩墓D2、D6发掘简报》,《文物》2007年07期。

⑪田名利、吕春华、唐星良:《土墩墓丧葬建筑》,《中国文化遗产》2005年第6期。

⑫王岳群:《江苏武进淹城龙墩墓葬发掘简报》,《东南文化》2005年第3期。

⑬王奇志、黄健康、翟忠华:《宁常、镇溧高速公路40座土墩墓大抢救》,《中国文化遗产》,2005年第6期。

⑭南京博物院:《江苏句容寨花头土墩墓D2,D6发掘简报》,《文物》2007年第7期。

⑮安徽省文物考古研究所:《安徽广德县南塘汉代土墩墓发掘简报》,《考古》2014年第1期。

⑯王婷:《汉代土墩墓的南北差异与族属的推测》,《中国文物报》2015年5月8日第6版。

(作者单位:河南大学历史文化学院)

隋代墓志四神纹饰研究

◇ 孙 晨

内容提要：墓志纹饰不仅是墓志上的一种装饰，更是社会意识的自然流露，能够在很大程度上展现当时社会的艺术成就和文化思想变迁，处于变革和过渡阶段的隋代是墓志纹饰发展过程中的重要一环，本文就隋代墓志中最为常见的四神纹饰进行讨论，以分类、统计、对比研究等方法分析其来源、发展和动因，认为其融合了汉代的四神传统和北朝的墓志纹饰，且其风格被唐代延续，并从历史学、考古学和美学的角度审视隋代墓志四神纹饰的艺术价值和思想文化价值。

关键词：隋代 墓志 四神纹饰

一、隋代墓志四神纹饰发现与研究

墓志是中国古代石刻艺术的重要组成部分，其方形形制与志、盖、纹饰结合的方式最早见于北魏早期，到隋唐时期臻于鼎盛，其本身不仅具有追思祖先、记载生平、纪念功德、道德教化等功能，也具有极高的历史文化价值。墓志上的纹饰不仅具有装饰的作用，更蕴含有艺术、宗教、民俗、身份等级、社会理念方面的思想，南北朝时期墓志的纹饰已经相当丰富，主要表现在瑞兽、十二生肖、祥云、莲花纹、蔓草纹等方面，在唐代则更加丰富多彩，而处于两者之间的隋代墓志纹饰既继承了南北朝时期的纹饰特征，也和唐代纹饰联系密切，是墓志纹饰发展和研究的重要环节，其中四神纹饰就是隋代墓志纹饰中具有代表性的组成部分。

（一）隋代四神纹饰墓志的发现

截至目前，发现的隋代墓志有近八百方①，其中带有纹饰的有51方，而四神纹饰在隋代墓志中占据了重要地位，出现频率较高，根据初步统计，在所有镌刻纹饰的墓志中，有四神和十二生肖纹饰者占60%以上②，说明这种纹饰和墓志的结合具有普遍认同的主题意义。

据本文统计，隋代墓志中四神纹饰出现频率较高，有刘婉华墓志、范高暨苏氏墓志、姬威墓志、李元暨邓氏墓志、张濬墓志、阴云墓志、宋虎墓志、宋忻暨韦胡磨墓志、张寿墓志、郁久闾可婆头墓志、韵智孙墓志、段威暨刘妙容墓志、独孤罗墓志、杨钦墓志、李景亮墓志、杨休墓志、史射勿墓志、梁明达墓志等18例，占有纹饰墓志总数量的35.29%，可见其重要性和普遍性。

下面对隋代墓志中具有四神纹饰的墓志主进行统计：

表一　隋代墓志四神纹饰墓主身份统计表

墓主	官职	品级	位置
刘琬华	开府仪同三司骠骑将军河东公夫人	从一品	志盖盖题四周
范高暨妻苏氏	处士	无	志盖盖题四周
姬威	金紫光禄大夫备身将军司农卿敦煌太守县公	从一品	志盖盖题四周
李元暨邓氏	齐开府行参军	九品	志盖盖题四边
张濬	东垣县主簿	九品	志盖盖题四周
阴云	使持节柱国司空公郡公	正二品	志盖四杀
宋虎	使持节仪同三司内常侍	三品？	志盖四杀
宋忻暨韦胡磨	使持节上开府幽州总管诸军事潞州刺史县公	从一品	志盖四杀
郁久闾可婆头	大将军九陇公	一品	志盖四杀
韵智孙	北齐常侍		志盖四杀
段威暨刘妙容	使持节骠骑大将军开府仪同三司三州诸军事刺史	一品	志盖四杀
独孤罗	使持节大将军凉州总管开国公	一品	志盖四杀
杨钦	使持节大将军县公	一品	志盖四杀
李景亮	流江县令	七品左右	志盖四杀
杨休	使持节大将军平武县开国公泸州刺史	三品左右	志盖四杀
史射勿	正议大夫右领军骠骑将军	正四品	志盖四杀
梁明达	梁上柱国杞国公杜义总管	从一品	志盖四杀
张寿	光禄大夫右翊大将军	正二品	志盖四杀

从上表可见，隋代墓志纹饰中的四神纹饰广泛存在于各个官员等级之中，虽然大多数为三品以上的高级官员，但从一品的大将军到九品的东垣县主簿皆能使用，可见四神纹饰的使用并不像墓志尺寸那样具有严格的身份等级限制，而是相对自由。

（二）隋代四神纹饰墓志的相关研究

隋代墓志的发现和研究持续了较长的时间，在历史研究和艺术研究等诸多方面有了一定成就，已经取得了较为丰硕的成果，出现了一批专门研究的文章和论著。以2007年王其祎、周晓薇的巨著《隋代墓志铭汇考》③为界大致可以分为两个阶段。第一阶段时间较长，但是研究不够深入，多是清末以来对于墓志的收集与初步研究，如赵万里的《汉魏南北朝墓志集释》④收集了一些隋代墓志并作以考释，赵超的《古代墓志通论》⑤对隋唐时期墓志的规制和纹饰进行了分析研究，对于墓志纹饰的研究尚不多，有李星明的文章《隋唐墓志四神十二生肖装饰图案中的易理》⑥、张蕴《西安地区隋唐墓志纹饰中的十二生肖图案》⑦等，关于四神纹饰的研究只有李星明这一篇。

第二阶段的研究则较为丰富，近十几年来墓志纹饰的研究硕果累累，其研究对象以四神十二生肖纹饰和花草纹饰最多，周晓薇《隋代墓志石上的四神与十二辰纹饰》⑧、《隋墓志线刻图案中的四神与十二辰纹饰》⑨与《隋墓志刻饰图案中的稀见纹样》⑩对隋代墓志纹饰中的主要组成部分四神、十二生肖纹饰进行了系统的分类、溯源、历史演变并阐释其文化内涵，李皓在《四神之青龙研究——以隋代墓志纹饰为例》⑪中对隋代墓志中青龙纹饰的源流进行了细致的考察，董淑燕《隋唐墓志四神十二辰论述》⑫、刘天琪《略论隋唐十二生肖墓志的起源和装饰风格》⑬也以隋唐时间段为研究范围分别对四神十二生肖纹饰进行了解剖分析。此外，近年来也有一些硕士毕业论文对其进行了探讨，如王天琪的《隋唐墓志盖题名艺术研究》⑭、石文嘉的《隋代墓葬的考古学研究》⑮和郭月云的《隋唐长安地区植物类墓志纹饰研究》⑯等研究都对隋代墓志纹饰有所涉及，但均未作重点讨论。

综上所述，以往在研究隋代墓志的时候多出现两种趋势，一种是多驻足于一种纹饰，这固然有专业的好处，但缺乏全局的观念，没有对其进行整体的归纳和分析；另一种则是在对墓志纹饰以隋唐时期为一个时间段对这一时期的某种纹饰进行对比、分析和研究，缺乏对隋代墓志纹饰的专门研究。本文力图克服这两点之不足，兼顾全面和专门，以隋代墓志为研究对象对其进行宏观的分析分类并在此基础和背景之上着重探讨四神纹饰的发展、内涵与价值。

二、隋代墓志四神纹饰特征分析

纹饰不仅是器物的附属，更是当时人思想生活和观念的反映，墓志为生者制造，故能够反映制造者的观念，也是整个时代的特征，构成了这一时代的精神面貌。下面我们着重讨论四神纹饰形态的特征。

（一）青龙和白虎

青龙，是四神中唯一不存在于自然界当中的动物形象。作为中华民族标志的龙的形象内涵丰满，意义丰富，早在河南濮阳西水坡仰韶时期的墓地中就能看到其样貌，在这一形象的基础上逐渐发展完善成为后世崇拜的龙的形象。隋代墓志中青龙形象较为突出，俊雅飘逸，质朴脱俗，具有较高的艺术性。西方白虎与东方青龙在指示方位上相对应，在墓志中也处于相对的位置，一般为左右相对。白虎的形象来源于现实中的虎，但也有一定的艺术加工。借鉴王其祎、周晓薇的观点，本文根据形态将墓志中的青龙白虎形象分为三类[⑰]。

第一类，无翼蛇形青龙，无翼白虎。这一类青龙皆身长似蛇，身体表面被有鳞片，背部无翼，有两爪或者无爪。这一类形象的墓志有《宋忻暨韦胡磨志》《杨休志》《史射勿志》《李椿妻刘婉华志》《梁明达志》《独孤罗志》等6例。其中如开皇九年(589)的《宋忻暨妻韦胡磨志》中青龙有两爪，身体布满龙鳞，体型如蛇，逶迤前行，白虎身体细长，通体有竖线状斑纹，作奔腾向前状；又大业三年(607)的《杨休志》四神纹饰虽有磨损，但仍可看出青龙身形细长似蛇，身上绘刻着大块龙鳞；又大业六年(610)的《史射勿志》从拓片可见蛇形青龙的身上布满龙鳞，白虎身形细长，作奔腾状；再大业六年(610)《李椿妻刘婉华志》的青龙身形细长，背部有五只上扬的鳍，无翼，身上有短线状龙鳞，作飞奔之势，白虎身形细长，背部有四只上扬的鳍，无翼，头部较小，身上有短线状斑纹，作飞奔之姿；又大梁永隆二年(618)的《梁明达志》，青龙头大身细，背部无翼，张

口逶迤向前，白虎头大身细，背部无翼，身体有斑纹，张口向前奔跑。

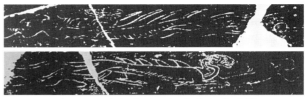

图一　《刘婉华志》中的青龙白虎[⑱]

第二类，带翼走兽形青龙，带翼白虎，此类青龙的身体比蛇形粗壮，四肢有力，身上无鳞片或者鳞片较少，背部皆有翼和鳍，白虎身体粗壮，带翼与鳍。这类墓志包括《阴云志》《宋虎志》《郁久闾可婆头志》《段威暨刘妙容志》和《李景亮志》《韵智孙之》等6例。其中开皇三年(583)的《阴云志》中青龙颈部有类似翼状鳍，四肢和身体接触之处带有四翼，白虎带翼带鳍，奔腾向前；又开皇五年(585)的《宋虎志》青龙身体粗壮，尾部细而长，末尾卷曲，身体有鳍，背部有翼，作飞奔状，周围装饰有云纹，白虎亦身体粗壮，尾部细而长，末尾卷曲，身体有鳍，背部有翼，作飞奔状，周围装饰有云纹；又开皇十二年(592)的《郁久闾可婆头志》中青龙形象清晰，其头部较小，身上有鳞片，背部有鳍，带翼，白虎形象可爱，北部带翼带鳍，作奔走状；开皇十五年(595)的《段威暨刘妙容志》中的青龙则线条简单，青龙身体四肢粗壮，背部有鳍，身体带翼，呈现飞奔之状，白虎无翼无斑纹；开皇十五年(595)的《韵智孙志》为上青龙下白虎形象，其特殊之处在于青龙和白虎都是两两相对的一对，中央为一朵花，青龙体格强健，带翼带鳍，两龙向中央奔走，白虎亦向中央奔走；再大业元年(605)的《李景亮志》图像清晰，青龙身上有鳞片，尾巴细长，背部有鳍，带翼，腿部关节和肌肉明显，呈飞奔之状，周围装饰以云朵纹饰，白虎背上有鳍，身上有翼，体表有竖条装斑纹，四肢粗大有力，尾巴细长，张牙舞爪作飞奔之状，周围有云朵环绕。

图二　《李景亮志》中青龙、白虎纹饰[⑲]

第三类，无翼走兽形青龙，这类青龙四肢健壮、昂首翘首，身上有鳞但背上没有翼，白虎的形象与青龙类似，身上有鳞片状斑纹，尾巴上翘，此类型仅有大业六年（610）的《范高暨妻苏氏志》一例，其纹饰刻于盖题四周，仅仅占据中心位置，极为罕见。

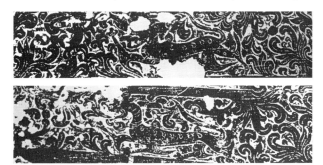

图三　《范高暨妻胡磨志》之青龙白虎⑳

（二）朱雀

朱雀和玄武是互相对应的形象，一般在墓志中上下相对，朱雀为凤鸟之形象，或正面站立或侧面站立，或展开双翅或低卧，根据其形态可以分为六类㉑：第一类为两只朱雀相对，展翅飞翔，有《宋虎志》《独孤罗志》和《李景亮志》三例，画面中两朱雀相对，中央为一花蕊，挥翅振羽，似有飞翔之态；第二类为朱雀展翅，并足而立，如《宋忻暨韦胡磨志》和《李元志》中的朱雀为正面并足而立，双翅舒展，可见其腿部和头部似鹰，画幅较小；第三类为朱雀展翅，跨步行走，如《段威志》中的朱雀双翅展开，双足有前进之态；第四类为朱雀收翅，侧身站立，这一类描绘的较为简单，《梁明达志》中的朱雀刻绘简单，没有朱雀凤鸟的雍容华贵，而更像是一般的鹅；第五类为朱雀收翅，漂游空间，如《史射勿志》《范高暨妻苏氏志》中的朱雀形态小巧可爱，似乎飘荡在空中，周围有云朵环绕；第六类较为特殊，是一个特例，即《刘琬华志》中的朱雀为了配合青龙白虎的体态，其形象也被刻绘得细瘦似龙虎，翅尾长羽飘飞，营造了闲适安宁的意境。

图四　《郁久间可婆头》之朱雀㉒

（三）玄武

朱雀和玄武是互相对应的形象，一般在墓志中上下相对，朱雀为凤鸟之形象，或正面站立或侧面站立，或展开双翅或低卧，玄武则为龟和蛇形象的组合，蛇在龟身体上环绕数圈并与龟两头对视，具有很强的神秘元素。其形态特征与青龙白虎不尽相同，个体之间差异较大，下面根据朱雀和玄武的形态将进行分类。

玄武为龟蛇组合而成，下面根据龟的形象将其分为两类：兽形龟玄武和写实龟玄武。兽形龟玄武龟体近似兽，包括《阴云志》《段威志》《李景亮志》和《李元暨妻邓氏志》4例，其中开皇三年（583）的《阴云志》中"龟"体似牛，带有较长的兽腿，头部也近似于牛，但尾巴较长，蛇缠绕身体向前，蛇头部不清；开皇十五年（595）的《段威志》中龟壳成山状，头似兔，但有角状突起，蛇缠绕龟体数圈回首，龟未回首，蛇体无鳞片；大业元年（605）的《李景亮志》龟体覆盖有龟甲纹龟壳，龟蛇皆回首对视，但龟的头部似兽类，张口吐出舌头，类似蛇的信子蛇亦张口，但未吐信子，此外这方墓志中有左右两个玄武，是唯一一例；大业十二年（616）的《李元暨妻邓氏志》中玄武站在莲花座之上，身上有龟甲，但四肢较长，类似兽腿，蛇在其背上，未回首对视。

图五　《李景亮志》中的玄武㉓

写实龟玄武中的龟形象比较接近于真实龟，包括《刘琬华志》《杨休志》《郁久间可婆头志》《宋忻暨韦胡磨志》《宋虎志》《独孤罗志》《范高暨妻苏氏志》《梁明达志》等8例，其中《刘琬华志》中龟和蛇首相对，龟头比较写实，蛇通体黑色，首似鸟；《郁久间可婆头志》龟头较为写实，蛇缠绕龟体三圈回首对视；《宋忻暨韦胡磨志》中的龟最为真切写实，龟体和蛇身皆较长，蛇身上通体有鳞片，回首与龟对视；《宋虎志》中龟蛇皆回首对视，龟和蛇身体皆有网格纹饰，当为写意性的龟甲和蛇的鳞片；《范高暨妻苏氏志》中龟蛇相对，但龟蛇没有交缠，体表皆有纹饰，形态较为写实，最为特殊的是《梁明达志》，其玄武身上缠绕着两条蛇，当为西汉瓦当及汉碑中玄武形象的遗制，在西汉汉长安城遗迹出土的个别瓦当中有两条蛇盘桓在一只龟两侧的现象㉔。

图六 《宋虎志》中的玄武㉕

通过以上分析，我们对隋代墓志所见四神纹饰进行了分类，但其多种种类为同时并存的，并无时间上的沿袭关系，而是具有较大的选择性，而隋代时间短暂，其形象也并无明显的变化，而是呈现出多元发展的势头。

三、隋代墓志四神纹饰的对比研究

四神形象不仅出现在古代的墓志上，而且在汉画像砖石、瓦当、铜镜、壁画等载体上也经常看到，下面将从墓志的源流和与其他载体上的四神纹饰进行对比两方面对隋代四神纹饰进行横向和纵向的对比并探讨相关问题。

(一)隋代墓志四神纹饰的源流

墓志中四神的形象在北魏时期已经出现，在之后的隋唐时期发展并达到顶峰，扮演着极为重要的地位，下面将隋代墓志四神纹饰与北朝、唐代这两个时期墓志中的四神纹饰做以纵向对比，分析其发展和变化的过程。

1.隋代墓志四神纹饰的来源——北朝墓志

隋代墓志上的四神纹饰和同刻画在石材上的汉画像砖上的四神纹饰拥有一些共同之处，但其直接来源为北朝墓志。根据考古发现，现在已知的较早的带有四神纹饰的北朝墓志为北魏神龟三年(520)的元晖墓志㉖，此墓志上的四神纹饰出现在墓志石的四侧，且四侧分别有一对青龙、白虎、朱雀和玄武，为整个墓志增添了许多活力，因为空间限制，这里的四神形象偏小，不如隋唐时期之大气，但是也不失秀气之美。北魏永安二年(529)的尔朱袭墓志和荀景墓志与元晖墓志一样出土于洛阳并带有四神纹饰，尔朱袭墓志的四神纹饰刻于志盖四杀，且单个出现，与隋代墓志中四神纹饰的构图方式相似，青龙、白虎、朱雀之上皆有仙人乘处，羽带飞扬，其形优雅纤秀、神采生灵，其雕饰精细轻巧、疏密有间，无论从布局或细节描述而而言，都异常精美㉗。在龙的前面有两位神仙做前导，龙的身后有一位神仙护侍㉘。荀景墓志将四神纹饰雕刻于墓

志盖四杀下方的四侧之上，它们也单独出现，表现形式基本与隋代墓志上四神纹饰相类㉙，形象为人面神兽，性质尚有争议。雕刻功底娴熟，青龙、白虎、朱雀、玄武均清雅超俗，整幅画面充满和平之气㉚。

根据以上最具代表性的北朝墓志可以看出北朝墓志和隋代墓志四神纹饰存在一定联系，出土的这一时期的墓志多在洛阳地区，因为时代原因，这一时期的墓志与隋代的墓志的四神纹饰无论是在艺术刻画还是表现形式上还都有所差异，总概其特征如下：其一，北朝墓志中四神纹饰或是单独出现，较少成对出现，这与隋代的类似，在隋代墓志四神纹饰中大部分为单独出现，只有宋虎和李景亮两方为成对出现；其二，北朝墓志上的四神纹饰有的与仙人神兽组合，而隋朝的墓志上的四神纹饰则常与云、山或花草相组合㉛，但也有较为特殊的例子，如《阴云志》中出现的天女形象引导朱雀，其后面有兽面鸟身兽足的神物护侍的形象与尔朱袭墓志中的形象类似，应当是北朝传统的延续；其三，北朝墓志上的四神纹饰往往雕刻得秀雅端庄，隋代墓志上的纹饰亦清秀细瘦，有某些相似之处。虽然它们存在着一些不同，但北朝墓志对以后隋代墓志发展的深远影响不容忽视㉜。

2.隋代墓志四神纹饰的去向——唐代墓志

隋代四神纹饰墓志中，藏于西安碑林博物馆隋开皇十五年（595）的段威墓志和隋大业十一年(615)的张寿墓志较为有代表性，在其志盖四杀上都出现有四神纹饰。前者将温弱文雅的四神形象刻绘在神秘的森林之中，奔驰着的青龙、白虎、朱雀、玄武充满了激情和活力。虽然四神形象雕刻得极为干练，但它们与周围的物象形成了统一的整体，流云、树木、山峦与四神巧妙地结合，整幅画面就仿佛是一幅富有生趣的情景故事图㉝。在墓志盖上既有四神纹饰，也有十二生肖纹饰，其新颖的构图方式使之别具一格。张寿墓志盖盖题的四周分别刻有十二生肖，其中三个动物为一组，一共为四组，布局合理，整体也美观。四神纹饰被刻画在志盖的四杀中央，周围环绕着盛开的花朵，富贵吉祥。四神形象比唐朝墓志上的四神形象要小得多，整体长度也没那么长，并且朱雀表现为下面形象，头顶光环环绕，神

秘感极强。志盖上的四神纹饰与十二生肖纹以及花卉纹饰都是精雕细琢而成，虽然饱经沧桑，但直到现在，上面那雕刻纤细秀丽的纹饰仍然清晰可见。从以上两方典型墓志看出，隋朝墓志上的四神纹饰纹饰起到了承上启下的作用，它不仅沿袭了北朝墓志中四神纹饰的艺术特点，又被唐代继承成为唐朝四神墓志发展的奠基石[38]。

3.小结

通过上文对于隋代墓志与之前的北朝和之后的唐代墓志的对比，我们可以看到隋代墓志四神纹饰在墓志纹饰发展中起到了承前启后的作用。北朝墓志中的四神纹饰古朴矜持、秀雅端庄，唐代四神纹饰则豪放大气，而隋代墓志四神纹饰则介于两者之间，继承了北朝墓志中纹饰的一些神仙元素，最终在形制和纹饰上走向成熟，同时又转向唐朝墓志四神纹饰的大气。

(二)隋代墓志与瓦当、铜镜上四神纹饰的对比

四神形象不仅出现在古代的墓志上，而且在瓦当、铜镜等载体上也经常可以看到，他们之间既有一定的联系也有一些区别，下面将从这两个方面入手来展现各种载体之上的四神图像的联系与区别。

1.隋代墓志四神纹饰与瓦当四神图像

瓦当是中国古代高等级建筑上的重要构建，作为筒瓦顶端的下垂部分，其不仅具有挡雨保护椽头不受侵蚀的实际用途，也具有较强的装饰作用。四神瓦当在瓦当装饰中占据了重要的位置，在汉代制作华美、精良且独具美感，并具有深刻的寓意。汉代的四神瓦当和隋代带有四神纹饰的墓志一样多出土于作为汉唐都城的长安及其附近地区，因为他们是同一地区前后不同时代的相同纹饰，所以其中必然有继承的部分，隋代墓志中的四神纹饰在整体上与汉代四神瓦当形象接近，且无论是汉代瓦当上的四神纹饰还是隋代墓志上的四神纹饰都具有去除邪恶、祈求吉祥的美好愿望。

两者具有类似的主题和寓意，同时也有较大的差异。首先，他们的材料不同，瓦当以是陶土制成，在陶土之上绘制四神形象再进行烧造，而隋代墓志四神纹饰则是刻绘在坚硬的石材之上，有利于保存；其次便是表现手法的不同，汉代四神瓦当以浮雕的形式展现而隋代墓志以线刻的手段展现，后者主要是平面上的艺术而前者则具有立体感；再次便是使用范围的不同，瓦当主要适用于建筑之上，四神纹饰则是生前世界的装饰，而墓志四神纹饰则是黄泉世界的装饰。

两者在图像上也有较大差异。因为受到不同材料和画面规模的限制两者的图像大相径庭，汉代四神瓦当刻绘在圆形的画面之内，它利用圆弧的运动感和韵律美，再加上四神均围绕着中央突起的大乳钉进行构图，给人一种圆润、光滑的视觉效果[35]，四神纹饰较为卷曲。而隋代墓志中的四神纹饰主要分布在墓志盖四杀、四侧和盖、题周围，都是在长条形的空间内创作，因此其形象呈现出修长而绵延的效果。尽管两者艺术特色各不相同，但皆制造精良，优美的造型和富有想象力的艺术加工更是给整个图像增添了艺术气息，焕发出持久的经久不息的魅力。

2.隋代墓志四神纹饰与铜镜四神纹饰

铜镜是一般为圆形的用来照面的铜制品，其背面的繁复华美的装饰令其成为一种艺术品，在汉代铜镜中经常出现一种包含青龙白虎朱雀玄武的四神图案，在西汉末期到东汉前期最为流行，包括四神规矩镜、四乳四神镜和多乳四神禽兽纹镜。和墓志中的四神图案相同，两者都具备镇邪除弊、祈求祥瑞的功能，正是在相同的目标追求之下四神图像产生一定的联系和影响。

当然，两者在诸多方面也存在着差异。从材质上来，铜镜主要是铸造在青铜器上的纹饰艺术，而墓志上的四神纹饰则主要刻绘在石材之上；从艺术表现和空间布局上来看，铜镜上的四神被框定在一个较圆的范围内，而墓志上的四神则被框定在一个长条形的范围内，前者往往是四神出现在同一面铜镜上，而后者则多是在同一方墓志的四杀或四侧；在制造方法上，铜镜上的四神通常采用线雕进行创作，即用线条在平面上塑造出有体积感的艺术形象[36]，而墓志则是线刻工艺，将需要突出的轮廓边界下刻1~2毫米。

在纹饰形态上两者的差异也较明显。汉代出土了大量的四神规矩镜，上面的纹饰虽然简单但是精炼而富有概括性，青龙白虎朱雀玄武各自占据一个

方位,龙虎花纹清晰,鬃毛明显有力,朱雀安闲地站立,尾部羽毛展开,尾端的细线刻绘更是给人以轻盈之感,玄武的龟壳和关节都很逼真。到了隋唐时期,四神十二生肖镜摆脱了过去的线刻传统,代替以浮雕的工艺,四神形象更加精致华美,运用较粗的线条和空间关系表现出四神形象的动感、活力与四方关系,这种铜镜在唐代之后逐渐衰落。相比之下隋代墓志中的四神纹饰在表现细节上更加准确,但缺乏铜镜上纹饰的立体感。可见,无论是墓志上的四神还是铜镜上的四神纹饰都在隋唐时期达到鼎盛并逐渐走向衰落。

3.小结

以上通过对隋代墓志中四神纹饰与铜镜、瓦当中的四神图像的对比,展现出了隋代墓志四神纹饰与其他载体上的四神形象的共性和区别,可以看到隋代墓志纹饰处于纹饰发展较为成熟的环节,与汉代古拙深沉的铜镜、瓦当相比其拥有更多的艺术加工,但是作为墓志这种狭小空间内的艺术装饰其已经达到了较为成熟的阶段。

通过纵向的对比可以看出一条墓志中四神纹饰的发展脉络,隋代墓志四神纹饰在北朝和唐代之间架起了一座桥梁,是一个承前启后的过渡时期。同时在与其他载体上的四神纹饰进行横向的对比之后可以看到四神纹饰在不同载体上的不同反映,虽然各有千秋,但总体的发展方向是由古拙质朴走向精致细腻,有利于我们理清四神纹饰的发展脉络。

四、文化价值

隋代墓志纹饰丰富多彩,四神纹饰也十分精美,它们不仅仅是墓志上的装饰,还是一种绘画的形式,具有丰富的文化价值。

一方面,隋代墓志四神纹饰具有较高的思想文化价值。四神形象历史久远,在产生之初就被赋予了方位和星象的内涵,因而不可避免地和天联系起来,产生了某种神秘的气息,而后人们又不断为其赋予新的含义,使之成为具有通天通神功能的神,将其置于墓葬当中即代表了人们祈求平安幸福、灵魂进入天界的美好愿望。希冀通过四神纹饰的描绘能够让其带领逝者走向天国——一个安静祥和的吉祥乐土和神仙世界,在那里灵魂得以永生。

另一方面,隋代墓志四神纹饰具有较高的艺术价值。隋代墓志中的四神纹饰也能反映出这一时代的绘画已经注意摆脱了前代绘画的呆滞和死板并在章法上开始注意到到动静结合。在四神纹饰中,既有动的事物,即奔腾的龙虎、展翅欲飞的朱雀和互相缠绕且回首对视龟蛇玄武形象,也有静态的描绘,如天空中飘荡的云、静静矗立的山和周遭生长的树木花卉,将这两方面结合起来,让观者感受到动中有静、静中有动,具有了山水画的艺术特征。

因此,隋代墓志的四神纹饰不仅拥有较强的思想文化价值,也具有较高的艺术价值,为我们管窥隋代乃之隋唐时期的思想和艺术风尚提供了宝贵的材料。

注释:

①《隋代墓志铭汇考》收录了六百四十方隋代墓志,王其祎、周晓薇先生在《长安地区新出隋代墓志铭十种集释》中作者指出:"统计2007年以来为笔者所见知的新出隋代墓志铭已经又有百三十种之多",故当今可知的隋代墓志当在七百七十方以上,资料可见的带有纹饰的墓志有51方,大约占墓志总数的6.7%。

②李星明:《隋唐墓志四神十二生肖装饰图案中的易理》,《装饰》2003年第7期,第45页。

③王其祎、周晓薇:《隋代墓志铭汇考》,线装书局,2007年。

④赵万里:《汉魏南北朝墓志集释》,科学出版社,1956年。

⑤赵超:《古代墓志通论》,紫禁城出版社,2003年。

⑥李星明:《隋唐墓志四神十二生肖装饰图案中的易理》,《装饰》2003年第7期。

⑦张蕴:《西安地区隋唐墓志纹饰中的十二生肖图案》,《唐研究》(第八卷),人民出版社,2002年。

⑧周晓薇:《隋代墓志石上的四神与十二辰纹饰》,载《纪念西安碑林920周年华诞国际学术探讨会论文集》,文物出版,2008年。

⑨王其祎、周晓薇:《隋墓志线刻图案中的四神与十二辰纹饰》,载《片石千秋:隋代墓志铭与隋代历史文化》,科学出版社,2014年。

⑩周晓薇、王菁:《隋墓志刻饰中的稀见纹样——以

〈隋代墓志铭汇考〉为基本案例》,《考古与文物》2009 年第 1 期。

⑪李皓:《四神之青龙研究——以隋代墓志纹饰为例》,《濮阳职业技术学院院报》2015 年第 3 期。

⑫董淑燕:《隋唐墓志四神十二辰论述》,《碑林集刊》(第十二辑),陕西人民美术出版社,2006 年。

⑬刘天琪:《略论隋唐十二生肖墓志的起源和装饰风格》,《美苑》2009 年第 2 期。

⑭王天琪:《隋唐墓志盖题名艺术研究》,西安美术学院硕士学位论文,2009 年。

⑮石文嘉:《隋代墓葬的考古学研究》,南开大学博士学位论文,2014 年。

⑯郭月云:《隋唐长安地区植物类墓志纹饰研究》,西北大学硕士学位论文,2014 年。

⑰李皓:《四神之青龙研究——以隋代墓志纹饰为例》,《濮阳职业技术学院院报》,2015 年第 3 期。

⑱同③。

⑲同③。

⑳同③。

㉑同⑨。

㉒同③。

㉓同③。

㉔同⑨。

㉕同③。

㉖张鸿修:《北朝石刻艺术》,87 页,陕西人民美术出版社,1993 年。

㉗雷婧:《唐代墓志四神图像纹饰论析》,陕西师范大学毕业论文,2012 年。

㉘同⑫。

㉙同㉗。

㉚同㉗。

㉛同㉗。

㉜同㉗。

㉝同㉗。

㉞同㉗。

㉟同㉗。

㊱同㉗。

(作者单位:西北大学文化遗产学院)

综论家犬的起源与驯化问题

◇ 雷倩萍　肖　宇

内容提要：从生物学角度来看，家犬是由灰狼驯化而来，但其起源与驯化的时间、地点及其过程却不甚清晰。本文梳理生物学、考古学等学科的相关研究成果，并通过对世界各地（包括亚洲、美洲、欧洲和非洲等地）所发现的犬类遗存进行综合分析，综论家犬的起源与驯化问题。

关键词：家犬　灰狼　起源　驯化

一、前言

数万年来，家犬一直都生活在人类身边，与人类漫长的文明进程相伴相随，并在人类文化中扮演着特殊角色。从人类文化史的角度上讲，家犬首先是一种工具，具有敏捷灵活、快速思考、敏锐感知以及独一无二的与人类交流的能力，这些都促使它们可以参与到人类生产、生活之中，如捕猎、放牧、看门等。通过驯化，家犬的每一类型都与其培育目标越来越接近，从而实现了人类与家犬之间建立密切协同关系的目的。从生物学的角度上讲，家犬其实就是狼，至少从 DNA 的角度来看便是如此，这两种动物共同拥有的基因高达 99.96%[①]。根据相同的逻辑，也可以说狼就是狗。狼通常被描绘成野性而原始，而狗则倾向于代表狼身上人为可控且屈从的性格类型。家犬的起源与驯化问题，涉及生物学、考古学等学科，论述颇丰，本文综合国内外学界对这一问题的研究成果，综论家犬的起源与驯化问题。

二、家犬的起源

1.犬科动物的祖先

要想完全了解家犬，则需要超越犬类的驯化过程，甚至超越狼，去审视整个犬类家族的历史。需要探寻家犬起源于何处以及其所有祖先的形态，而不仅仅只是着眼于其现生近亲——狼。当然，无论是审查家犬的直接祖先（生活在一万多年前的狼），还是更遥远的祖先（生活在几百万年前上新世的群居性犬科动物，它们是狼的祖先），基本上都不可能准确了解其详细情况，因为它们已经灭绝。然而，通过观察现今典型的群居性犬科动物的行为方式，可以获得有关家犬祖先行为的一些信息。能确定的是，这不仅能探寻家犬的最早祖先，而且能帮助我们获知：为何除了狼以外的犬类都不能被成功且永久驯化。

首次对家犬、狼和豺的母本 DNA 进行全面测序发表于 1997 年，当时没有证据表明除了狼之外，家犬还有其它种类的祖先[②]。犬属中第一个演化间断发生于北美地区，并最终（大约 200 万年前）产生了现在仍然仅分布在这一大陆上的郊狼。另一种群出现在南美地区，并一直生活至今，它们被归为南美胡狼属(Dusicyon),而不是犬属。其它六种犬属动物全部起源于旧大陆,其中大多数可能源于欧亚大陆,也有一些可能源于非洲。其中四种是豺,比如衣索比亚狼（Simien jackal)、埃塞俄比亚狼(Ethiopian wolf)等;还有洛伦兹认为的可能演化出几个犬种的亚洲胡狼(golden jackal);最后一个是灰狼(Canis lupus),也就是现代家犬的祖先。在欧亚犬类中,只有灰狼在一万年前通过阿拉斯加与亚洲相连接巴林(Baring)陆桥实现了迁移,抵达了北美地区。

2.家犬的祖先

虽然DNA分析的结果表明家犬是欧亚灰狼的后裔,但在过去70多年里,无论是美洲还是欧洲所研究的狼中,没有一种是家犬的祖先。这两个类群在数千年前肯定拥有共同的祖先,但并没有证据表明这些现代狼与它们共同的祖先极为相似,甚至可能是大为不同的。

家犬与狼或其它犬科动物的差异在于,它们在驯养过程中是以适应与人相伴为特征的。当家犬通过驯养过程发生改变时,狼身上许多凶猛的野性特征被剔除,逐渐成为一类外表仍是狼、内在已非狼的动物。与其它任何一种动物相比,驯化在家犬身上所产生的巨大变化都是无法比拟的。毫无疑问,家犬在形态和大小上产生了很大的变化范围,家犬的大小差异甚至比所有其它种类犬科动物的都要大得多,这并非是驯化所产生的唯一深远影响。家犬与狼之间最重要的差异是,家犬产生了与人类沟通和相互理解的能力,这是其它动物所无法企及的。因此,探寻驯化过程中究竟发生了什么是理解家犬的关键所在。

三、家犬驯化的考古证据

在考古记录中,全世界犬类在外观上的迅速演变,可以根据多个几乎同时发生的相互独立的驯化过程来加以解释,但家犬的驯化时间早于考古学所显示的时间也是合理的。考古学家所确信的家犬已经成为家养动物的时间点,实际上并非狼开始转变为家犬的起始点,而是人犬之间关系发生根本变化的高潮点,这一过程可能已经延续了数千年之久。这一过程要直到家犬成为人类文化的重要组成部

分以及再也无需维持其狼的外貌时才最终宣布完成,因为它们的许多基本需求都已经被人类很好地满足了。因此,考古记录中展现出的驯化时间与犬类DNA所指示的时间存在五千年的差距,可以通过驯化作用缓慢发生的持续期来进行解释。这些最早的犬类,有时被称为原狗(proto-dogs),其外表无法与狼加以区分,而对待它们的可能是一种严格的实用性方式[③]。比如,它们可能是"公共财产",就像如今农村中的狗,不只属于一个"主人"。

那么家犬究竟是在何时被驯化的呢?碳同位素测年显示,考古学家所发现最古老的犬类遗骸的年代是在一万两千年至一万四千年之间[④]。这一时间将家犬的产生置于一万年前农业诞生之前,这比任何的驯化动物都要早。仅凭这一点,家犬就被认为是一个特例:是随后所有驯化动物的先驱,比如山羊、绵羊、牛和猪。因为它在人类历史如此之初就被驯化了,所以也就缺乏狼演化成家犬的详细证据,信息的匮乏留给人们很大的猜想空间。不过至少对家犬在"何时"出现似乎有了定论:在一万四千年前,没能发现任何可以确定属于家犬的骨骼,因此驯化作用发生的时间必然不会早于一万四千年前。

1997年,美国和瑞典的科研团队得出了一个惊人的结论:对现生狗和家犬进行DNA测序后,结果显示驯化作用应在超过十万年前就发生了[⑤]。这意味着家犬并非农业诞生之初才成为人类的伙伴的,而是在我们人种的形成之初,当现代人在非洲出现并持续演化之时,他们第一次遇到了灰狼(这并不在非洲发生)。基于这一发现,研究者进一步推测,人犬之间可能存在着协同演化的小规模流行现象。大部分的考古学家并不认可这一观点,并指出没有发现过早于一万四千年前的家犬残骸。然而这一DNA数据并没有本质的错误,尽管对其解释仍然处于争论之中,但似乎家犬是在农业产生之前就加入人类行列之中了。

狼应该是在多个不同区域被驯化,可能穿越亚洲,并包括中东地区,此外还有几个欧洲地区的起源也似乎是合理的。首批为数不多的驯化事件,似乎是一堆杂乱的事物,断断续续地进行着,并偶尔还会出现倒退情况。由于驯化毫无经验可循,人类

一开始不可能蓄意驯化狼。一个更为可能的场景是狼自己开启了这一过程，家犬的先驱就是那些想要开拓新栖息地的狼，它们纷纷前往一个由人类提供的食物富集地。这些狼便开始适应人类的生活方式，而这一方式所需的能力与在开阔地带的捕猎行为完全不同。

1. 亚洲

亚洲胡狼（Canis aureus）是家犬社会亲戚中的一员，因此它们似乎就是驯化的最佳候选者。这也是在新月沃土地区唯一发现的一种豺，那里是文明的摇篮，并产生了许多动物驯化现象，包括绵羊、山羊和牛。最近的考古发现为亚洲胡狼在土耳其被驯化提供了线索⑥，哥贝克力石阵（Gobekli Tepe）位于土耳其东南部地区新石器时代早期的山顶遗址，它看起来像是一座神庙，由 11000 年前的巨石竖直排列而成，比巨石阵（Stonehenge）的年代要早得多。石头上刻画着高度抽象化的人物、动物和鸟的图案，包括一些比较可怕的动物，譬如狮子、蛇、蜘蛛、秃鹰和蝎子。其中一些是 T 字型的结构，最上面一横可能代表了人的头部，下面的一竖可能代表人的身体⑦。少数石头上清晰地描画了像狗一样的动物，考古学家将它们看作狐狸，这也是一种潜在的害兽⑧。在一幅石刻中，一只"狐狸"被一个人手中的钩子套着，不像是牵着猎物而更像是牵着宠物。这似乎不是一只狐狸，因为这种动物是独居的，不可能用来进行驯化。虽然很难去确定，但这个石刻也不太像一只狼，狐狸状的特征以及毛茸茸的尾巴显示它更像是一只豺，而这一地区唯一存在的豺就是亚洲胡

图一　土耳其新石器时代遗址哥贝克力石阵
（Gobekli Tepe）（图片来自 Wade Shepard）

狼。或许洛伦兹·康纳德关于家犬起源于豺的观点仅仅错了一半：豺确实曾经在一万多年前被驯化过，但它们不太能够像狼那样很好地适应与人类生活在一起，因此它们便消失了，或者重回野外。

科学家们也相信在大致相同的时间里，人类可能将其它家犬从东亚的另一个驯化中心经西伯利亚带到了现在的阿拉斯加。那时候，这两个地方都属于白令陆桥陆块，从北到南延伸达 600 英里。这些狗跟随着早期殖民者迁入北美西海岸，然后深入内陆，已确定最早的犬类遗骸发现于美国犹他州丹格洞（Danger Cave），大约距今一万年前。与此同时，人们带着狗穿越了半个地球，抵达了东南亚最远的岛屿。如今巴厘岛上八十万只流浪狗的 DNA 信息显示，它们是在一万两千年前从内陆迁移而来的⑨，当时巴厘岛还不存在。

迄今为止，中国家犬的起源可以追溯到新石器时代早期（年代约为距今 12000 至 10000 年），相关遗址约有十几处，主要分布在东北地区的吉林、华北地区的河北、北京和南方地区的江西、湖南、广西、广东、浙江等地⑩，但只有河北徐水南庄头遗址发现的家犬遗存被认为证据确凿。新石器时代中期除少数遗址未发现家犬外，大多数遗址都发现了家犬遗存，且北方地区在驯化家犬方面优于南方地区。新石器时代晚期家犬出土情况与中期类似，但南北方差异消失，并在东部地区出现家犬随葬现象⑪。

中国动物考古学研究的结果表明，中国最早的家犬应该发现于北方地区。家犬在遗址出土的全部哺乳动物中的数量基本上稳定在 5% 至 10% 之间。由此可见，除了在随葬和祭祀中发挥特殊的作用之外，家犬并非是古代人类依赖的主要肉食来源，家犬可能因地而异、因时而异，在狩猎、守护家园及作为宠物等方面发挥了独特的作用⑫。

2. 美洲

南美地区的"狐狸"是 300 万年前演化出现的一种狐狸状犬类。其中的山狐（Dusicyon culpaeus）曾被驯化，或者至少被驯养过（与人们共同生活，但仍然只能在野外进行交配繁殖），这些动物就形成了所谓的鬃犬（Aguara dogs）。在 18 世纪末，曾是英国士兵的科学家、探险家查尔斯·哈密顿·史密斯

(Charles Hamilton Smith)，注意到这些犬类可以在狩猎采集为生的村庄中找到[13]。它们会在狩猎旅途中与人为伴，虽然它们看起来并不是十分有用，但总会在外出几个小时后自己回家。它们会在村庄里觅食，或者自己进行短时间狩猎，在那里它们会吃掉任何能找到的东西，包括鱼、螃蟹、帽贝、蜥蜴、蟾蜍和蛇。然而到19世纪中叶，鬃犬消失了，取而代之的是更为温顺实用的犬类，它们是由欧洲人带上这片大陆的。很难搞清楚为何鬃犬没能被完全驯化，因为我们对其野生祖先山狐实在知之甚少。然而，南美的狐狸从不会结成多于两只的群体，因此它们的社交能力很可能太过初级，还不能适应与人类相处的生活。

在北美地区，除了迁入的灰狼之外，最可能适合驯化的物种应该就是郊狼（Canis latrans）。这一成员在犬科中的传统形象是一个孤独的猎人，但实际上郊狼是高度社会化的动物，而它偏好捕食牲畜的习惯致使其遭到了人类的屠杀。在自然状态下，郊狼是成对生活的，与亚洲胡狼一样，当长大的幼仔与其父母共同抚育下一代时，它们就组成了一个小群落。这也很可能是那些诸如麋鹿和白尾鹿这样的大型猎物能成为它们猎物的原因，它们也为郊狼的成群捕猎提供了必要性和机遇性。在这一点上，它们可能在生存技巧上并不输于狼，不过，不管是它们还是北美的狼都从未被驯化。可能只是因为在人类移居北美地区时，他们已经拥有了家犬，因此根本无需其他替代品。然而，有可能一些郊狼的基因已经以其独特的方式进入了美洲现代犬群之中。当然相反的情况也发生了，因为大约有10%的野生"郊狼"身上携带有家犬的基因[14]。虽然这些可能是雌性郊狼和雄性家犬交配而产生的后代，但不见得一只家犬足够大胆去强迫一只雌性郊狼。更可能是雄性郊狼强迫母狗而产生的结果，而这些小狗逃跑后加入到当地郊狼群中。这些后代中更为温顺的个体可能随后会和其它家犬一同被饲养，从而将郊狼的基因永久地注入犬群之中。

3.欧洲

已知最早的犬类墓葬距今已有一万四千多年的历史，它位于德国波恩–欧泊卡塞（Bonn–

Oberkassel）的一个采石场，在两具遗体的旁边埋葬着一只家犬的部分骨骼[15]。然而，第一次世界大战的爆发导致大部分骨骼失去了踪影，从这只家犬下颌残骨的牙齿排列状况来看，它显然不属于狼。考古学证据显示，从那以后犬类墓葬就变得几乎随处可见。有一些狗就埋在人们身旁，有些则拥有专属墓地。

对那些不仅在生物学上不同于狼而且又与人密切关联的家犬来说，最早可能的较完善的考古实例来自位于以色列北部地区一个一万两千年前的墓葬，其中有一具骸骨将一只手伏在一只小狗的骨架之上[16]。这一姿势展示出了这只小狗与墓主人之间的亲密关系，而且它的牙齿也明显小于同时期生活在附近的狼，这些都表明了它必然来自家养群落。无论是这只小狗与其野生同类所大为不同的外在驯化特征，还是它与主人之间明显的密切关系，都不可能在一夜之间突然出现。当然，在这只小狗之前肯定还存在很多代的祖辈，它们构成了从野生狼到家养宠物之间的过渡。对考古学来说，可能这样的转变几乎是不可见的，但犬类随后在整个旧世界中的迅速崛起，是与存在不止一次而是好几次驯化的观点相一致的。在这个拥有一万两千年历史的墓葬之后接下来的两千年中，其他类似的墓葬出现在欧洲的许多地方，要么是人与家犬葬在一起，要么是只有家犬[17]。这些遗址也发现于诸如英国的其他地方，这显示了狗也迅速地从它们的起源地向外传播，甚至被认为抵达了遥远的东方。

考古学家已经发现其他一些"狼"墓葬中的动物也可能是原狗。例如，西伯利亚地区一个8500年前的垃圾坑中，发现了许多破碎的腿骨和头骨[18]，这说明这种小型家犬是用来作为食物使用的。在同一地区的差不多同一时间，另一种较大的犬类被完好无损地埋葬在墓穴中，这意味着它们扮演了陪伴的角色。然而，更为重要的是来自同一地点同一时期，发现了看起来像狼的遗骸[19]。它们可能还是野生的，但也可能是与其它两类不同的第三类狗，与其野生祖先相比，它们在外形上还没有发生很大的改变。

此外，还有一个距今两万多年前的发现或许能够反映出人犬之间的关系。位于法国阿尔代什（Ardèche）地区的肖维岩洞（Chauvet cave），以其史前艺术而闻名于世，其深处有一串五米长的足迹，这条足迹是一个十岁左右的孩子与一条大型犬类留下的，这暗示了他们二者之间存在着亲密的关系[20]。犬类足迹显示它属于家犬和狼之间的过渡类型。通过这个孩子手里的火把烟灰进行测年，可以确定事件发生在两万六千年前，这可能是欧洲发现最古老的人类足迹。可以推测出当时一个孩子和他忠诚的（原）狗冒险进入洞穴的场景，他们或许是去查看洞壁上壮观的野生动物壁画。

图二　法国阿尔代什地区肖维岩洞中的足迹遗存
（图片来自 http://www.megalithic.co.uk/和
http://www.messagetoeagle.com/）

4.非洲

非洲是人类的发源地，因此也似乎是驯化作用高度可信的地方。非洲大陆拥有各种犬科动物，包括四种豺（其中包括亚洲胡狼）和非洲野狗，而它们无疑是那些自称最高度社会化犬科动物狼的竞争对手[21]。非洲野狗族群比狼的更大，虽然一般是8只成年个体组成族群，但也曾出现过50只个体的群落一同捕猎的情况。在非洲野狗最喜爱的开阔草地，协作捕猎是它们生存的关键所在。只有组成族群才能抵御诸如狮子和鬣狗等大型捕食者的攻击。在它们捕猎成功后，食物会在所有族群成员之间和

睦地共享。如果巢穴中还有幼仔，那么每一只狗都会比平时吃得更多，以便在回到巢穴后反刍给幼仔。由于人类起源于非洲，因此人类在这里有更长的生活历史，但根据目前所掌握的考古学证据，几乎所有重要动物的驯化活动都发生在其他大陆上。人类需要在变得有充分动机驯化动物（或者植物）之前走出其演化的"舒适带"，或许非洲野狗只是没有找对地方来成为我们世界中的一员。

四、结语

虽然如今确信灰狼就是家犬的唯一直接祖先，但家犬与其更早的祖先依然共同拥有许多仍生存至今的亲戚。事实上，家犬是十分成功的一类动物：现在世界上有4亿多只狗，数量超过狼一千倍之多。然而在几百年前，世界上可能拥有大约500万只狼，但如今只有15至30万只。如果我们暂时把"驯化"的人为区别放在一边，我们可以说是狼进化成了家犬，只留下了少量的在野外高度图腾化的残余类型。

碳同位素测年显示，考古学家所找到最古老的犬类遗骸的年代是在一万两千年到一万四千年之间，但很可能是在多个不同地点被驯化。这一时间表明早在一万年前农业诞生之前，第一批家犬就出现了，这比其他任何驯化动物的时间都要早。

注释：

① Adám Miklósi. Dog Behaviour, Evolution, and Cognition. New York: Oxford University Press, 2009.

② Adám Miklósi. Dog Behaviour, Evolution, and Cognition. New York: Oxford University Press, 2009.

③ John Bradshaw. Dog Sense, how the new science of dog behavior can make you a better friend of your pet. Basic Books: New York, 2011.

④ Adám Miklósi. Dog Behaviour, Evolution, and Cognition. New York: Oxford University Press, 2009.

⑤ Carles Vilà, Peter Savolainen, Jesús Maldonado, Isabel Amorim, John Rice, Rodney Honeycutt, Keith Crandall, Joakim Lundeberg, and Robert Wayne, Multiple and ancient origins of the domestic dog, Science 276,1997:1687-1689.

⑥Nicholas Wade. New Finding Puts Origins of Dogs in Middle East. New York Times, March 18,2010.

⑦Curry, Andrew.° Göbekli Tepe:The World's First Temple Smithsonian Institution,2008.

⑧Curry, Andrew.° Göbekli Tepe:The World's First Temple Smithsonian Institution,2008.

⑨Peter Savolainen,Ya -ping Zhang,Jing Luo, Joakim Lundeberg,and Thomas Leitner,Genetic evidence for an East Asian origin of domestic dogs,Science 298,2002:1610-1613.

⑩朱乃诚:《中国新石器时代考古研究》,载刘庆柱主编,《中国考古发现与研究(1949—2009)》,人民出版社,2010年,第94—195页。

⑪武庄、袁靖、赵欣、陈相龙:《中国新石器时代至先秦时期遗址出土家犬的动物考古学研究》,《南方文物》2016年第3期。

⑫朱乃诚:《中国新石器时代考古研究》,载刘庆柱主编,《中国考古发现与研究(1949—2009)》,人民出版社,2010年,第94—195页。

⑬John Bradshaw. Dog Sense,how the new science of dog behavior can make you a better friend of your pet. Basic Books:New York,2011.

⑭John Bradshaw. Dog Sense,how the new science of dog behavior can make you a better

friend of your pet. Basic Books:New York,2011.

⑮Janssens,Luc;Giemsch,Liane;Schmitz,Ralf;Street, Martin;Van Dongen,Stefan;Crombé,Philippe. "A new look at an old dog:Bonn-Oberkassel reconsidered". Journal of Archaeological Science, 2018,92:126.

⑯John Bradshaw. Dog Sense,how the new science of dog behavior can make you a better friend of your pet. Basic Books:New York,2011.

⑰John Bradshaw. Dog Sense,how the new science of dog behavior can make you a better friend of your pet. Basic Books:New York,2011.

⑱John Bradshaw. Dog Sense,how the new science of dog behavior can make you a better friend of your pet. Basic Books:New York,2011.

⑲John Bradshaw. Dog Sense,how the new science of dog behavior can make you a better friend of your pet. Basic Books:New York,2011.

⑳Hobgood-Oster,Laura. A Dog's History of the World. Baylor University Press,2014.

㉑Adam Boyko et al. Complex population structure in African village dogs and its implications for inferring dog domestication history. Proceedings of the National Academy of Sciences,2009: 13903-13908.

(作者单位:常州博物馆)

"文化创意"的再解读及建议

◇ 李 亮 杨楚譞

内容提要：根据中央文件精神，对于文化创意和文物活化提出的更高要求，本文从文化创意本意的解释，从整体资源去分析文化创意以及相关政策，再到具体的文化遗产实例来对文化创意进行进一步深度分析，最终提出文化创意实践存在的问题，并结合实例提出相关的解决策略。

关键词：文化创意 文化价值 文物活化

随着《国务院办公厅转发文化部等部门关于推动文化文物单位文化创意产品开发若干意见的通知》①文件的下发，各级政府，各地各行业各部门，尤其是文化文博系统就文化创意工作有了很大的推进和起色。现在回头来看，总结当前的一些实践情况，对文化创意还应该有进一步的理解，一方面全面促进文化创意产业工作，另一方面进一步推动文化创意产业的社会效益和经济效益的发挥，尤其随着中共中央办公厅、国务院办公厅印发了《关于加强文物保护利用改革的若干意见》的出台，对文物的活化利用提出了更高的要求，我们应当对文件精神和实际情况进行深入分析，将文化创意的工作提到一个新的水平。

一、文化创意的释意解读

要对文化创意有进一步的了解，我们先从本意着手。"文化"乃是"人文化成"一语的缩写，此语出于易经贲卦象辞："刚柔交错，天文也；文明以止，人文也。观乎天文，以察时变，观乎人文，以化成天下。""文"与"化"并联使用，较早见之于战国末年儒

生整理的《周易》："观乎天文，以察时变；观乎人文，以化成天下。"根据当前最新修订的《词源》，"文化"一词是指文治和教化。今指人类社会历史发展过程中所创造的全部物质财富和精神财富，也指社会意识形态。《辞海》则认为"文化"一词有三种含义：其一，从广义上说，文化是指人类社会历史实践过程中所创造的物质财富和精神财富的总和；从狭义上讲，文化是指社会的意识形态，以及与之相适应的制度和组织机构。其二，泛指一般知识，包括语文知识在内。例如"学文化"就是指学习文字和求取一般知识；又如对个人而言的"文化水平"，也是指一个人的语文和知识程度。其三，指中国古代封建王朝所实施的文治和教化的总称。这是当前大多数学者认同的关于文化的定义。创意是指通过创新思维意识，从而进一步挖掘和激活资源组合方式进而提升资源价值的方法。随着时代的发展和进步，对创意的认知也是一个不断发展变化的过程，在此过程中有心理学派、应用学派、经济学派和管理学派从各自的领域和角度对创意进行深入的研

究和应用，本文中的创意更加符合以下的表述：创意是以人类创造力思维为基础，以科技为动力，以文化为背景，以管理为手段的价值创造过程[②]。通过对文化和创意的定义进行分开考量，其各自的含义是清楚的，是历史乃至当代社会予以认可的语言

符号。但是两者共同构成一个词组的时候，文化创意有了更加独特的属于自己的时代含义。我们通过以"文化创意"为词组在知网搜索，搜索的文献总数为29444篇。

总体趋势图如下：

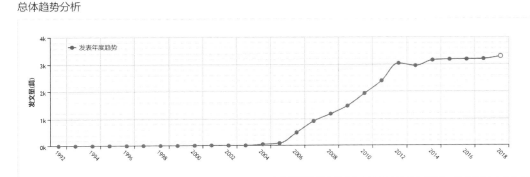

总体趋势分析

从上图中可以得出，目前对文化创意的关注度持续提升，对文化创意的关注时间节点从2004、2005、2006年持续高涨，这和国家重视文化遗产管理，对文化产业加大投入是密不可分的。对文化创意的概念，李书群先生指出文化创意是指依靠个人的知识、技能、天赋，通过科技与艺术的手段，以创意为核心，对文化资源进行创造、重构和提升，并与其他产业融合生产出具有文化艺术元素的高附加值的产品与服务，是向大众提供文化、艺术、精神、心理、娱乐产品，以满足人类感性需要和理性精神需求的产业[③]。通过以上"文化""创意""文化创意"等现有的概念和含义可以看出，文化创意无论是单独的词组概念，还是整体概念，更多的是一种精神层面的概念，本文认为，在文化创意和产品及产业没有结合之前，应该有自己独特的含义，有自己独特的价值。因此我们应认真对文化创意本意进行归纳总结。本文认为，文化创意，载体是文化，动作是创意，不仅要对之前的文化资源进行整合创新，也要对当前的时代文化进行创新提升，应当提出一个时代的文化观或者文化精神，这种文化观或者文化精神能海纳百川，体现时代精神，确保和时代契合，起到对社会经济协调发展，进而构成国家软实力，发挥文化这种战略资源应有的力量。

二、文化创意的政策解读

根据前述的文件要求，文化创意发挥作用的脉

络是清晰的：文化资源——文化创意——文化创意产业、产品——弘扬、传承文化——推动经济社会协调发展——提升国家软实力。而且这是一个单线的递进的过程，但是我们可以通过分析对比看出，文化资源作为客体是精神财富的载体，社会大众可以直接以观赏的方式享有。但是社会大众的欣赏能力、学识构成千差万别，如何就这种精神财富赋予一定的辨析能力，如何提升其展示方式，如何将丰富的文化资源所蕴含的精神财富以通俗易懂的方式传达给各类型社会大众，还没有一个固定的模式。这时候通过文化创意模式可以实现这一目的，而文化创意的最终目的是实现提升国家软实力，两者之间的关系是一个提升、总结、升华的过程，而不是一个平移、分散、灌输的过程，只有从文化资源中提取有效的文化因子和精神内涵，结合当前的社会实际和时代精神，通过创意提升，才可以实现具有战略意义的新的文化资源，并持续的发挥作用。比如，麦积山石窟中的塑像壁画作为文物资源，就其本体而言如何形成国家软实力？必然是就塑像壁画中所蕴含的历史价值、艺术价值、社会价值等古代优秀的精神内涵、思维方式和行为方式，对当代社会的有用的折射作用。而此时，塑像壁画中所蕴含的精神内涵、思维方式和行为方式如何提炼，如何判断，一定是结合当前的社会价值观进行全面的比对，利用文化创意的途径，通过赋予智慧附加值，得出符合当前社会需求的价值观，并通过恰当的方式

传递给社会,在社会中形成反响和共识,大家也愿意接受这种结论,从而才能形成国家软实力,这就是文化创意内部所蕴含的应有之意,或者说是文件中的更高层面的思考。

整体文化资源形成国家软实力可用下图予以表达:

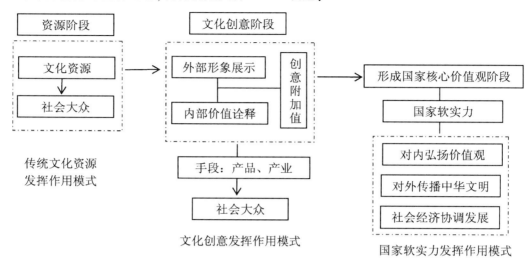

传统文化资源
发挥作用模式

文化创意发挥作用模式

国家软实力发挥作用模式

三、文化创意的理解逻辑

文化资源包括物质文化遗产和非物质文化遗产,物质文化遗产包括可移动文物和不可移动文物,还包括历史街区,以及新类型的线性文化遗产、农业遗产、工业遗产、乡土文化遗产等,从文化资源的类型角度来分析,文化资源是一个开放的概念,随着时代认识的加深,随着人们认知领域的逐渐拓宽,对文化资源的分类会逐渐增多。从最初的文物概念,转向文化遗产概念,从最初的文物保护单位制度的建立运行,到当前的世界文化遗产保护管理体系建立,经历了一个较长过程。当前,我国不仅完成了从文物保护向文化遗产保护的转变过程,而且在观念、管理、技术上不断吸收国际文化遗产保护的经验,逐步建立起了一套与中国文化遗产内容相适应的保护体系①。这里的保护不仅是一个传统的认识概念,其内涵还包括这对文化遗产的研究、弘扬等内容,当然也包含文化创意。但是,我们要注意到的是,目前我们重点关注较多的是全国重点文物保护单位和世界文化遗产地以及馆藏文物的一、二、三级文物。而真正构成文化遗产基础的是在上述文物之外的量大面广的文物,而我们正处在一个发现、整理、归纳文化资源并加以保护的过程,致力于确保其安全的传承下去,更多的关注其真实性和完整性。而之前将文物保护工作更多的脱离于社会经济的发展,以至于目前文物工作和社会经济发展相脱节,以至于文物工作遇到瓶颈。现实情况是社会经济对文物工作的要求越来越高,文物工作对社会经济的贡献在经济快速发展面前逐渐降低,出现了新的不平衡,国家适时推出文化创意这项政策就是解决这一新的不平衡问题。

基于此,通过文化创意的模式来推动和创新文物工作,实现文物工作与社会经济发展相适应,并为社会经济发展带来新的活力,这是社会经济发展的现实需求。从这个角度来讲,文化创意工作所承载的不仅是对文物的保护工作,也更是作为社会经济的一部分,是平衡协调发展的需要。因此不仅要做到文物保护工作自身的发展,更要提升其对社会经济发展的促进作用,更进一步与社会经济发展形成良性互动作用以后,实现国家软实力的提升。整体逻辑理解就是:通过文化创意产品和产业开发弘扬模式,与市场经济模式进行融合,搭建产业产品的体系,进而找到经济新的增长点,推动社会经济的发展。这是一个完整的链条,只有通过每个环节的共同发力,才能取得成就。

四、文化创意的深度理解

在理解文化资源和其发挥作用的基础上,我们认识到文化创意应当包含总结梳理古人的智慧和璀璨的历史文化、近现代奋斗的红色革命历史、建设社会主义国家和改革开放历史、当前社会进步和民族伟大复兴的时代印记、对未来社会主义现代化和人民未来希望的畅想。结合古今，开创未来，提升全民整体文化素养，弘扬社会核心价值观，创造全民接受并融入时代文化体系。借鉴国外近代以来文化方面的成果和理念，进一步完善文化创意的时代内涵。通过文化创意的带动作用和核心抓手，实现属于我们这个时代的文化自信，占领国际当前文化主流，培养年轻人的国家价值观，为其他的自信提供最佳最优秀的文化支撑。

当前的各主体对文化创意工作认真执行了文件精神，各地各行业也进行了艰苦卓绝的创新，但是在思想上还没有真正的领会文件的精神内核，因此必须在十九大精神和习近平新时代中国特色社会主义思想的指引下，严格坚守《关于加强文物保护利用改革的若干意见》文件要求，大力发展文化事业和文化产业，紧紧抓住文化创意这一有效的链接纽带，把文化自信的基础夯实。

五、文化创意实践存在的问题及解决策略

从文件的思维脉络和上述分析可以看出，通过文化创意这一中间纽带，将文化资源转化为国家软实力。根据《关于加强文物保护利用改革的若干意见》要求：坚持创造性转化、创新性发展。强化国家站位、主动服务大局，加强文物价值的挖掘阐释和传播利用，让文物活起来，发挥文物资源独特优势，为推动实现中华民族伟大复兴中国梦提供精神力量。然而问题出现在对文化创意、文化创意产业产品的标准要求上，根据前文，创意必须要有高附加值的智慧在上面，可以说是博古知今之含义，用经济的模式提升文化的作用，用文化的营养滋养经济和社会，是一个双向的互动、互补模式，而当前看到的更多的是借用了经济的壳，还没有充实文化的魂，导致有形无神。

（一）现状

实践文化创意产业的主体：事业单位模式、事业单位所属企业模式、新企业模式，更多的是文博单位的自我创新，相关周边领域的科研单位、高校、社会团体、人民大众还没有完全进入到文化创意的领域，还缺少理论研究，缺少理论创新，缺少人才培养体系，人才培养还没有将文化创意所需要的文物类专业和经济类专业进行有效的融合，可以说当前还是孤点发展模式，还没有形成面的整体发展。

（二）存在的问题

实践文化创意产品的操作模式基本有以下几种类型：

1.遵照文化资源原有的状态进行数字化复制，数字化传播。

2.遵照文化资源原有的形态进行等比例或者缩小比例的原状复制。

3.对原有文化资源的部分因子进行提取进而进行现场活态复原。

4.对原有文化资源的部分元素进行提取并在其他物品上采取印制、附着等方式予以应用。

我们可以看出，当前文化创意工作只是一种直观的传达或者传递，从群众直接参观的形式更换了另一种参观形式而已，没有体现出"创意"的要求，或者说高智慧的附加值没有体现出来，从前述分析中，可以看到更加注重了外部形象展示，而对内部价值诠释缺少了实践操作。

（三）解决策略

1.思想上有更高的认识。在贯彻相关文件精神中，我们要坚守发展的理念，服务于实现中华民族伟大复兴的中国梦，认识到在新时代背景下，深入思考发掘超越文化遗产"历史、艺术和科学"价值之上的核心价值，对提高国民素质、提升民族自豪感、彰显国家软实力、增强人民幸福感和促进国家发展，显得越来越重要⑤。在此基础上，我们也要认识到文化创意不仅仅是文物部门的事情，更是关乎到国计民生的事情。文化创意工作既能推动社会经济的发展，也能提升国家软实力，发挥文化这一战略资源的效力。在开展文化创意工作的过程中，能够坚守文化遗产安全的基础上，深入研究文化遗产应有的价值，在文化创意的过程中坚持思想高地，不能仅仅围绕经济利益，而是要站到能有效提升国家软实力的角度，做到让社会大众满意，做到通俗易懂，雅俗共赏。

2.举措上形式多样。继续深入理解当前国家政策，在加强文化创意工作和文物活化利用的过程中不仅要加强外部形象的展示，更重要的是加强内部价值的诠释，做到形象有价值支撑，价值有形象展示，两者合二为一，融为一体，给大众一个全面立

体、形象生动、内容活泼的文化产品。当前文化领域的创新相对于其他领域的创新来说，还不够有活力，这和当前文化资源自身的特点以及所生存的环境有关，也和从事文化遗产资源保护、管理、研究、弘扬的群体以及所处的体制有关。我国文化遗产资源小部分在大城市、经济繁华区域，大部分还处于边远山区。而我国文化遗产资源保护研究管理机构大部分为公益性事业单位，和市场经济接触较少，专注于保护和研究工作，在面对市场的时候常常有无所适从之感。这就要求我们在文化创意的时候，要坚持解放思想，采取措施要多种多样。在当前，文化创意更多的和数字化相结合，这种方式有可取之处，但更多属于技术上创新，而非对文化遗产资源本身所包含的精神内涵和价值的发挥。因此，我们要通过文化创意的理论性研究，方法实践的突破，搭建起文化创意发挥途径的综合体系。变被动文化创意为主动文化创意，变阶段性文化创意为常态化文化创意，创意的主体不仅限于文化行业，也要扩展和延展到诸多行业；创意的载体不仅限于文物的复制品，而是要将文物所蕴含的精神内涵再升华，彰显到更多的行业和产品。

3.发挥主观能动性，与市场紧密结合。在当前文化创意的基础上，我们还要做到产学研紧密结合，发挥科研高校等单位的力量，及时将研究成果转化为贴近市场的产品。文化创意工作在总结经验的基础上，按照戈森定律第三定律的三定律：新产品的出现，才能引起消费者新的消费欲望，从而增加对新产品的购买量，效用就会进一步增加，以至达到新的更高的均衡水平⑥。因此，文化创意工作要以群众需求为导向，以存在的问题为导向，适应有实际需求的文化市场。在工作方法上我们就不能单纯的以文物的精神内涵和价值为基础而研究并转化输出，而是要紧密结合市场的需求，不仅在研究阶段就结合，而是在最初的方案制定的时候就考虑市场，比如我们要开发麦积山石窟的山体形象作为一种摆件或者储钱罐，在准备工作方案的时候就要考虑当前社会群体还流行不流行摆件，还用不用现金的问

题。再做完市场调研以后，得出结论可能是这种摆件具备地球仪的作用，供大家研究石窟窟龛，如窟龛分布，时代判断等作用；储钱罐可能要结合当前的扫码支付功能进行储钱。总之，文化创意的发展一定要紧密结合市场。

文化创意的这项工作当前是文物活化利用的一个重要手段，其最终实现的目标是形成有效的国家软实力，因此必须是结合古今进行文化资源的全面整合和再次创新，做到思想上要高度重视，措施上多种多样，形式上与市场紧密结合。只有这样才能做到历史悠久的中华文明在当前社会发展中得到体现，这也符合当前社会经济形势发展的需要，也促使我们深刻认识到经济社会发展，都受到文化因素的影响⑦。从而真正实现文化对经济推进作用，展现经济和文化都强大的国度。进而围绕中华民族伟大复兴的中国梦建立起符合人民群众所需求的精神体系，持续扩大中华文明在国际上的影响力。

注释：

①中国政府网：《国务院办公厅转发文化部等部门关于推动文化文物单位文化创意产品开发若干意见的通知》http://www.gov.cn/zhengce/content/2016-05/16/content_5073722.htm

②林剑：《创意的基本内涵及其延伸研究述评》，《开发研究》2015年第4期。

③李书群：《在文化创意中传承民族文化》，《实事求是》2009年第6期。

④吕舟：《论遗产的价值取向与遗产保护》，《城市与区域规划研究》2017年第9期。

⑤段清波：《论文化遗产的核心价值》，《中原文化研究》2018年第6期。

⑥刘琦、李志江：《戈森定律与扩大内需的内在机制探讨》，《当代经济》2018年第1期。

⑦陈亮：《文化资本与经济增长关系实证研究——基于2000~2016年省域面板数据》，《浙江金融》2018年第10期。

（作者单位：麦积山石窟艺术研究所、西北大学文化遗产学院）

浅谈文博类节目对文化遗产宣传的影响

——以《国家宝藏》为例

◇ 张宏英　　杨雅妹

内容提要：本文对近年来各类文博类电视节目的现状进行了调查分析，并在此基础上以《国家宝藏》为例，分析了其对文化遗产宣传的影响，并提出今后文博类电视节目更好宣传文化遗产的对策。希望为文化遗产类节目的发展提供借鉴，从而使文博类电视节目在文化遗产保护方面发挥更大的宣传和文化教育作用。
关键词：文博类电视节目　文化遗产　国家宝藏

我国文化遗产具有类型丰富、数量众多的特点，但在文化遗产的长期保护工作中，缺乏公众参与度。要使文化遗产知识和价值观尽快融入社会，提高公众对文化遗产的认知水平和保护意识，必须借助媒体的力量[1]。电视传媒作为连接公众与文化遗产知识传播的桥梁，在文化遗产的宣传和保护中起着至关重要的作用。

一、近年来我国文博类电视节目现状

制作文博类节目的目的是科普文化遗产知识，通过对文化遗产的介绍和传播让国民更深层次地认识中华传统文化，增强民族自豪感。电视媒体在文化领域的注入，让公众能够全方位、深层次的了解文化遗产。我国文博类电视节目起源于1972年，当时通过黑白电视信号向观众展示湖南长沙马王堆出土的西汉长沙国辛追夫人的墓葬[2]。1998年6月，央视《走近科学》栏目开播，以科学方式解析生活中的可疑现象，其中文博类知识约占播出总量21%，打破了以新闻报道和资讯播报形式传递文化遗产信息的固定模式[3]。

从2001年至今，播出的文化遗产类的节目有很多，通过调查统计，列出23档近年来文化遗产类节目（如表一）。节目主要有纪录片、鉴宝类、访谈类、综艺类等形式；有新闻报道式、纪录片式、竞技式、讲述式和剧情式，还有融合综艺、戏剧等多种艺术形态。这些节目不仅从不同的视角向观众展示文化遗产的魅力，同时也加深了观众对文化遗产的认识，对公众树立保护文化遗产的观念起到了促进作用。

表一　近年来我国文博类类节目

序号	节目名称	首播日期	播出频道	节目类型	主要内容
1	《探索发现》	2001年7月9日	CCTV-4	纪录片	中国电视史上一个大型人文历史与自然地理类的纪录片栏目。
2	《讲述》	2001年7月9日	CCTV-10	口述体纪录片	以"保护文化遗产,守护精神家园"为情感主题,发动大众纪录最感人的文化遗产保护故事。
3	《华豫之门》	2004年1月4日	河南卫视	访谈	依托河南丰厚的历史文化资源,以新颖的节目形式、丰富的文化内涵深受观众的喜爱。
4	《国宝档案》	2004年10月4日	CCTV-4	纪录片	该栏目是中央电视台中文国际频道一档集权威性、故事性、观赏性的日播栏目。
5	《中国记忆》	2006年6月10日	CCTV-10	纪录片	增加人们对文化遗产的认知,提升全民文化保护观念。
6	《鉴宝》	2008年5月1日	CCTV-2	演播室现场鉴定	以宝物作为载体,利用收藏者与专家面对面地交流,发掘宝物所蕴含的历史文化内涵。
7	《寻宝》	2008年6月8日	CCTV-1	大型活动节目	该栏目涵盖陶瓷、书画、玉器、青铜、杂项等文化收藏领域。
8	《世界遗产在中国》	2008年6月16日	CCTV-10	纪录片	国内第一步系统性的、集中性的于2008年之前列入联合国世界遗产名录的文化自然以及非物质遗产的高清纪录片。
9	《天下收藏》	2009年8月7日	北京卫视	文化栏目	在王刚的带领下,一同体会收藏的兴趣与真谛。
10	《拾遗保护》	2010年1月19日	天津卫视	系列片	这是一档专门介绍我国各地文化遗产的节目。
11	《玩物鉴宝大师》	2010年2月22日	CCTV-10	纪录片	古陶瓷鉴定、古画探源、玉石收藏,三位大师,用一生所学,教你识别宝物,读懂人生真知。
12	《世博看国宝》	2010年8月16日	CCTV-4	纪录片	随着世博缓缓拉开帷幕,世界各地的国宝在世博期间纷至沓来。
13	《帝国宝藏》	2011年1月20日	CCTV-9	纪录片	1992年一次普通的考古发掘揭开了一次次重大发现。
14	《这里是北京》	2011年4月17日	北京电视台	文化栏目	介绍老北京风土文化
15	《华夏夺宝》	2012年10月1日	陕西卫视	综艺	《华夏夺宝》以陕西丰厚的文物资源为中心,辐射全国收藏界,引入全球收藏新理念。
16	《发现》	2013年1月1日	CCTV-9	纪录片	主要播放以揭秘为特点的考古、探索类纪录片。
17	《大藏家》	2013年9月7日	广州广播电视台新闻频道	纪实栏目	该栏目立足广州,联动全省,辐射全国,堪称一部珍贵的收藏家寻宝、鉴宝史。
18	《天下寻宝》	2015年6月15日	山西卫视	综艺	以藏品为媒介,以文化为内核,通过专家的解读和知名学者的文化解析,突出文化品质。
19	《考古进行时》	2015年11月16日	CCTV-9	纪录片	展示了2014年最具影响力的七个考古发现,展示了野外考古、城市考古等考古方式的不同。
20	《我在故宫修文物》	2016年12月16日	CCTV-9	纪录片	在古老故宫深处,近距离展示了文物修复技艺,人与物的相互陶冶与传承,呈现文物医生和他们的文物复活术的故事。
21	《国家宝藏》	2017年12月3日	CCTV-3	大型文博类探索节目	从文物入手,带领观众走进博物馆,对每一件文物的前世今生进行梳理与总结,让观众感悟传统文化的深厚与自豪。
22	《百心百匠》	2017年12月5日	湖南卫视	纪实文化真人秀	节目通过探访多位民间匠人,记录匠人独立品格,传承传统文化力量,致敬匠人精神。
23	《如果国宝会说话》	2018年1月9日	CCTV-9	纪录片	摄制组足迹遍布全国,拍摄了近百家博物馆和考古研究所,五十余处考古遗址,千余件文物。

但这些文博节目在宣传文化遗产知识方面也存在一定局限性。如因纪录片的节目形式相对单一，单纯的画面拍摄和主持人"灌输式讲述"解说，缺少互动环节，不容易引起观众的兴趣。虽然与纪录片相比，鉴宝类节目多了互动交流的环节，形式主要有专家和主持人讲解、现场互动、持宝人讲述，和激动人心的"宝物"真伪的鉴定等。但这类节目侧重于评估文物的市场价值，容易忽略宣传文物的历史文化价值。

2017 年 12 月 3 日，大型文博探索节目《国家宝藏》首播，一经播出，从口碑到收视率均创下当年电视节目的高峰。该节目在优酷视频评为 9.4 分，有 6368.1 万次播放量，在喜马拉雅网站有 29436 万次点播，就连网友评分较为苛刻的豆瓣网，经 54890 人次的打分都保持着 9.2 的高分评价④。节目一举荣登豆瓣年度内地综艺榜首。该节目通过纪录片与综艺相结合的方式，将我国文化遗产和电视节目有机的结合起来，让观众在节目中一眼千年，了解中国文化遗产。节目播出后前来游览参观博物馆的观众数量大增，博物馆的知名度也进一步提升，线上线下都掀起了文博热，这与该节目的创新性有很大的关联。

二、《国家宝藏》节目对文化遗产宣传的影响

《国家宝藏》节目文化的内核、综艺的外壳、记录的手段都体现了其创新性，对文化遗产的宣传和保护产生了强烈的影响，也为今后文化遗产传播工作指引了方向。

首先，拉近了文化遗产和公众的距离，普及和推广了文物知识。《国家宝藏》每一期节目邀请明星作为国宝守护人，以小剧场的形式演绎国宝的"前世"。然后再由相关人员讲解国宝的"今生"，中间穿插九大博物馆馆长的评语，这与以往的鉴宝节目大不相同。通过文物的"前世今生"故事，守护传统文化的责任和意识的理念贯穿整个节目，不仅唤起了观众对文化遗产的自豪感，而且也激发了观众守护文化遗产的强烈意识和决心。

在节目中，博物馆观众、讲解员、志愿者、文保人员、社教职工、考古工作者、专家学者等与文化遗产保护相关的工作人员都被推到台前，不仅拉近了

博物馆、考古所等文化遗产保护和研究相关单位与公众的距离，而且也让观众对文化遗产的现状及其涉及的各类工作有了进一步的了解，使国宝和文化遗产保护工作更加平民化，有利于吸引更多的观众参与到文化遗产保护事业中。

其次，引起了"博物馆热"和"文化遗产热"，促进了文化遗产的宣传。《国家宝藏》在电视频道播放外，不仅在优酷、腾讯、爱奇艺等渠道播放，还十分注重在微博、微信、今日头条、百度贴吧、知乎等平台的互动讨论及投票等宣传活动，如微信中的"国家宝藏：选出你心目中的九大国宝"互动活动。电视节目与新媒体的互补模式，创新了文化遗产价值宣传推广的体系。因节目引起的热门话题、词汇以及网友自制的嘉宾及国宝表情包、动漫、手绘等内容被广泛传播，为传统文化与年轻群体的相互融合和宣传提供了巨大空间。不仅吸引了大量的年轻观众观看节目，也使得更多的人走进博物馆，了解文物和其背后蕴含的优秀传统文化。

《国家宝藏》播出之后，各地区相继开展了评选当地的"十大国宝""打卡国宝"等活动，不仅缩短了民众与国宝之间的距离，使民众对本地区的文化遗产有了更进一步的了解和认识，也对各地区的博物馆起到了更好的宣传作用。"博物馆热""文化遗产热"之后，引起了"国宝文创热"，各种文创大赛和活动相继展开，吸引了更多有活力的年轻人真正的投入到文化遗产宣传和保护工作中。

三、未来文博类电视节目宣传文化遗产的对策

通过分析近几年播出的文博类电视节目，以及借鉴《国家宝藏》突出的创新性，本文认为文博类电视节目必须在自身特点的基础上，进一步拓宽多元化传播渠道，创新节目理念，加强媒体与文博行业的合作，从而更好宣传文化遗产保护工作。

1.扩宽多元化传播渠道，宣传文化遗产

电视+手机+网络的双向互动传播方式，为今后文博类节目宣传文化遗产有示范性的作用。一方面，解决了传统电视节目播出时间固定和越来越多的年轻观众随时随地关注信息的需求之间的矛盾，吸引了不同年龄段的观众观看，甚至使文博类电视节目观众呈现年轻化的态势。另一方面，新媒体平

台具有传播信息速度快、即时性、灵活性的宣传手段以及高效率的互动反馈等特点，扩宽了文化遗产宣传的思路。如微信，具有对使用群体限制较低，传播速度快，传播范围超地域性，多形式交流，互动性强、增值性等特性⑤。节目播出的同时，不仅在微信上推出"央视综艺国家宝藏"公众号，观众可以通过公众号随时随地在 B 站、腾讯、优酷、爱奇艺和央视网进行精彩回顾；而且推出的各种互动活动，提高了公众参与热情，扩大了传播影响力。

2.创新节目理念，全方位宣传文化遗产

打破文博类节目"赏宝""鉴宝"的传统，向公众传递了各类文物的发掘、保护及展示等各方面的新成果，这是一种全新的、全方位展示文物的方式。《国家宝藏》中文物"前世今生"故事中，博物馆观众、讲解员、志愿者、文保人员、社教职工、考古工作者、专家学者等与文化遗产保护相关的工作人员都成为了国宝和文化遗产的守护人。让观众对文物的内涵和价值易于理解且记忆深刻，也使得节目更加亲民。让观众觉得国宝的守护和文化遗产保护不再是只有专家能懂的事情，普通的观众也能参与到文化遗产保护和宣传的工作中。

我国拥有类型丰富数量众多的物质文化遗产和非物质文化遗产，文博类电视节目中展示的国宝仅仅是文化遗产中的一小部分，所以文化遗产宣传工作尤其重要。我们不仅要重视国宝级别文物的宣传，更要从可移动文物到不可移动文物，从物质文化遗产到非物质文化遗产，拓宽宣传文化遗产的类型。同时，应将学术界的最新研究成果纳入节目内容当中，让公众了解文博行业专业研究的最新发展概况。从而更好地唤起大众对传统文化传承的重视，提高文化遗产认识和保护意识。

3.加强新媒体与文博行业的合作，专业化宣传文化遗产

众所周知，考古工作、文物保护都是专业性很强的行业。而随着社会的发展，公众对文化遗产呈现出浓厚兴趣和高度关注。文化遗产宣传与媒体之间的联系，需要更多地相关专业人员的相互协作沟通，才能提高文化遗产的普及和媒体节目的专业化。因此，不仅要培养文化遗产保护产业相关人员与媒体沟通的能力，建立与媒体的合作意识。还应加强对媒体人员的基本文化遗产相关知识的培训培养，组建更加专业的创作团队，进一步探索以专业文化遗产保护为基础的更好的节目形式⑥。

四、结语

《国家宝藏》中的每一件国宝文物承载了我们灿烂的文明，精致的节目内容，创新的制作形式，在宣传中华传统文化中发挥了很好的作用，拉近了文化遗产与公众之间的距离，唤起了大众对传统文化传承的重视，让更多人意识到文化遗产保护的重要性。希望出现更多优秀的文博类电视节目，发挥宣传和社会文化教育的作用，促使更快更好地实现"让文物活起来"，使我们更加坚定文化自信，保护文化遗产，传承中华文明，实现中华民族伟大复兴中国梦。

注释：

①惠毅：《电视传媒与文化遗产保护》，《光明日报》2014 年 10 月 14 日第 007 版。

②张琳笛：《浅谈国内文博电视节目与受众需求》，《群文天地》2012 年 13 期。

③聂艳梅：《深化文博类电视节目创新与品牌建设》，《中国广播电视学刊》2018 年第 10 期。

④产启东：《"文物+综艺"模式引领文博类节目发展新方向——以〈国家宝藏〉为例》，《东南传播》2018 年第 5 期。

⑤刘晓梅、王德辉：《"微"时代体育非物质文化遗产的传播与保护研究》，《哈尔滨体育学院报》2016 年第 6 期。

⑥惠毅：《电视传媒与文化遗产保护》，《光明日报》，2014 年 10 月 14 日第 007 版。

（作者单位：天水师范学院化学工程与技术学院）

依托馆藏资源优势 探索文创产品研发

◇ 姚文孙

内容提要：徽州文化作为一种极具地方特色的区域文化，是中华优秀传统文化的瑰宝，底蕴深厚、内容丰富、影响广泛。依托安徽中国徽州文化博物馆等馆藏文物资源优势，研发各类文创产品，是推动徽州文化创造性转化和创新性发展的重要途径。文中分析了文博单位研发文创产品的有利形势，指出了存在问题，并结合当地实际，提出了有关对策措施。

关键词：徽州文化 博物馆 文化创意产品

安徽省黄山市作为徽州文化的重要发祥地、徽商故里，文化底蕴丰厚、文物资源丰富，这是徽州祖先留给我们子孙后代的宝贵财富。毋庸置疑，黄山市三区四县文化文物单位馆藏的各类文化资源，可谓是徽州先民的艺术创造，能够代表徽州文化的智慧结晶，它展示了山越文化和中原文化的融合、漫衍、嬗变，成为人们研究中国传统文化的活化石之一。依托黄山市独特的风景和人文传统，利用安徽中国徽州文化博物馆等文化文物单位馆藏文化资源及其区域文化元素，围绕"梦幻黄山 礼仪徽州"主题，研发各类文创产品，是推动徽州文化创造性转化和创新性发展的重要途径，能够有效满足人民群众多元文化的消费需求，对传承和弘扬徽商、徽州工匠精神具有重要意义。

一、博物馆文创产品研发背景及现状

博物馆文创产品研发就是根据各个博物馆自身展览特点和馆藏文物资源优势，设计开发出具有本馆文化底蕴的文物衍生产品[1]。博物馆，是中华优质文化资源的集中保存地，是传统文化研究人才的集聚贮存地。因此更应该依托馆藏文化资源优势，将其藏品所蕴含的中华传统文化精髓设计到文创产品当中，并且让它融入人们的日常生活[2]，这样做既能满足公众的文化需求，又能有效弘扬我国优秀的传统文化，并展示文化软实力。

2015年以来，国家相继出台了《博物馆条例》《关于进一步加强文物工作的指导意见》《关于推动文化文物单位文化创意产品开发的若干意见》《文化部"十三五"时期文化发展改革规划》《国家文物事业发展"十三五"规划》《"互联网+中华文明"三年行动计划》《关于实施革命文物保护利用工程（2018-2022年）的意见》《关于加强文物保护利用改革的若干意见》《公共文化服务保障法》等相关政策，为文创研发工作提供了政策导向、实行依据和发展思路，成为博物馆文创的助推器。

与此同时，众多博物馆通过自主开发、合作开发、委托开发、版权授权等方式，开展了一系列探索与实践,涌现了故宫博物院、国家博物馆、恭王府管理中心、南京博物院、苏州博物馆、湖南省博物馆、河南博物院等一批著名博物馆和朝珠耳机、故宫口红、文山先生手植种子等一批明星产品,顺利地实现了对博物馆文化的更深入、更广泛、更持久地传播,得到了社会大众的认可和喜爱,实现了社会效益和经济效益的双丰收。据不完全统计,目前全国文化文物单位文创产品年销售额在 500 万元以上的超过 20 家,开发产品种类在 100 种以上的达 30 家[③]。而根据国家文化产业示范基地巡检获得的数据,文化部命名的 91 家从事创意设计产品、衍生品和工艺品等文创产品研发生产的国家文化产业示范基地 2014 年总经营收入超过 330 亿元,总利润 62.8 亿元,纳税总额 18.3 亿元[④]。其中,故宫在弘扬传承优秀传统文化的同时,经济收益也极为可观:据公开数据显示,2017 年故宫博物院万余种文创产品为其带来 15 亿元左右收入[⑤]。到 2018 年底,故宫更是研发了 11900 多种文创产品[⑥]。湖南省博物馆以"马王堆"汉墓出土文物为依据,自主开发的马王堆养生枕系列产品,同样取得不错的市场反响。这也说明,文创产品已经成为传递博物馆文化的重要渠道。文创产品能够凭借藏品文化内涵走近观众,焕发生机[⑦]。由此可见,博物馆等文化文物单位开发文创产品发展潜力备受关注。

二、安徽中国徽州文化博物馆文创开发情况

国家政策支持,社会民众追捧,让文创产品研发迎来了新的机遇,文创呈现出蓬勃发展的良好势头。但总体上,目前我国博物馆文创产品研发工作仍处于起步、探索、培育的阶段,有待进一步加大力度。以笔者所在的安徽中国徽州文化博物馆为例,近年来先后开发出书画复仿制品、文房文具、工艺品、服饰、旅游纪念品、家居日用品、出版物等 9 大类,徽博全景墨、朱熹铜镶玉璧、唐寅碑拓片、仿黄宾虹(查士标、汪恭、雪庄等)山水画、仿胡适(陶行知、汪由敦等)书法、精品宣纸信笺、摆件、钥匙扣、书签、优盘、真丝领带、小方巾、贺岁币、馆藏精品文物集等 60 余种。但是,长期以来,国有博物馆作为非营利组织的公益一类事业单位能不能从事"盈利"的商业经营活动始终心存顾虑,并且博物馆所

有服务收入都要上交市财政部门,而不计其投入成本和付出回报,牢牢束缚着开展博物馆文创的手脚,严重挫伤文创开发的积极性。由于种种原因,目前安徽中国徽州文化博物馆文创产品的开发还处在低级阶段。在博物馆文创产品的研发上存在创新思想不足、责任担当不够、研发资金投入有限;研发设计理念滞后,多半满足于委托一些企业简单地将文物图案"复制粘贴",产品体现文化创意、文化内涵不多,博物馆特色或符号不鲜明;产品种类单一、定制总量不多,且同质化严重;产品成本及销售价格偏高、功能性、实用性和趣味性不强;部分低档产品做工"只可远观",不够精美,质量难以保证;采用传统货架式的销售模式,宣传少、人气差、销售业绩极不理想,尚未实现盈利等诸多问题。2015 年后,博物馆内工艺品商店和书店更是整改关闭了,前期已开发产品封存库房,其中小件产品或作为知识问答等有奖类社教活动的辅助礼品,经济效益几为零;馆内设部门文化产业信息部形同虚设,只专注于做好展陈,缺少既懂文博专业又懂文创设计、市场营销和运营管理的复合型人才。

三、博物馆文创产品开发建议与对策

开发文创产品已经成为博物馆适应新时代发展的必然趋势,也是国家一级博物馆的硬性要求之一。市县级等地方性博物馆必须抓住机遇,合理发掘自身藏品资源优势,积极研发形式多样、独具特色的文创产品,更好地推动博物馆高质量发展的目的。深沉的文化如何转化为时尚的产品?笔者建议着力在以下四个方面采取措施支持博物馆文创产品研发,让博物馆的文创产品源于生活、融入生活、创造效益、创新发展。

第一,营造良好政策环境,调动文博单位积极性。各有关部门要认真落实国家决策部署,切实重视博物馆文创产品开发工作,抓紧研究落实,努力研发更多更好的文创产品。可按照国家文化创意产品开发试点单位的相关要求,开展市级文创产品研发试点工作,指导试点单位突出公益导向,加强文创产品研发经营的指导、管理、监督、总结,根据实施效果逐步推广[⑧]。用足用好国家关于博物馆文创

产品研发的鼓励政策,抓紧做好国家相关政策在本市的落地工作,组织编制市级文化文物单位经营活动管理办法等,落实"文化+"战略,推进博物馆等文化文物单位文化创意与相关产业融合发展,全力支持文创产品研发;允许有关单位结合自身实际,依托馆藏资源、地域特色、展览展示、社教活动等要素,采取多种方式开展文创产品研发经营;允许有关单位在文创产品研发模式、收入分配和激励机制等方面开展探索,如在文创产品研发方面取得的相关收入按规定纳入本单位预算管理,可用于加强公益文化服务、藏品征集、继续投入文创产品研发和按规定给予相关人员绩效奖励等⑨。

第二,建立资源共享机制,培育各类市场主体。加强对全市文化文物资源的系统梳理、分类整理和数字化转化⑩。用好文化信息资源共享工程,全面推进市级以上非遗项目及其传承人数据库建设,盘活利用文物普查大数据,促进文化资源社会共享和区域合作发展。支持博物馆等文化文物单位与以文化创意设计企业为主体的社会力量密切合作,秉持优势互补、互惠互利、合作共赢、利益共享的合作理念,加强博物馆与相关单位在文创产品研发投资、设计制作、生产经营和营销渠道等方面的合作,鼓励有关资质企业通过限量复制、加盟制造、委托代理等形式参与文创产品研发⑪,让创意进入市场,让企业找准商机,让艺术走进生活。当然,这方面必须坚持依法办事,规范招标,明确要约,加强管理,提升绩效。同时,积极培育文创产品研发经营企业,支持文创产品研发类国家、省级和市级文化产业示范基地发展,在文创人才培养、创意品牌培育方面发挥作用。

第三,挖掘地域文化元素,提升产品开发水平。充分发挥本市自然风光和人文资源的优势条件,深入挖掘文博资源的价值内涵和文化元素,推动博物馆等文化文物单位、高等院校、职业学校、非遗传习基地和有资质的文创公司等开展深度合作,以观众游客为中心,以生活需求为导向,融入最能反映博物馆典藏珍宝或地域文明特色的元素符号,研发独特性、故事性、趣味性、文化性、艺术性、创新性和实用性有机统一的文创产品。围绕当地人文历史和自然生态等主题,结合重要展览、重要节庆、重要活动

等节点,推出一批接地气、较时尚、有故事、有内涵、有品位、有特色的高品质文创产品⑫,将馆藏优秀文化资源与社会公众分享,把博物馆文化的内涵用富有创意的方式普及并传递出去。值得一提的是,在文创设计策略方面,需要体现外观时尚性、审美艺术性、使用实用性、携带方便性等特征。须知,博物馆文创产品的核心在于创意,其实质是将馆藏文物元素进行提取、整合、设计、开发,赋予其文化内涵及艺术品位,使这些商品更具有地域性与吸引力。博物馆文创产品必须承载相关的文化信息,这正是它区别于普通旅游产品的特殊之处,也是其魅力所在。同时,文创产品设计应遵循"回归于社会生活"的原则,注重文创产品的功能实用,贴近人们的学习、工作、生活,拉近文创产品与人们之间的距离,所有产品都是生活中用得到、生活中最实用的产品,让大家有购买的欲望与冲动。

第四,实施融合发展战略,完善产品营销体系。大力实施"文化+"战略,深度挖掘馆藏资源的经济、社会、生态、文化价值,不断推进文化与旅游、教育、体育、农业、科技、商贸、金融、服务以及互联网等相关行业高水平、深层次、宽领域融合发展,共同研发具有地域特色、乡土风情、自然生态、文化品质、文物记忆的文创产品,提升产品和服务品质。顺应"互联网+"的时代需求,实施"互联网+中华文明行动计划",创新文创产品营销推广理念、方式和渠道,在实体零售引导式营销的同时,布局互联网电商互动式营销,促进线上线下营销融合发展⑬,激活观众消费潜力。如黄山市可借助故宫博物院驻安徽黄山徽派传统工艺工作站、故宫学院黄山分院、故宫博物院博士后工作站等框架合作平台,以传统美学、传统技艺等为重点,通过办节、办展、办赛、办会、办班、办馆等(如举办黄山旅游节、中国非物质文化遗产传统技艺大展、故宫徽派工艺回故乡展、旅游伴手礼暨文化创意产品创新设计大赛、"徽学与中国传统文化"国际学术研讨会、徽州传统工艺设计创新应用研修班、徽派传统工艺体验馆等),进一步发现和认识徽州传统文化的精髓和价值,搭建起优秀传统工艺与艺术、学术、现代科技、现代设计及当代教育的桥梁,促进传统工艺走进现代生活,

现代设计走进传统工艺,加快打造中国优秀传统文化传承创新区。认真遴选优秀文创产品参加深圳文博会、中国艺术节演艺及文创产品博览会、中国西部国际博览会、中国博物馆及相关产品与技术博览会等国内外文化交流活动和知名展会,为博物馆文化普及宣传注入新的活力。支持博物馆等文化文物单位在保证公益服务前提下,可将自有空间用于文化创意产品展示、销售,鼓励有条件的单位多点布局专卖店或代销点⑭,这样观众带走博物馆的文创产品,也就带走了博物馆的记忆、艺术或故事。结合陈列展览、主题活动、馆际交流,配合流动博物馆进校园、进社区、进军营、进乡村、进企业等,开展相关产品推广营销⑮,让更多更广的人群能够通过不同层面认识、理解、欣赏博物馆文化。

四、结语

独具鲜明特色和文化底蕴的博物馆文创产品,作为历史文化信息的载体,具有博物馆名片的作用,对于传承和传播博物馆文化的作用不容忽视。因此,落实"要系统梳理传统文化资源,让收藏在禁宫中的文物、陈列在广阔大地上的遗产、书写在古籍里的文字都活起来"⑯。对于博物馆来说显得尤为重要。博物馆需要做好文化遗产的保护利用,将现代传播方式,融入博物馆文化,更好地开发相关文化创意产品,进而满足广大人民群众日益增长的文化消费需求。

注释:

①罗丽:《浅议博物馆文创产品开发现状及对策》,《武汉文博》2016年01期,第34—37页。

②龚良:《正确理解博物馆文化创意产品开发》,《中国文物报》,2017年9月26日第005版。

③徐畈昀:《博物馆创建跨界融合共赢模式构想》,《自然博物》2017年00期。

④李慧:《让沉睡的文化资源活起来》,《光明日报》,2016年5月5日第14版。

⑤卞辉;李进《山东省文化场馆文创产品开发现状及路径分析》,《人文天下》2018年19期。

⑥央视网:《故宫文创爆红网络 "掌门人单霁翔谈知识产权保护"》[EB/OL].http://news.cctv.com/2019/02/01/ARTIbxkwmPw0m5wGiYhhow7I190201.shtml

⑦韩秉志:《博物馆商店成"最后一个展厅"用文创产品"卖文化"》,中国经济网[EB/OL].http://www.ce.cn/culture/gd/201605/02/t20160502_11108181.shtml

⑧重庆市政府网:《重庆市人民政府办公厅关于推动文化文物单位文化创意产品开发的实施意见》[EB/OL].http://www.cq.gov.cn/publicity_zqsrmzf-bgt/whtygdcb/wh/2055

⑨文化部、国家发展改革委、财政部、国家文物局:《关于推动文化文物单位文化创意产品开发的若干意见》,《中国文化报》2016年5月17日第001版。

⑩同⑨。

⑪同⑨。

⑫重庆市政府网:《重庆市人民政府办公厅关于推动文化文物单位文化创意产品开发的实施意见》[EB/OL].http://www.cq.gov.cn/publicity_zqsrmzf-bgt/whtygdcb/wh/2055

⑬同⑫。

⑭同⑫。

⑮同⑫。

⑯新华网:《建设社会主义文化强国 着力提高国家文化软实力》[EB/OL].http://www.xinhuanet.com//politics/2013-12/31/c_118788013.htm

(作者单位:安徽中国徽州文化博物馆)

浅谈博物馆文物修复合同制定的若干问题
——以馆藏青铜器修复为例

◇ 黄添威

内容提要：随着市场化的开放，文物修复项目招标数量日趋增多，合同书的制定关系到文物修复的效果。为了保证文物安全和博物馆的合法权益，本文以文物修复项目招标现状为切入点，通过对合同书制定过程中供应商资质、服务内容、行业标准、违约状况等进行剖析，探讨文物修复项目合同书制定中须注意的几个方面问题，提示风险，提出对策。

关键词：文物 修复合同书 青铜器修复 博物馆法治 文物修复公司

《中华人民共和国文物保护法》和《博物馆条例》是博物馆人的"基本法"，它是博物馆人工作的基本方向①。树立法治思维，依法办馆是博物馆的常态。在博物馆的运营中，经常遇到缔约合同的问题。在文物修复方面，现行市场和政策允许具备资质的文物修复公司参与博物馆文物修复工作，因此，博物馆合同书的制定对于文物修复尤为重要，关系到博物馆的法治建设，具有深远意义。

一、文物修复招标现状与问题

因数据搜集汇总困难，自 2010 年初至 2019 年 5 月，全国共有文物保护与修复项目招标公告 1354 条(包含公开招标、邀标、竞争性谈判、单一来源采购等)。(以上数据来源于千里马招标网)，中标公告 1383 条。全国文物修复相关项目数量多，招标金额高，吸引了一大批文物修复公司参与。一方面对于缓解博物馆人手不足有一定积极作用，另一方面对于文物本身，也是功在当代、利在千秋。

目前在文物修复项目合同书的制定中，依然存在不少问题。

1.缺少规范性文件和示范文本

在文物修复合同书的制定中，国家文物局和各地市文物局目前尚无相应范本和推荐性使用模板。2015 年，国家文物局委托湖北省古建筑保护中心开展《文物保护工程招投标文件及合同文本规范预研究项目》(文物保函〔2015〕3466 号)②，但至今研究成果经网上查询后发现尚未公示，且未被文物局推荐使用。

2.博物馆人缺少制定合同的能力

目前专设法务部门或有法务职位的博物馆并不多，文博方面法律，本身是一个相对小众且跨学科的专业性领域，博物馆合同的起草、签订者往往没有接受过相关的教育或培训，对相关法律并不熟悉③。甚至有些时候放弃合同起草的权利，仅根据供应商提供的合同样式进行简单修改。文物修复项目合同书的制定需要既要懂业务知识，又要熟悉文博法律法规和行业标准且有实战工作经历的人员负责承担。

3.博物馆法律观念不强

某些项目合同要么在修复完成后才签订，且合同书三言两语模糊化处理，缺少质保的约束。另一些项目合同要么签订之后不管不问，擅自更改合同服务内容和拟修复器物。博物馆在文物修复项目期间更愿意相信供应商本身所具备的能力和水平，碍于人情世故，忽视项目合同书的功能作用和法律效力。

4.合同审查制度尚未建立

合同审查管理制度包括审查合同主体是否合法、合同内容是否合法、合同意思表示的真实性、合同条款是否完备、合同签订的手续和形式是否完备六个方面。在文物修复合同签订完毕后，博物馆有必要聘请律师和财务工作人员对合同进行审查，大多数情况下文物修复合同金额高，属于"三重一大"制度范围，有必要在研究项目事项通过后，将合同报请上级主管部门和政府公共资源交易中心，以降低合同中可能存在的风险。

二、文物修复项目招标策略分析

1.明确招标中供应商资质

自2014年8月1日起，《可移动文物修复管理办法》（文物博发〔2014〕25号）第五条要求，可移动文物修复应由取得可移动文物修复资质的单位承担。可移动文物修复资质证书存在主管部门的年检和定期检查的要求，因此供应商资质证书在项目实施期间也须确保一直处于有效期内。在省级或市级层面，亦有一些文物修复类似规范性文件出台也须遵照执行，如《河南省文物局关于加强可移动文物修复工作的通知》等。

在长期的实践中，博物馆对合同的管理往往只注重合同的起草和签订环节，忽视了签订前对合同主体的签约资格、资信情况、履约能力的调查和合同履行过程中的控制与监管，等到发生纠纷后才知道对方不具备签约资格[④]。因此，在明确供应商资质后，亦可在招标中对供应商的项目经验和技术能力做出要求，如：供应商须确保其在获得《可移动文物修复资质证书》后有两个金属类或铜器类项目完成

验收的项目工作经验，并提供相应图文介绍和验收报告（不少于2000字）。

2.确定项目的一般内容

合同书须确定项目的项目名称、项目实施地点、组成合同的文件、项目的实施期限、金额和验收标准。在文物修复项目中，项目实施地点要么在招标方自己的住所，要么在供应商的指定的修复场所，项目实施地点的确立有助在后续给付标的物时可以明确合同履行地，也有助于如后续发生纠纷时主管单位管辖范围的确立。

在合同签订时，组成合同书的文件，双方除了合同书本身的签订外，还有可能包括其他协议和附件。须将组成合同书的文件在合同中列名，包括：（1）采购文件及答疑、更正公告和说明；（2）中标或成交公告；（3）投标文件；（4）乙方提交的响应文件及书面承诺函；（5）本合同的附件部分；（6）双方另行签订的补充协议。

同时，双方围绕签订的文件动辄几十页上百页，有些文件在谈判的过程中，供应商也会根据现场报价的情况做出一些修正和补充。所以，组成合同文件的部分存在着适用顺序的先后关系，其基本原则是：（1）各附件规定有抵触，但本合同有规定的，以本合同为准；（2）各附件规定有抵触，但本合同没有规定的，以补充协议为准；（3）招标文件及其合同中未明确的条款以招标文件或公告为准。

3.梳理项目的服务内容

项目的服务内容是招标方对供应商提出的具体内容，是合同书的核心组成部分。这里以某博物馆青铜器修复项目合同为例：

甲方委托乙方完成以下工作内容：

1. 按照国家文物局的批复文件（文物博函**号）和江苏省文物局文件（苏文物博**号）的要求，同时严格按照中华人民共和国文物保护行业标准《可移动文物病害评估技术规程金属类文物》（WW/T0058—2014），并结合**博物馆编制的《馆藏青铜器保护修复方案》设计的保护修复技术路线、实施步骤和目标，完成馆藏29件（套）青铜器的保护修复工作。具体如下：

（1）去除青铜器表面遮盖纹饰及影响历史和艺

术价值体现的土垢及硬结锈蚀物,去除有害锈,使器物表面清洁,纹饰清晰,修复部分颜色与文物原件颜色基本一致。

(2)修复青铜器的残缺、断裂、裂隙及变形病害,恢复青铜的器型,对变形青铜器进行整形,使其能够满足陈列展览和学术研究;

(3)去除青铜器表面粉状锈;

(4)对所有青铜器实施缓蚀和封护保护处理,延缓或抑制器物的化学或电化学腐蚀。

(5)青铜器修复材料材质仅限于铜、锡基合金、树脂。

(6)每件(套)青铜器建立好文物修复保护档案和文物藏品档案。做好照片、文字记录以及修复过程中的各项记录,此项工作必须按照国家文物局发布的文物保护行业标准执行,详见《馆藏金属文物保护修复记录规范》(GB/T30687-2014)和《文物藏品档案规范》(WW/T0020-2008)。本次文物修复项目完成后验收前,应将文物修复保护档案一套(电子版docx格式和纸质版铜版纸彩色印刷)提交给甲方,并参加验收。

保护修复后,青铜器表面纹饰无损伤,各种化学试剂对器物无明显腐蚀,器物颜色也无明显改变,器型恢复,纹饰清晰,表面清洁,化学或电化学腐蚀得到延缓或抑制,整体处于一个完整、稳定及安全的状态,有利于文物长久保存,能够满足陈列展览和学术研究,尽可能保存和延续文物的历史、科学和艺术价值。

2. 乙方负责本次项目往返修复场所和运回 **

博物馆库房所在地的全部费用。运输方面包括往返运输车辆、运输人员、保险费和押运人员(甲方工作人员)所产生的费用。文物运输规范依照国家质量监督检验检疫总局和中国国家标准化管理委员会发布的《文物运输包装规范》(GB/T23862-2009)执行。

3. 乙方承担该项目在各阶段的进度报告和绩效评价的文字材料及图片材料编写工作。包括但不限于编写项目进度报告、项目年度绩效目标、绩效目标自评报告、工作小结、综合评价结论、项目成果报告、结项验收申请材料等内容。在项目期间,材料编写方面甲方若提出需求,乙方在项目期间随时响应,提供相应文字图片材料。

在合同书制定过程中,亦要将每件文物的信息表明确提供给供应商,文物信息表应包含文物名称、器物编号、文物数量、文物尺寸、文物重量、残缺状态、文物照片(主视图、俯视图、细节照片)。文物信息表作为附件加入。文物信息表应由招标方制定,从而确保对拟修复文物状态有明确的认知和把握。

4. 严格依照行业标准和规定

在项目服务内容的约定上,要依据现行文博行业系统内的标准和强制性国家标准,结合批复项目方案设计的修复技术路线、实施步骤和目标,完成项目修复。对修复过程中的材料和胶粘剂亦要做出要求,尤其是切忌使用"等"这个字眼,"等"字包罗万象,难免会被曲解。同时严格依照强制性标准、推荐性标准和行业规定,将合同所依据的具体标准罗列在合同中以便后续验收参照,笔者在这里整理了一些青铜器文物修复的相关标准。

表一 青铜器文物修复行业标准及规范一览表(截至2019年5月)

名称	发布机构	标准编号	实施时间	备注
可移动文物病害评估技术规程金属类文物	国家文物局、全国文物保护标准化技术委员会	WW/T0058-2014	2014年	
馆藏青铜器病害与图示	国家文物局	WW/T0004-2007	2008年	
馆藏金属文物保护修复记录规范	国家质量监督检验检疫总局、国家标准化管理委员会	GB/T30687-2014	2015年	
馆藏金属文物保护修复档案记录规范	国家质量监督检验检疫总局、国家标准化管理委员会	WW/T0010-2008	2008年	现行已失效
馆藏金属文物保护修复方案编写规范	国家文物局、全国文物保护标准化技术委员会	WW/T0009-2007	2008年	
文物藏品档案规范	国家文物局、全国文物保护标准化技术委员会	WW/T0020-2008	2009年	

(续上表)

名称	发布机构	标准编号	实施时间	备注
馆藏文物保护修复工作量清单计价规范	国家文物局、全国文物保护标准化技术委员会		2015年发布	征求意见稿
文物运输包装规范	国家质量监督检验检疫总局、国家标准化管理委员会	GB/T23862–2009	2009年	
博物馆和文物保护单位安全防范系统要求	国家质量监督检验检疫总局、国家标准化管理委员会	GB/T16571–2012	2013年	
文物系统博物馆风险等级和安全防护级别的规定	公安部	GA27–2002	2002年	
可移动文物保护修复室规范化建设与仪器装备基本要求	国家质量监督检验检疫总局、国家标准化管理委员会	GB/T30238–2013	2014年	
馆藏文物防震规范	国家文物局、全国文物保护标准化技术委员会	WW/T0069–2015	2016年	
馆藏文物保存环境质量检测技术规范	国家文物局、全国文物保护标准化技术委员会	WW/T0016–2008	2009年	
可移动文物修复管理办法	国家文物局	文物博发〔2014〕25号	2014年	
江苏省可移动文物保护修复项目检查验收实施办法(试行)	江苏省文物局	苏文物博〔2017〕85号	2017年	
国家文物保护专项资金管理办法	财政部、国家文物局	财文〔2018〕178号	2019年	

5.预判和防范违约情况的发生

在实际合同执行的过程中,双方亦有可能发生违约,明确违约责任,是合同当事人不履行合同义务或者履行合同义务不符合约定时,依法产生的法律责任。

因此须对可能产生的违约情况做出约定。可能产生违约情况包括:(1)供应商在项目期间不具备可移动文物修复资质或被县级及以上相关市场监管、行业主管等部门通报批评处罚;(2)文物遗失、损毁或被盗;(3)因保管不善导致文物灭失或修复不当给文物造成新的、甚至更大的损伤;(4)未按照投标文件所提供的项目人员配备名单组织相关技术人员实施项目;(5)供应商在修复期间和修复结束后对未公开发表的资料、图样、照片、数据、成果和成交价格未履行保密义务;(6)出现修复质量低下、修复操作不规范等不利于文物修复的现象;(7)将合同转包、分包、擅自变更、中止或终止合同的,(8)未按照本合同约定逾期完成本项目。

对于违约行为的出现,可以要求明确做出相应赔偿行为,如勒令改正、采取补救措施继续履行、违约金、赔偿损失等。约定争议解决的方法包括双方协商、上报行业主管部门调解、仲裁、法院诉讼等。

三、结语

文物修复合同的制定对于博物馆来说是一个新鲜并现实的问题,在市场化的大背景倒逼下,博物馆合同制定水平也要进一步提升。笔者以此文为引,期待国家文物局及省市文物部门出台文物修复合同书示范性文本并定期更新,类似住建领域的《建设工程施工合同(示范文本)》《gf–2018–0201)、军队领域的《军队工程采购施工招标文件示范文本》等,统一标准并推行使用,减少漏洞和纠纷,从而保证缔约过程省心合法,双方责任明确清晰,缔约结果有效有约束力,对于推进类似共性问题的逐步解决有着积极意义。

注释:

①李正山:《〈博物馆条例〉的现实意义及博物馆未来方向》,《中国文物科学研究》2015年第2期,第1页。

②国家文物局:《关于委托开展〈文物保护工程招投标文件及合同文本规范预研究项目〉的函》(文物保函〔2015〕3466号)[EB/OL].(2015–10–22)[2015–10–27] http://gl.sach.gov.cn/sachhome/gov –info –dir –details.html?public =more&sheet =office&standardRed=&id=13094

③黄哲京、李晨:《博物馆常用合同概论》,紫禁城出版社,2010年。

④周敏:《博物馆合同管理若干问题探析》,《中国文物科学研究》2016年第1期,第43页。

(作者单位:盱眙县博物馆)

浅谈博物馆文化旅游品质提升

——以常州博物馆为例

◇ 代培培

内容提要：近年来随着国家相关政策的支持，博物馆自身展览、教育和服务公众的水平不断提升，公众文化需求的增强，加上诸如《国家宝藏》(1、2 季)、《假如国宝会说话》(1、2 部)等高质量、高热度的综艺节目的宣传，越来越多的观众走进博物馆。本文通过讨论当前博物馆文化旅游发展的原因及现状，指出目前博物馆旅游存在的不足之处，进而以常州博物馆文化旅游开发情况为例，强调博物馆文化旅游品质的提升需要立足本馆，以馆藏文物为中心，深度发掘文化价值，充分考虑观众需求，不能盲目跟风，更不能过度娱乐化。

关键词：博物馆文化旅游 博物馆文创 观众需求

近年来，博物馆参观人数逐年增多。根据统计，到 2018 年年底，我国博物馆参观人数已经达到了 10.08 亿人次[①]。一些知名博物馆甚至成为人们旅游参观必选的热门"打卡"之处。2019 年春节期间，甚至出现了引起热议的"博物馆里过大年"的新年俗，进一步推动了"博物馆热"的升温。根据中国旅游研究院（文化和旅游部数据中心）数据统计春节、清明、五一小长假期间参观博物馆的游客比例分别达 40.5%[②]、54.33%[③]和 44.5%[④]，参观人次同比增长明显。基于此，笔者简要分析博物馆文化旅游发展的原因。

一、促进博物馆文化旅游发展的原因

1.博物馆自身发展的需求

《国际博物馆协会章程》将博物馆定义为"一个为社会及其发展服务的、向公众开放的非营利性常设机构"，强调博物馆要为社会及其发展服务。2015

年我国颁布《博物馆条例》，其中第一条明确指出"为了促进博物馆事业发展，发挥博物馆功能，满足公民精神文化需求，提高公民思想道德和科学文化素质，制定本条例"[⑤]。这体现了我国对博物馆事业发展的重视。

近年来，我国文化事业不断发展，博物馆是文化事业的重要组成部分，也应该要顺势发展。我国一些博物馆同时也是国家 5A 或 4A 级景区，博物馆与旅游相结合，发展文化旅游，更能够满足公众文化需求，同时促进自身发展，扩大自身社会影响力。

2.国家相关政策的鼓励支持

2015 年颁布的《博物馆条例》第三十四条中"国家鼓励博物馆挖掘藏品内涵，与文化创意、旅游等产业相结合，开发衍生产品，增强博物馆发展能力。"明确了国家鼓励博物馆与旅游产业相结合，发展博物馆文化旅游。2018年3月国务院机构改革方案公布,不再保留文化部、国家旅游局,组建文化和旅游部,4月文化和旅游部正式挂牌亮相。文化和旅游部的成立,从长远意义上促进了"文化和旅游的融合",从而达到文旅共赢、和谐发展的目的。为促进博物馆文化旅游的发展,推动"文物+旅游"的融合,国家文物局发布的2019年工作要点中就有关于"推动文物与教育、旅游、创新创意、设计和动漫游戏等领域跨界融合,组织参加相关展会"的相关内容。2019年6月文化和旅游部发布《文化和旅游规划管理办法》,为文化和旅游规划提供制度保障。

文化和旅游部的成立,上述条例、工作要点、管理办法的发布,体现了国家对文化事业发展的重视,尤其是在博物馆文化和旅游融合方面指引了今后发展的方向和道路。这样就更能发挥博物馆在教育等方面的职能,方便观众"把博物馆带回家"。

3.高品质文化综艺节目的推广

2016年纪录片《我在故宫修文物》一经推出就引发广大网友的热议,3集纪录片在视频网站的播放量为437.6万。本片向观众介绍了故宫对青铜器、宫廷钟表、瓷器和书画等的修复过程,使公众对文物修复工作有了一定的了解,观众想参与故宫文物修复工作的热情高涨。因此,故宫博物院特意招收了文物医院志愿者,"2018年6月9日故宫文物医院迎来了第一批40名预约观众,面向社会公开招募的文物医院志愿者也正式上岗"⑥。

2017年12月3日央视制作的大型文博探索节目《国家宝藏》首播,通过综艺和纪录片的手法讲述国宝"前世今生"的故事,引发观众对博物馆及馆藏文物的热烈讨论。目前,新浪微博话题榜 #CCTV国家宝藏# 的阅读量为51.2亿,讨论561.5万,观众积极参与投票选出入选特展的文物,观众的参与度和讨论度高涨。可见,《国家宝藏》拉近了观众与博物馆文物之间的距离。据携程网的统计"2017年12月初《国家宝藏》开播以来,通过'博物馆'搜索国内旅游产品的数据上升了50%"⑦,这显示了博物馆文化旅游具有潜力无限的发展空间。

这些博物馆也随着节目的播出,游客量同比增

多,正如唐纳德·霍恩认为的"有些博物馆藏品已成了圣物,旅游便是其一种新的朝圣形式"⑧一样,观众收看了这些综艺节目,了解了博物馆的藏品,参观博物时会更加注意这些"明星"藏品。因此,高品质文博综艺节目为博物馆文化旅游的发展起到效果显著的推广作用。

4.公众文化旅游需求的增强

通过前文列举的中国旅游研究院的旅游数据报告,可以看出近年来国民旅游消费需求旺盛,旅游与文化的融合,尤其是博物馆文化旅游随着综艺热播而备受关注。墨西哥学者燕妮·赫利曼认为博物馆能够起到为旅游者介绍、传播当地过去和现代文化,以便旅游者理解的作用⑨。博物馆的馆藏文物对观众吸引力,观众也希望在博物馆参观能深入学习历史文化知识,增强体验。可见发展博物馆文化旅游,设计符合观众需求的旅游线路,增强观众的旅游体验,让观众在参观中了解博物馆相关文化知识和我国优秀的传统文化,对博物馆来说也越发重要。

二、我国博物馆文化旅游现状

随着国家鼓励博物馆与文化旅游产业相结合政策的出台、博物馆教育功能的发展、人民文化需求的提升和热播文博节目的推广,许多博物馆纷纷发展文化旅游项目。目前,提升博物馆文化旅游品质、发展博物馆文化旅游,已成为博物馆文化事业发展的新趋势之一。然而,与国外博物馆在文化和旅游融合方面有着较为成熟的经验相比,我国的博物馆在文化旅游发展上存在明显的差距,仍处于探索阶段,有以下不足之处。

1.博物馆在文化旅游项目开发方面易跟风模仿,导致博物馆文化旅游活动"千馆一面"的雷同现象。比如,一些知名博物馆设计推广研学游、亲子体验游和有针对性的社教活动,部分博物馆也跟风模仿,但往往只重视活动而忽视文化的传播,没有自己馆的特色。形式相近的活动也会降低观众的参与度,无法满足观众深度体验博物馆的愿望,不利于博物馆文化旅游的发展。

2.一些博物馆为了吸引更多的客流量而过度开发造成过度娱乐化。博物馆是文化传播的场所,对

于博物馆观众来说,博物馆的陈列展览和藏品才是吸引他们参观的重要因素,参观博物馆是为了获取知识的。现在,部分博物馆却或多或少的变成游戏娱乐场所,过度娱乐化,噱头搞得很足,有的新闻还上了热搜榜,引起争议。这是忽视了提升博物馆文化旅游的品质,这种做法是不可取的。

3.缺少人才,不能设计合理的博物馆文化旅游路线。目前,我国博物馆多数工作人员是传统的博物馆学、考古学、艺术设计、教育学、计算机等专业出身,缺乏市场经济学、旅游学知识,不了解旅游路线的设计,更不懂得市场营销。往往在规划博物馆文化旅游路线时,只能参考旅行社的线路安排,导致旅客来到博物馆简单参观后就匆匆离去,没有留下深刻印象。可见,不能从游客角度出发设计出合理的旅游路线,是阻碍博物馆提升旅游品质的一个重要因素。

综述所述,我国博物馆文化旅游发展确实面临不足之处,各地博物馆应该根据本馆实际情况,以观众需求为本,在保障文物安全的前提下,采取相应措施,提升博物馆文化旅游品质。

三、常州博物馆提升文化旅游品质的措施

常州是历史文化名城,有着悠久的文化历史,而常州博物馆是一所集历史、艺术、自然为一体的综合性地方博物馆⑩,是宣传历史文化名城常州的一张重要名片。为促进常州文化旅游的发展,常州博物馆需要立足实际,提升文化旅游品质,打造文化旅游品牌。

1.与知名博物馆广泛的游客量相比,常州博物馆的游客主要来自于本地及附近城市。因此,常州博物馆应立足常州,针对馆藏文物资源,深度发掘常州本土文化价值,吸引当地观众,同时也要引进优质外展,满足观众不出远门看展览的愿望。常州博物馆针对馆藏花鸟画中的动物图形举办了"意寄物形祈瑞祥——中国传统绘画中的吉祥动物展",以常州女画家为主的"壶阁传芳——常州画派女画家精品展",针对近年来金坛土墩墓考古发现的"山下青山——2016-2018金坛土墩墓考古展",展现常州名人文化和非遗项目的"风雅与归——毗陵钱谢书画展""发现妙手削轻筠——白士风白雪飞父

女留青竹刻艺术展"等。这些展览都向观众展示了常州的历史文化和风土人情,受到观众赞赏。

2.考虑到观众的年龄层次,受教育水平,常州博物馆应该注重策划"分众化展览和活动",锁定目标人群,抓住特定群众,增强与观众的互动性。常州博物馆是江苏省目前唯一的一家少儿自然博物馆,利用这个优势,常博推出了"蝶舞蹁跹——名蝶精粹与蝶文化展""回眸亿万年——常州博物馆古生物化石展""虫虫世界——常州博物馆藏精品昆虫展"等带有科普教育性质的展览及配套社教活动,受到家长和小朋友们的欢迎。除了自然科普展外,我馆还推出了体现儿童活泼天性的"稚子童心——常州博物馆藏童趣文物展",充分考虑游客的参观需求,提高服务水平。

3.针对观众购买文创产品的愿望,博物馆要以馆藏文物为中心,利用博物馆传统文化元素,促进文创产品的开发。观众参观博物馆除了想增强体验,也想购买带有博物馆特色的文创产品。常州博物馆根据商店的实际销售情况,加大了对深受青少年观众喜爱的自然类产品的开发力度。同时,举办"文荟杯"常州博物馆文化创意产品设计大赛,吸引公众参与博物馆文创开发,与常工院等高校、设计公司合作,深度发掘常博馆藏文物的价值,努力提高文创产品的质量,利用馆藏书画,开发深受观众喜爱的"红叶小鸟"三件套。2018年加盟"博苏堂",完成商店的升级改造,为观众打造舒适的选购环境,努力提高服务水平,满足观众购买博物馆文创,"把博物馆带回家"的愿望。

4.前文提到的人才不足问题,常州博物馆需加快培养相关人才,建议与当地高校的旅游学院开展合作项目,建立馆校合作新模式。除了培养本馆专业人才外,常州博物馆还可以吸纳优秀人才加入常博志愿者团队,对有旅游学、教育学、市场营销学知识背景的志愿者进行培训,让志愿者协助参与博物馆文化旅游项目。

5.采取和旅行社合作的方式,设计参观路线,注重安保问题。常州博物馆应与当地旅行社进行深度合作,参与博物馆文化旅游路线的设计工作,推出合理的旅游计划,打造博物馆精品旅游,比如,设

计一条关于常州历史文化名人的旅游路线,将博物馆与名人故居、纪念馆串联起来,让观众了解常州的历史文化,增强观众的满意度,在保护文物的前下,满足观众深度体验博物馆的需求。

四、结语

综上所述,博物馆文化旅游是今后博物馆文化事业的发展趋势之一,博物馆文化与旅游相融合能够有效提升博物馆知名度,提高博物馆服务大众的水平,促进我国文化事业的发展。各地博物馆在发展博物馆文化旅游时,需要结合本馆实际情况,深挖本馆文化价值,借鉴别馆经验,从长远出发,提升文化旅游品质。

注释:

①中国新闻网:《刘玉珠:2018年底中国博物馆参观人数已达10.08亿人次》[EB/OL].http://www.chinanews.com/cul/shipin/cns/2019/03-03/news806036.shtml

②中国旅游研究院:《文旅融合年味更浓,主客共享美好生活》[EB/OL].http://www.ctaweb.org/html/2019-2/2019-2-11-11-22-87370.html

③中国旅游研究院:《2019年清明假日文化和旅游市场情况》[EB/OL].http://www.ctaweb.org/html/

2019-4/2019-4-8-14-10-63816.html

④中国旅游研究院:《特别报告 |"五一"出游季,文旅休闲时》[EB/OL].http://www.ctaweb.org/html/2019-5/2019-5-6-9-58-65497.html

⑤中国政府网:《博物馆条例(国务院令第659号)》[EB/OL].http://www.gov.cn/zhengce/2015-03/02/content_2823823.htm(2015.3.2)

⑥王钟的:《故宫招募文物修复志愿者值得点赞》,《光明日报》2018年6月13日02版。

⑦沈文敏:《国家宝藏引爆国内"博物馆旅游热"》[EB/OL].http://sh.people.com.cn/n2/2017/1222/c134768-31063263.html

⑧转引自[墨西哥]燕妮·赫利曼著、李华译:《博物馆与旅游:文化与消费》,《中国博物馆》1999年第3期,第26页。

⑨[墨西哥]燕妮·赫利曼著、李华译:《博物馆与旅游:文化与消费》,《中国博物馆》1999年第3期,第26页。

⑩常州博物馆官网[EB/OL].http://www.czmuseum.com/default.php?mod=article&do=detail&tid=1

(作者单位:常州博物馆)

让民众走进博物馆

——从档案中探究博物馆未来发展

◇ 丁 旭

内容提要：近年来，博物馆逐渐成为人们参观、休闲的新场所，越来越多的观众愿意主动走进博物馆。伴随着博物馆参观人数的增多，博物馆也要潜心挖掘自身价值，满足观众的文化需求。笔者在参与常州博物馆创建国家一级博物馆项目中，参考历年档案资料，现从"陈列展览多元化""人群兴趣深挖掘""展览娱乐相结合"以及"文创产品开发"这四个切入点进行探究，详述博物馆是如何在展示、宣传常州悠久历史、文化底蕴的同时，将文化大餐反哺于民，让民众更愿意走近博物馆。

关键词：博物馆 档案 多元化 文创

博物馆是集文物收藏、科学研究和社会教育三大功能为一体的文化事业机构。随着社会的发展，大众生活水平不断提高，闲暇时间不断增加，博物馆逐渐映入民众眼帘，成为人们身心发展、休闲娱乐的重要场所、旅游景区。笔者以常州博物馆创建一级博物馆为契机，在查阅历年档案、编制相关台账后，不难发现本馆自从免费开放以来，博物馆的展览质量有了明显提高，市民参与博物馆社教活动越发频繁，积极性大幅度提升。由此可见，常州博物馆正越发满足人民群众的精神文化需求，一个地市级博物馆正逐步转变成一个"城市记忆载体""城市纪念碑"，唤起了人们对自身所在地市文化的认同。然而，博物馆想让观众更加主动的走进博物馆，就需要努力发掘自身潜力。笔者认为，未来可以将"陈列展览多元化""人群兴趣深挖掘""展览娱乐相结合"以及"文创产品开发"这四个方面作为良好的切入点，做好博物馆对外展示的"窗口"作用，全方位展示、宣传常州地区悠久的历史、深厚的文化，让博物馆和本市人民走得更近。

一、深化主题，多样化宣传

博物馆拥有得天独厚的文物资源，一般以陈列展览的形式向市民传播知识，进行宣传教育。在新文化大发展的形势下，笔者认为应从以下几个方面提升我市博物馆陈列展览。

首先，主题是陈列展览的灵魂，如何筹办一个富有特色，符合观众口味的主题陈列展览，需要充分考虑各方面因素。笔者认为，陈列展览的选题是最为关键的一步，展览的目的是给人们参观，让人们在参观的过程中获得美的感受，并从中获得知识。选题要以人为本，首先要弄清楚"什么样的展览是观众想看的"，充分考虑到观众的审美情趣和求知心理再去设计展览，才能使人们和该主题走得更近。就如 2016 年本馆引进的"神奇的马王堆汉墓珍品展"，2017 年举办的"中华文明之光——河南博物院藏瑰宝展"，2018 年推出的"金·玉·玲珑——大明王室的宝藏"，这些高品质展览能够引发观展热潮，切中市民的真实文化需求。

当然，陈列的选题也需要体现本馆的性质和任务，发挥馆藏优势，突出地域特色。因此，常州博物馆要掌握自身的特点，既善于概括，又抓住重点，在举办主题陈列展的同时，将本馆与之有关联的部分充分融合，这样不仅能提高陈列展览的水平，避免不必要的资源浪费，还能让该陈列展更贴近地域特色，更加吸引观众。

其次，常州博物馆要结合社会形势和观众需求，更多地举办非物质文化遗产类的临时展览，为本市做好多样化宣传教育工作。非物质文化遗产是文化遗产的重要组成部分，蕴含着中华民族特有的精神价值、思维方式、想象力和文化意识，体现了中华民族的生命力和创造力。常州非遗资源丰厚，其中董永传说、常州吟诵、常州梳篦、金坛刻纸等早已声名在外。笔者认为要充分利用现有博物馆的优势，充实博物馆的陈展内容，将当地非物质文化遗产的保护和传播提升至博物馆级别，从而更好的继承和发扬民族优秀文化传统、增强民族自信心和凝聚力，使文化保护与城市建设两不误，同时也让这些非物质文化遗产得到相应的社会关注。

最后，常州博物馆应联合民办博物馆举办相关陈列展览，鼓励市民更多的走进民间艺术，感受城市积淀的历史文化，汲取各中精华，起到常州地区博物馆的引领作用。同时紧密联系常州市博物馆学会等社会团体，加强行业活动，积极开展各博物馆间的巡展活动，让市民感受传统文化的魅力，城市发展的演变形态，最重要的是让不同层次的观众"喜欢看、看得懂、记得住"，这也就达到博物馆文化传播的目的了。

二、挖掘资源，激发不同人群爱好

笔者曾在常州博物馆工作之余，发现该馆中老年人、儿童居多，青年的影子很少看见①。青年人群是当今社会的主力军，知识面广泛，学习探知能力强，为此，如何更好地为青年服务，怎样才能吸引青年人群主动走进博物馆、推广博物馆，值得研究。

首先，笔者通过平时的观察，发现观众在常州博物馆逗留时间最长或最感兴趣的地方，通常是展厅里的特色展示区域，所以笔者认为，本馆应多设计一些特色展区。比如男性比较喜欢的古代兵器展，女性比较喜欢的古代服装、乐器展等，通过多媒体、实物操作等手段，吸引不同性别、年龄段的关注。

其次，笔者认为常州博物馆的解说牌写得过于简单，大多仅表明文物的名称、年代、出土地点等专业信息，让外行很难看懂，且生僻字没有标注拼音，没有照顾到青年的感受，所以建议将来本馆可以大力推广各年龄段语音导览系统，并在关键点位设置自动语音播放按钮，加强观众与展品之间的互动，激发观众主动了解展品的欲望。

最后，常州博物馆展览中针对青年的展示手段不够充足，青年参与、互动、体验的形式单一。常州博物馆将来可以增设比如多媒体信息查询室、资料查阅室、与展览相关的知识学习室、互动展览操作体验室等，这样不仅能带动青少年的学习兴趣，还能促使本馆展览设施得到进一步的完善。在未来的发展中，常州博物馆可从多方面研究青年的心理，迎合其口味，加强工作的主动性，以推进工作的深入开展。

三、科技引领，娱乐休闲相结合

博物馆若要拉近与观众之间的距离，就需要转变陈列展览的模式，由静态、被动陈列，转为互动、开放模式，以陈展文物资源为依托，针对观众的文化休闲需求，着力开发与展览有关的衍生性服务项目，将博物馆打造成为集参观、休闲、娱乐为一体的综合性文化场所②，让观众在参观展品中进一步感受到文物的魅力。比如本馆在敦煌艺术大展中，增设的"48 号洞窟"实景展、"佛像面面观"石膏雕塑制作、九色鹿儿童演出及古代乐器耳机专享听等，使观众在博物馆既能受到历史文化的熏陶，又能通过手工制作等项目，得到休闲娱乐的满足，从而提升观众的参观主动性和积极性。

由于我们处在一个科技高速发展的时代，如何将科技手段运用到如今的展览中，也是将来博物馆吸引观众的一个重要措施。可以想象,将现代化高科技与博物馆内陈列的上千年文物相结合,会给观众带来感官上的满足。这些高科技手段如今不只是纸上谈兵,不只是在美国电影中出现的桥段:笔者在上海世博会中,亲身体验过沙特馆6D展示厅的神奇;在常州恐龙园,亲历过穿越侏罗纪4D电影的刺激。笔者以为,未来本馆在资金允许的情况下,可以充分发挥高科技的巨大作用,比如制作一部有关常州的4D电影——《梦回延陵》,引领观众穿越千年时空,感受延陵季子"三让君位"的圣贤风范,通过环形荧幕、4D环境特效等手段让观众在对高科技产品的体验中不仅获得了知识,还亲身感受到了展览所述年代氛围感,多维化提升感官性,令观众享受其中。抑或者可以借助新媒体平台,针对本馆特色陈列展研发相关APP,帮助更多人了解常州博物馆的藏品及背后的故事。譬如常州博物馆下设的常州少儿自然博物馆,是江苏省唯一一家少儿自然博物馆,其中"形形色色的动物世界"这一单元是整个陈列的重点和亮点,可针对不同的类型设计教学、娱乐APP。

笔者认为应深入观众,调查研究其文化休闲娱乐需求,利用博物馆特色,不断推陈出新,创新服务模式,满足广大观众的文化需求。

四、研究消费需求,开发文创产品

博物馆与观众之间,存在着一种文化生产者与文化消费者的关系,因此博物馆必须研究观众的消费心理,针对观众购买决策,开发文创类产品,以此作为文化载体传播精髓。开发文创类产品。我们在未来的发展中,应坚持"参观"与"消费"并重的经营理念,努力探索一条文化创意产业之路,来吸引人们走近。

博物馆的纪念品一直广受观众游客的喜爱,这些纪念品不仅可以用来当作到此游览过的回忆,还可以带回去赠送亲朋好友,增进感情。文创产品的设计源泉在于博物馆内陈列的精美文物,它是历史的积淀、文化的缩影。一件好的文创产品可以增强自我创新的能力,改变现有的生存状态,不仅在财政上增加收入,形成可观的经济效益,还可以让博物馆里的文物"活"起来。如何开发好文创产品,笔者认为必须做好以下几点:

首先,博物馆事业的发展是以文物及文化遗产为根基,承载着历史文明、传承着文化内涵,而文物是国家宝藏,不能通过售卖占为己有。因此,文创产品很好的满足了游客把藏品带回家的心愿。当观众走进博物馆参观陈列展览,欣赏着一件件精美的藏品,仅是对藏品有了初步的了解和印象,在结束参观后,若能带着趣味十足,又实用好看的文物衍生品回去,还能以此延续文物藏品的生命,传递博物馆的文化信息。

其次,产品开发需要配合展览主题。每个展厅有不同的陈列主题,一般是围绕该主题展开,主旨清晰,内容丰富,针对性强。产品开发应该发掘陈展文物的自身潜能,在研发上配合展览主题。例如,历史类陈列(敦煌展)可以研发出具有历史元素的产品:以壁画为背景的折扇、洞窟雕塑模型等;艺术类陈列(书画展)可以以艺术和观赏的角度来制作艺术品:临摹的同名书画、电子相册、台历等;科技类陈列(航天展)则可以生产与科技相关的玩具或模型:长征火箭模型、飞机拼装玩具等,寓教于乐。只有配合相应的展览主题开发产品,才不会脱离展线内容,并使产品满足不同年龄段群体。

最后,文创产品开发同样需要结合地域特色。由于博物馆是其所在城市的历史缩影,无论是藏品陈列还是文化遗产,其所传达的都是本土的历史文化和民俗风情③。笔者认为将来常州博物馆可以按季度举办非遗展,收集本地的非遗传承人需求,展开现场演示,实地开展培训班,亲手制作文创类产品,使博物馆文创产出更多样化,同时使一些快要失传的非遗文化得到传承延续。博物馆精心设计的文创产品是"活化"展品的源泉,这些物件将每件文物都赋予了生命和文化的意义,在带来经济效益的同时,将文化的传承繁衍。

美国华盛顿儿童博物馆的墙上有一格言:"我听见了就忘记了,我看见了就记住了,我做了就理解了。"作为具有文化传播功能的当代博物馆,它的使命不仅仅是实物的展示和收藏,如何让人们更主动地走近和记住博物馆,如何将过去现在及未来在博物馆一并体现,如何让文化在当地得到传承及发扬,是博物馆未来发展亘古不变的主题。

五、结语

　　一个单位在不同时期有着不同的中心工作,而档案则是这些工作进行决策、顺利开展,达到效果的重要参考和忠实记录。博物馆是发挥文物公共文化服务和社会教育功能,保障人民群众基本文化权益,拓宽人民群众参与渠道,共享文物保护利用成果的重要文化阵地。笔者认为要深入挖掘研究文物价值内涵,坚持"保护为主、合理利用"等文物工作方针,以物知史,以物见人,将文物带来的既视感渗透融入到百姓中去,让人民群众主动走进博物馆,接近博物馆藏品,享受文化惠民大餐。

注释:

①《中长期青年发展规划(2016-2025年)》所指的青年,年龄范围是14-35周岁。

②崔少岩:《发挥文化休闲功能:博物馆的实践与思考》,《中国文物报》2007年11月16日,第006版。

③易乐:《论中小型博物馆文创产品的开发与经营》,《大众文艺》2013年第18期。

(作者单位:常州博物馆)

浅议南京城墙的数字化保护

◇ 夏 慧

内容提要：随着计算机技术的发展，数字技术被应用到了更多方面。近些年，利用数字技术来管理文化遗产信息，指导考古发掘研究，监控文化遗产环境，已经得到越来越广泛的应用。数字化手段不同于传统的保护方式，可以使一些正在消失的历史文化信息通过数字技术延续生命，数字化技术也是今后南京城墙保护的必由之路。本文详述了借助数字化技术手段对城墙本体上铭文清晰的城砖进行拍照、定位、记录，对南京城墙现存段落进行全景扫描、建模，从而使城墙信息得到最原真性的保存和最大效能的利用。

关键词：南京城墙 数字化 保护

明代南京城从里至外由宫城、皇城、京城和外郭四重城垣组成，如今简称的"南京城墙"一般指第三重的京城城墙。南京城墙，建于公元1366—1393年间，记载周长"九十六里"，实测全长35.267公里。南京城墙不循中国古代都城取方形或矩形的旧制，按照山川、河流的地理形势，从防御的需要，因形随势而建，设计思想独特、建造工艺精湛、规模恢弘雄壮，堪称我国古代城市军事防御系统工程与城垣建造技术的集大成之作。

南京城墙经历过岁月的洗礼、蒙受过战火的硝烟，甚至遭受过人们认识局限下的部分拆毁。值得庆幸的是，在650余年后的今天，它的保存长度仍约占原始城墙长度的三分之二以上。作为目前世界上规模最大、原真性最好的城市城墙，南京城墙已然成为南京极为重要的城市地标与文化名片，蕴含着诸多值得后人挖掘、整理和弘扬的历史、科技、文化、艺术资源。如今，随着"中国明清城墙"联合申报

世界文化遗产工作的不断推进，南京城墙的保护与利用再次成为世人关注的焦点。2018年5月，以"城墙保护利用与历史城市可持续发展"为主题的国际研讨会在宁召开，来自国内外的18位专家学者围绕主题做了精彩的发言。其中，有关文化遗产保护的"真实性"原则被反复强调。那么如何实现对南京城墙历史信息的原真性、永久性保存值得我们深思。

一、遗产保护中数字技术的应用与发展

随着计算机技术的发展，数字技术被应用到了更多方面。近些年，利用数字技术来管理文化遗产信息，指导考古发掘研究，监控文化遗产环境，已经得到越来越广泛的应用。数字化手段不同于传统的保护方式，可以使一些正在消失的历史文化信息通过数字技术延续生命。例如敦煌石窟的数字化工程，自上世纪90年代启动以来，一直处于国内领先地位，是我国文化遗产数字化保护中比较有影响力

的成果。敦煌石窟数字化,利用先进的工程测绘、三维扫描、数字摄影、三维建模与图像处理等技术,实现了对敦煌石窟的建筑结构、壁画与彩塑信息的高精度获取与保存。2014年8月正式运营的莫高窟数字展示中心利用增强现实、数字漫游等技术,使参观者能更全方位、立体化地欣赏到敦煌石窟的魅力。目前,敦煌石窟数字化研究已经进入建立数据库,有效分享研究成果的阶段。敦煌研究院名誉院长樊锦诗说:"壁画数字化在永久保存珍贵历史遗存的同时,为敦煌石窟艺术的保护、研究和弘扬都带来很大空间和新的可能性,具有深远的历史意义。"

二、南京城墙的现状

1.南京城墙本体暗存险情

近30年来,南京城墙作为人类文化遗产的价值得到全社会的普遍认同,在连续不断地进行大规模抢险维修并取得世人瞩目成果的同时,南京城墙风光带的实施也已初见成效,现存的25公里城墙,除涉军的3公里外,基本实现对外开放。目前,南京城墙保存较为完好的段落主要有神策门—九华山段、太平门—光华东街段、东水关—集庆门段、清凉门—石头城段、定淮门—狮子山东侧段,除此之外还有剩余的一些零星段落及城门遗址(图一)。

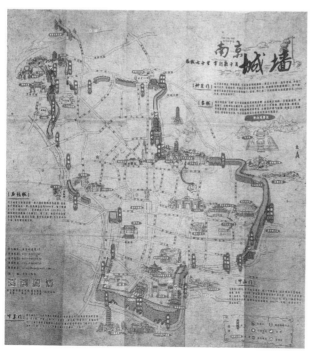

图一　南京城墙现存段落示意图

虽然,城墙外表看似高大稳固、岿然不动,但是

由于长年累月的自然风雨侵蚀与人为因素干扰,特别是历次战火的摧毁与上世纪五六十年代城墙内部大面积开挖防空洞给南京城墙的安全埋下了众多隐患。2016年11月27日,南京城墙小桃园段在无任何先兆的情况下发生局部坍塌,12月23日又发生继发性坍塌,坍塌范围扩大,险情加剧。据专家分析,小桃园段城墙的坍塌就是因常年累月的雨水渗漏侵蚀所致。

2.南京城墙本体城砖铭文的风化与消逝

砖文又称铭文、砖铭,是南京城墙最具代表性的特征,在数亿块南京城墙城砖中有百分之九十以上都带有铭文。南京城墙城砖铭文涵盖内容十分丰富,包括城砖的烧造产地、烧造时间、烧造责任人或单位等众多信息,作为未经入藏图书馆的珍贵历史资料,不仅是研究南京城墙重要的基础资料,更是南京乃至中华民族一笔丰厚的文化宝藏。

图二　城墙本体上逐渐消逝的城砖铭文

目前我中心收藏的铭文城砖共计一千余种,然而,绝大部分带有铭文的城砖仍散落在各段城墙上,长期受自然、人为因素影响,城砖铭文受到不同程度的破坏与风化,许多珍贵的铭文信息正逐渐消逝,亟待采集与保护(图二)。

3.南京城墙砖散落各处

在城市由传统封闭型向近现代开放型转变的趋势下,20世纪,全国各地掀起了拆城运动。其间,不同程度拆除城墙的城市达上千座,南京城墙也是在那个时期被拆除了十余公里。拆除的城墙砖不仅被用来修筑马路、学校、饭店等公共建筑,也被市民搬回家建屋、垫路。至今,在南京现存的大型民国建筑中，有许多就是以明城砖为主要建筑材料的，如扬子饭店旧址、江苏酒家旧址、中央陆军军官学校旧址、南京大学鼓楼校区北大楼与小礼堂等。此外，在南京老旧民居的拆迁工地上也频繁发现大批的明城砖(图三)。

图三　南京某工地城砖回收现场

2016年南京城墙保护管理中心启动了"颗粒归仓"活动，对散落的明城砖进行回收，并对提供城砖回收线索的市民进行奖励。截止2018年底，回收城砖近20万块，为明城砖的集中管理以及明城墙的保护维修提供坚实保证。

三、南京城墙的数字化保护

1.启动南京城墙本体砖文信息采集项目

2018年9月，南京城墙保护管理中心正式启动了南京城墙本体砖文信息采集项目，率先选取城砖数量最多且保存较为完好的"南京城墙解放门至太平门段"作为首批试点段落，开展了城墙本体清晰铭文城砖的采集工作。由于城墙体量巨大、城砖密集，在采集的过程中，为了保证采集区域内的清晰铭文城砖不遗漏、不重复，采集人员通过"地毯式"搜索的方式对城墙的女儿墙、雉堞、城墙顶面，以及城墙本体两侧的每一面墙体进行仔细查找与筛选。对于女墙、雉堞，城墙本体两侧高度2米以内的人力可及采集范围，采集人员通过GPS定位和高清数码相机拍摄记录清晰铭文城砖的坐标定位与图片信息；对于城墙本体两侧人力不可及的采集

范围，则借助三维激光扫描和无人机拍摄来记录清晰铭文城砖的坐标定位与图片信息。

2018年，南京城墙本体砖文信息采集项目完成了近5000块清晰铭文城砖的照片拍摄与坐标定位，实现了对城墙本体清晰铭文城砖信息的抢救性保护与原真性保存。目前，南京城墙拟继续开展二期乃至三期南京城墙本体砖文信息采集项目，逐步对现存所有南京城墙段落本体上的清晰铭文城砖进行信息采集。同时，计划在城墙本体采集工作完成之后，打破固定思维，对民国老建筑中的南京明城砖信息进行采集，力求将南京城墙砖文信息采齐采全。

2.构建南京城墙三维立体模型

在2018年南京城墙本体砖文信息采集项目中，为了更好地实现对本体清晰铭文城砖的科学定位，采集人员借助无人机拍摄了大量的城墙航拍照片，对采集段落构建了一个基础的三维立体模型。通过这个三维模型，我们可以较为直观地查看城砖在城墙本体上的位置。因此，我们完全有理由设想今后可以构建现存南京城墙段落的三维立体模型。一方面，可以用于今后南京城墙博物馆内的数字化展示，让观众在馆内便能一睹城墙恢弘壮丽的风采，有效缓解节假日高峰时期部分城墙段落参观拥堵的情况，减少城墙承载的压力。另一方面，还可以将尚未开放的涉军段落全景展示给观众，让观众先睹为快。

与此同时，我们还可参考圆明园的数字重建工作，在南京城墙现存段落数字化模型的基础上，根据史料的记载与描绘，恢复重建城墙已消失的段落，让观众可以更加切实地感受南京大明城墙昔日壮丽的风采，并借助这种虚拟现实技术为城墙部分段落的维修或者城门城楼的复建提供更为直观的依据。

3.建立南京城墙城砖铭文数据库

为了更好地实现对南京城墙城砖信息的存储与利用，2018年，南京城墙保护管理中心启动了"南京城墙城砖铭文数据库"的建设工作，对目前中心馆藏和城墙本体上铭文清晰的城砖信息进行存储，为挑选入库的城砖建立单独的电子档案卡，并最终形成规范永久、不断补充和可供查询利用的城

砖铭文电子资料库。

南京城墙城砖铭文数据库的建设,不仅可以永久保存城砖的质地、尺寸、保存状况等信息,还可以对现有城砖铭文信息进行更为全面深入地梳理、分类与挖掘,以便于研究者进行查询、搜索、统计,同时还可以及时发现新增的城砖铭文信息。南京城墙城砖铭文数据库不是一般的藏品管理数据库,而是为南京城墙研究提供基础素材的资料库,其建设是一个不断积累的过程,需要长期坚持不懈地补充和完善,随着馆藏与城墙本体上可供采集城砖数量的增加,数据库包含的信息也将日趋丰富。

四、结语

由于文化遗产本身面临的濒危处境,利用先进的计算机技术对具有重要历史价值的文化遗产进行真实、系统和全面的记录,进而实现虚拟再现、建立永久档案和数据库是文化遗产保护的重要策略。数字化保护相比起传统方式,有着诸多优点,如存储成本低,存储信息量大,信息利用率高等,而且想要全面、永久地保存文化遗产的信息,必须依靠数字化技术。

数字化技术是今后南京城墙保护的必然趋势,它不仅是对城墙进行原真性记录与科学保护的技术手段,更是对城墙进行深入研究与全方位展览展示的重要基石。我们一方面要积极学习借鉴敦煌石窟、云冈石窟、圆明园等先进的数字化保护经验,同时也要仔细分析南京城墙的实际情况,建立一套适合自身的数字化保护体系,以实现最佳的保护与利用效果。

参考文献:

[1]朱明娥:《旷世城垣——南京明城墙》,南京出版社,2018年。

[2]杨国庆、王志高:《南京城墙志》,凤凰出版社,2008年。

[3]樊锦诗:《为了敦煌的久远长存——敦煌石窟保护的探索历程》,《敦煌研究》2004年第3期。

[4]秦境泽:《文化遗产数字化保护问题研究》,兰州大学硕士学位论文,2012年。

[5]谷阿靖:《敦煌文化的数字化再现及旅游体验设计》,西北师范大学硕士学位论文,2015年。

[6]《南京明城墙局部坍塌 600年前埋隐患?》,《现代快报》2016年11月28日。

[7]《南京城墙建模定位,无人机航拍"铭文照"》,《南京日报》2018年10月8日。

[8]《上亿块城墙砖文要数字化!3年后在南京城墙博物馆见!》,《紫金山新闻》2018年10月12日。

(作者单位:南京城墙保护管理中心)

石屏县彝族海菜腔的传承现状及对策研究

◇ 程晓丹

内容提要：海菜腔是起源于云南省红河州石屏县异龙湖附近的原生态民歌。作为我国优秀的国家级非物质文化遗产，受到了世界各地文化研究者的广泛关注。本文运用影视人类学的调查方法，用影音拍摄及文字记录的方式，以石屏县龙朋镇为中心，对海菜腔代表性传承人进行采访，结合海菜腔传承的现状及存在的问题做一梳理，以探索海菜腔传承的最佳模式。

关键词：海菜腔 传承 非物质文化遗产 彝族 石屏

海菜腔是起源于石屏县异龙湖附近的原生态民歌，又称石屏腔、大攀桨、倒扳桨，本义为在"海"上唱的腔。因旋律像异龙湖中的草本水生植物"海菜"一样随水波起伏不定、悠远绵长而得名，同时也被称为天籁之音。主要流行于云南省红河哈尼族彝族自治州石屏县尼苏人（彝族支系）村落，目前调查发现在龙朋六街、陶村鸭子坝、牛街等地仍有流传。海菜腔以石屏县为中心和起源地，主要向东辐射延伸，在建水、个旧、开远、通海等汉族聚居区也有海菜腔的身影。在上千年的历史发展中，海菜腔流传下来许多经典的曲目，代表性曲目有《石屏橄榄菜》《哥唱小曲妹来学》等，主要描写彝族人民的日常生产生活，尤其是男女爱情。

海菜腔是云南彝族特有的民歌，由青年男女在对情歌找姻缘的说唱中衍变而来，逐渐形成了独特系统的唱法——海菜腔。海菜腔的内容来源于彝族同胞的生产劳动和生活，有合唱、对唱、齐唱等多种形式，旋律变化多样，或柔美轻盈或含蓄深沉或热情奔放或明朗激昂，大都为即兴发挥，看场合及情境顺口而出，因此万事万物都能成为海菜腔的歌词。

石屏县彝族同胞以能歌（海菜腔）善舞（烟盒舞）而闻名，海菜腔不仅代表了石屏县彝族的传统文化，也是我国民族文化宝库的组成部分，同时海菜腔已成为国人了解彝族传统文化的重要渠道。

一、海菜腔传承的现状

彝族海菜腔于 2006 年 5 月 20 日经国务院批准，列入了第一批国家级非物质文化遗产名录。但代表彝族优秀传统文化的海菜腔，传承现状不容乐观，已经濒临灭绝。目前国家级非物质文化遗产海菜腔传承人在世的仅有后宝云老先生一人，另一传承人阿家文老先生已经去世，后宝云老先生也已70 多岁的高龄，能完整演唱的老一辈艺人少之又少，李怀秀、李怀福姐弟是海菜腔中青年的中坚力量。

根据笔者的调查发现，海菜腔的传承得到了石

屏县政府的大力支持,目前主要有以下几种传承方式:

1.传统师传徒承

根据笔者对几位海菜腔传承人的采访调查来看,对海菜腔的学习大都为师传徒承的方式。

后宝云老先生是在12岁的时候跟着当时75岁的李华文老师学的,现在他的三个儿子还有孙子孙女都在他的教授下,能完整的演唱海菜腔。

民间艺人李怀秀在小学三年级就跟随启蒙老师学习海菜腔,后跟随施万恒、后宝云等前辈学习。1993年,在中央民族音乐学院田丰教授创办的云南民族文化传习馆跟随阿家文(国家级非物质文化遗产传承人,已故)老师学习。

阿家文生前向儿子阿进旺、孙子阿志发传授海菜腔及四弦琴的弹奏技巧和制作技艺,附近的村民也都慕名前来学习海菜腔成为其徒弟。

纵观这几位海菜腔传承者的学习之路,无一不是跟随老师学习。这和海菜腔的特点不无关系,演唱海菜腔需要气息悠长,声调转变较大,这些都需要一定的音乐专业知识和切身实践,以及长时间的基本功训练,老师的作用在学习中不可替代。通过老师的教诲,才能基本掌握海菜腔的演唱技巧,才能深刻体会海菜腔这一文化遗产的特殊魅力,所以师徒传承是目前海菜腔最主要的传承方式。

2.依托传习所,集中培训

除了师徒传承,石屏县龙朋镇还建有海菜腔传习所。龙朋镇海菜腔的传习所地点在恒昇小学,该传习点于2013年由民间筹办,利用学校寒暑假停课时间开班,并得到了政府的支持。据在传习所执教的李怀秀老师介绍,该传习所自开办以来得到了县文化馆的大力支持,学生免学费,就餐、住宿由文化馆提供支持。但随着学生由最初的几个人发展到现在的上百人,资金逐渐出现短缺,2017年县里给了十万的经费,其余的经费由李怀秀自己垫付,此外传习所的所用的桌子、凳子部分是由当地热心的群众提供的。

该传习所按学生年纪分大小两个班,这样可以根据孩子们的接受水平因材施教。海菜腔由于腔调过于复杂,需要逐句传授,但在老师的耐心教授下,

同时受环境的熏陶,学了几个星期的小学生就可以唱的有模有样。该传习所与别处不同在于其拥有自己的陈列室,陈列有农耕用具、乐器、服饰、碟片等,一动一静,更能有效的激发孩子们的学习兴趣。另外每个寒暑假培训班结束时还有汇报演出,作为对这一阶段学习的总结,同时也是给当地同胞展示海菜腔的传承效果, 这也是我们在其他地方没见到的。

国家级非物质文化遗产海菜腔的传承人后宝云、烟盒舞的传承人施万恒、民间艺人李怀秀、李怀福姐弟等都在此任教。

龙朋镇得天独厚的条件使得海菜腔名声大噪,在举办寒暑假培训班时,很多远在昆明、大理的家长把孩子送过来学习海菜腔。在培训班的影响下,海菜腔慢慢向龙朋镇周边辐射,据后宝云老先生讲,曾经有一位日本学者慕名跟随他学习了一年的海菜腔。

后宝云先生教唱海菜腔

李怀秀唱海菜腔

施万恒先生弹四弦琴

3.依托传承人的生活地点,向周边辐射

国家级非物质文化遗产海菜腔的传承人后宝云生活在龙朋镇的巴窝村。在90年代,该村小学就请他到校教唱海菜腔,同时,他还利用学生的休息时间,把对海菜腔有兴趣的学生集中在一起学。2009年,巴窝村海菜腔文化传习所建成,学生除了在学校学习海菜腔,还能利用周末时间到传习所学习。

国家级非物质文化遗产烟盒舞的传承人施万恒,同时也是一名海菜腔的传授者,他生活在龙朋镇桃园村,该村小学也经常邀请施万恒到学校教唱海菜腔。

已故国家级非物质文化遗产海菜腔传承人阿家文生活的石屏县哨冲镇曲左村,也是一个学习海菜腔的聚集地。

4.依靠民族风俗,举办海菜腔比赛

每年定期举办的"二月初十赛歌会""六月二十四""豆腐节""荷花节"等是石屏县彝族人民赛歌赛舞的日子,这也是展示本地特有文化——海菜腔的重要场合,通过比赛提升海菜腔的知名度,也是海菜腔传承、发展的模式之一。

海菜腔的传承人充分利用各种条件努力将这一宝贵的文化遗产传承下去,从中我们看到了这一文化遗产的希望,但我们也可以看出受物质条件的约束,传承工作还是有很大的局限性。

二、海菜腔传承、发展存在问题

近年来,尽管石屏县政府对海菜腔的发展、保护、传承采取了一系列的措施,但由于受到外来文化的冲击,海菜腔赖以生存发展的文化环境正在发生变化。海菜腔的发展面临着即将消逝的现实,受原始音乐条件及彝话的限制,海菜腔的传承也面临极大困难。目前海菜腔的传承及发展存在的问题有:

1.传承人年龄偏大且人数较少

海菜腔的传授方法一般为口授,没有乐谱。尽管施万恒、后宝云等各位老师整理了基础教材,但对于深入研究和继承发展海菜腔还远远不够。因为海菜腔有独一无二和即兴发挥的特点,很多学生无法灵活掌握,离开了传授老师,大部分学生还是有点"摸不着头脑"。所以仅靠这几位老师的传授,海菜腔仍有面临消逝的危险。

国家级非物质文化遗产海菜腔传承人中,阿家文老先生已经去世,后宝云老先生已经是70多岁的高龄了,烟盒舞传承人施万恒也已古稀之年,精力都已经大不如从前,加之专业传授海菜腔的师资力量严重匮乏,相对来说也制约了海菜腔的发展。

2.流行音乐的冲击

在当今社会,人们尤其是青年人社交和娱乐的途径主要是通过网络和电子产品,与之前每晚举行群体的娱乐活动不同,很多人更愿意待在家里,海菜腔赖以生存的社会环境正在消失。笔者在调查中注意到,当地的青年人对电视剧、综艺节目非常感兴趣,但是聊到海菜腔却没多少兴趣,他们认为这些原生态、传统的民间音乐已经不符合大众娱乐潮流,尤其是青年人对于娱乐、音乐的追求和品味已经偏向快节奏化。他们更愿意接受流行音乐、说唱音乐等,对海菜腔的关注程度越来越低。

3.海菜腔的观赏性强于原生态性

受外部环境影响,云南作为我国通往东南亚、南亚的重要路上通道,这些优越的条件在给云南经济发展带来机遇的同时,也对本土的少数民族文化资源带来冲击。受外来文化的影响,当地人的生活方式逐渐汉化,外地游客涌入的同时对音乐的欣赏性提出了新的需求,由于生存、生活的需要,海菜腔的发展也因此由自发性的原生态表演逐渐演变为迎合外来游客的欣赏性演出,海菜腔同时也有了更多其他音乐元素的融入,影响了海菜腔原生态的发展,过去田野劳作的欢歌场面已经很难再出现了。

三、海菜腔发展的几点思考

海菜腔因为其独特的唱法,享誉国内外,但是我们也看到目前海菜腔的发展并不容乐观,如何能让海菜腔长期有效的发展并传承下去是迫切需要解决的问题:

1. 政府高度重视非物质文化遗产海菜腔的传承

文化事业的发展需要政府的支持。现在海菜腔的发展需要政府给予一定的人力、物力、资金的支持,同时也需要政策的支持。有了政府部门资金、政策的保驾护航,传承人才能没有任何顾虑的大步带领传承人向前走,去宣传海菜腔这一彝族文化的灵魂。

2.增强民族自豪感,形成学习本民族文化的自觉性

海菜腔于 2006 年 5 月 20 日经国务院批准列入第一批国家级非物质文化遗产名录,有力的说明了国家对民族传统文化的绝对认可。但从调查的情况看,大部分人没有意识到发展、传承海菜腔对彝族民族文化的重要性和紧迫性。海菜腔能否全面在石屏县、红河州、云南省甚至全国、全世界取得发展,首先需要政府部门的宣传,大力普及海菜腔的知识,同时让当地百姓意识到海菜腔的发展、传承对本民族的重要性,对于提升本民族文化自信的紧迫性,坚持不懈的开展宣传教育工作,是对海菜腔发展根基的一个重要保证。

其次要大力鼓励、支持传承人走出去,向更多的人展示海菜腔的独特魅力,这样吸引更多对海菜腔感兴趣的人士前来学习。

3.亟需一批专业人士重新构建海菜腔的编曲

海菜腔的发展、传承一方面需要专业人士的介入提供帮助,但是更需要本地艺术家们的共同努力。组建海菜腔专业人士队伍,在保证海菜腔原生态的基础上,不仅能降低演唱难度及曲调长度,使之简单易学,满足入门级的学员,培养学习海菜腔的兴趣。同时组建海菜腔的专业文化研究、普及等一列的服务机构,能让学生更加深入学习海菜腔,才能保证海菜腔的传承能够科学有效,适应当今社会发展。

海菜腔的传承需要广泛招贤纳士、重点培养、普及教育,需要有广大的群众基础,这样才能让海菜腔走到民族音乐的前沿,同时培养专业的、有潜力的海菜腔接班人,从而让海菜腔的传承工作得到有序、有效的发展、传承,进而让海菜腔的传承立于民族音乐传承的前沿,同时也为其他民族的原生态音乐的保护与传承提供模式。

4.充分利用石屏县传统节日活动,定期举办海菜腔比赛,加大对比赛的宣传力度

在少数民族聚居的地方,一旦有重大的节日,各地都会举办各种具有代表性的活动。像白族的绕三灵、楚雄彝族的火把节等,石屏县也不例外,每年定期举办的"二月初十赛歌会",主要是海菜腔的比赛。比赛不仅能够扩大海菜腔在本地区的影响,更能推动海菜腔的保护与传承。同时也选拔出一些优秀的选手,以个人或是团队的形式来展示海菜腔,来开辟海菜腔的潜在市场,像李怀秀、李怀福姐弟在青歌赛比赛时展现的海菜腔模式,是值得海菜腔专业爱好者学习的。多多发展潜力人员参加大型活动,能够增加海菜腔的知名度及受众群体,同时有更多的传承、发展海菜腔的机会。

5.充分发挥博物馆在保护传承文化遗产方面的作用

保护民族传统优秀文化是作为博物馆人的责任,那么我们就要充分利用博物馆这一媒介。

一是依靠博物馆的专业人士及拍摄器材,做好影音拍摄记录工作。将濒临灭绝的海菜腔通过博物馆的专业人士,用现代化的影音记录设备将海菜腔的原始风貌记录保存下来,储存在硬盘上或刻成光盘,用多媒体来循环播放,增加海菜腔的"曝光度"。云南民族博物馆非遗影像拍摄小组已经拍摄了近 30 项国家级非物质文化遗产名录,在记录保存非物质文化遗产影像方面已经积累了不少的经验。

二是利用博物馆展览的平台,通过多种形式向广大观众普及海菜腔的知识,并通过博物馆这一媒介做专题展览。把海菜腔的源流、发展及现状以展览的形式呈现给观众,并邀请后宝云老先生、李怀秀姐弟、施万恒等艺人现场展演海菜腔,动静结合,让更多观众了解海菜腔的独特魅力。如云南民族博物馆非遗影像拍摄小组在每年的文化与自然遗产日都会做一个非遗展,如"手工造纸——记东巴纸与傣族白棉纸两项国家级非遗手工技艺""苗族印染文化展""陶·忆"展等,实物与文字相结合、高科技的运用,并有艺人的现场展示,让来馆观众深入了解非物质文化遗产的独特魅力,这些经验也不失为展示海菜腔、普及海菜腔知识的方法。

四、结语

海菜腔是石屏县彝族同胞创造出来的宝贵财富,深深植根于彝族人民日常生产生活之中,是彝族人民智慧的结晶,它代表着石屏县彝族人民的文化内涵。如何让海菜腔得到长期稳固的传承、发展,而不是将它隔离于现代社会之外,并能让其具有鲜活的生命力的同时保持原生态,是我们文化遗产保护工作者肩负的重要任务。

(作者单位:云南民族博物馆)

宁夏固原南塬隋唐墓地出土壁画的工艺研究与保护修复

◇ 宋晶晶　乔国平　严　静　王啸啸

内容提要：本文对宁夏固原南塬 M1401 墓葬出土壁画进行详尽的病害调查，并借助科学分析手段进一步了解壁画的制作工艺及保存现状，为制定科学合理的保护修复方案提供了理论依据。修复过程中遇到的具体问题，选择最安全合理的修复方法，通过对壁画的揭取、加固、补全、支撑体粘接等方法延长了文物的保存寿命并达到了较为理想的保护修复与陈展效果，为隋唐壁画保护与研究提供重要的技术及实物资料。

关键词：隋唐壁画　病害调查　制作工艺　保护修复

2014 年宁夏文物考古研究所对固原南塬隋唐墓地 M1401 号进行抢救性发掘，该墓葬是一座平面呈刀把形的带斜坡墓道的单室土洞墓，由封土、墓道、5 个过洞、5 个天井、甬道、墓室组成。在该墓葬的发掘和清理中发现该墓葬绘有大面积彩绘壁画，在墓道发掘完毕后，文保人员第一时间进入墓道，对壁画展开现场调查及现场保护。

一、壁画的现场调查

1.壁画分布及保存状况

M1401 壁画基本满绘，不同内容的画面均用红色边框进行分隔。壁画图案主要分布在墓道东西两壁、过洞南口上方、天井东西两壁（第四天井因掏挖壁龛除外）、甬道东西两壁及墓室。由于墓室坍塌，壁画受到很大的破坏和污染。墓道内保存下来的有西壁前端的兽足与祥云，东西两壁后端仪卫图；第二、三、四过洞口上方残留有部分壁画，内容

图一　墓葬形制

均为墨线勾勒卷草纹。五个天井东西两壁均绘壁画（第四天井掏挖有壁龛除外），除第五天井东西两壁因坍塌图案不明外，第二、三天井东西两壁分别绘制持两幅笏属吏图。甬道用砖券成，壁画保存相对较好，东壁绘仕女及女侍各一，西壁绘仕女及童子

各一。墓室四壁皆绘屏风画，东、西、北三壁各绘6屏，甬道口所在的南壁绘3屏。由于东、南、西三壁壁画直接在土墙上作画，墓室坍塌，因此壁画基本脱落殆尽；北壁壁画是在青砖墙上做草拌泥地仗层再绘画，保存较好绘有4幅人物图及1幅玄武图。

1.墓室北壁壁画

2.第五过洞两侧壁画

图二　墓葬壁画

2.病害调查

该批壁画局部壁画背面泥土层过薄不稳定、大部分壁画无草拌泥层且颜料很薄，主要存在病害：地仗脱落、残缺、开裂、颜料层脱落、颜料层裂隙、颜料层泥土覆盖、画面错位、植物危害、人为破坏等①。

1.错位

2.颜料层脱落

3.错位

4.地仗层脱落

图三　壁画病害

二、制作工艺及分析检测

1.壁画制作工艺

墓葬壁画制作形式共分为两种：一种在墓葬原生土上直接涂刷白灰层，然后在白灰层上作画；另一种先做一层草拌泥层，然后在草拌泥层上刷白灰层，再在白灰层上作画。墓室北壁和甬道东西两壁的墙壁由青砖砌成，墙面上的壁画属于后一种制作形式，因此壁画做法及保存情况与其他部位有所不同，仔细观察北壁壁画的地仗土层可以看到掺拌的麦草纤维痕迹以及刷子涂刷白灰层时留下了明显的刷痕。墓葬中除墓室及甬道东西壁外，其余壁画都属于第一种制作形式。

1.北壁砖砌墙壁

2.北壁地仗土层草拌泥痕迹

图四　考古现场壁画调查

通过对壁画样品包埋后剖面显微照相。由图可以明显看出壁画的制作工艺，即地仗土层上有一层较为薄的白灰层，厚度大约在 101.98～400.03μm，其上绘制壁画，颜料层的厚度分布极为不均，最薄的仅有 28.59μm，最厚的有169.03μm。

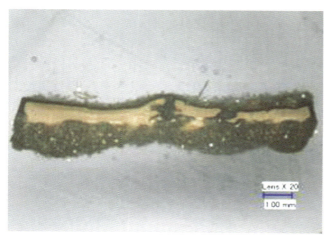

1.蓝色颜料块的剖面观察(×20)

2.红色颜料块的剖面观察(×20)

图五　壁画样品剖面显微图像

2.颜料分析

(1)色度测量

采用 VS-450 型色度计对壁画颜色进行了测量，具体结果见表1表2。其中 L^* 代表亮度；a^* 代表红绿值，a^* 值越大颜色越红，a^* 值越小颜色越绿；b^* 代表黄蓝值，b^* 值越大代表颜色越黄，b^* 值越小代表颜色越蓝。C^* 代表饱和度。通过图表可知肉眼观察相同的颜色，其实际测量值确有一定的差异。现场第一时间对色度进行测量，可以对以后壁画颜色的变化进行追踪测试，对比颜色变化的程度。

表一　白黑色系列颜色色度

名称	L*	a*	b*	C*	ho
甬道东壁白色1	61.71	3.06	11.47	11.87	75.08
甬道东壁黄色1	62.15	7.73	23.59	24.82	71.87
甬道东壁黑色1	47.6	5.37	15.61	16.51	71.01
甬道东壁黑色2	47.06	5.28	15.32	16.21	71.00
墓室南壁白色1	70.68	7.09	23.38	24.43	73.13
墓室南壁白色2	73.84	3.36	15.51	15.87	77.77
墓室南壁白色3	66.63	7.08	20.9	22.07	71.29

表二　红色系列色度记录

名称	L*	a*	b*	C*	ho
墓室南壁西侧红色1	39.63	13.25	15.87	20.68	50.13
墓室南壁西侧红色2	47.7	16.25	19.59	25.45	50.32
墓室南壁西侧红色3	55.63	7.58	14.62	16.47	62.59
墓室西壁中部红色1	45.04	10.52	14.82	18.18	54.64
墓室西壁中部红色2	45.41	13.22	20.07	24.03	56.62
墓室南壁东侧红色	45.49	10.14	15.88	18.84	57.45
甬道西壁红色	54.08	17.03	23.74	29.21	54.35
甬道东壁人物嘴部红色1	68.69	7.56	21.86	23.14	70.92
甬道东壁人物嘴部红色2	70.15	7.23	22.02	23.18	71.82
甬道东壁红色	54.94	17.71	22.49	28.62	51.77
墓室东壁红色1	46.48	15.93	18.48	24.4	49.23
墓室东壁红色2	44.61	8.99	14.39	16.97	57.99

（2）显微观察

采用超景深视频显微镜对附有颜料的文物样块进行观察，发现红色颜料确实有两种，分别为暗红色（图六，4）和亮红色（图六，5）；黄色、绿色都能看到比较明显的矿物颗粒；但蓝色却不明显，结合未分析出 Cu 元素，推测蓝色可能是有机染料。

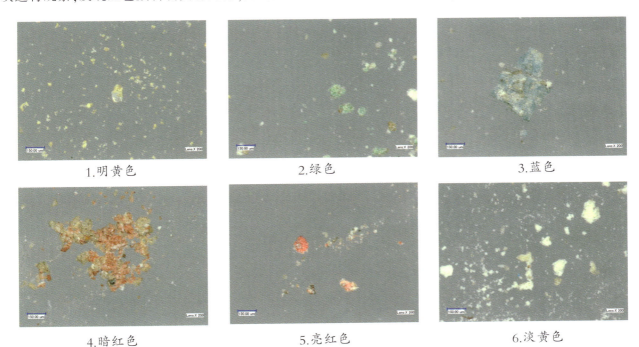

1.明黄色　　　　2.绿色　　　　3.蓝色

4.暗红色　　　　5.亮红色　　　　6.淡黄色

图六　颜料显微观察

（3）XRF 元素分析

在发掘现场采用便携式 XRF 对壁画颜料进行了元素分析，通过分析可知，白色底子层含有较多的 Ca 元素，可能是碳酸钙或石膏；较亮的红色中含有 Pb 元素，较暗的红色中 Fe 元素含量高；绿色含有较多的 Cu 元素，蓝色含有较高 Fe 元素；黄色含有 Pb、Fe 元素，结果见图七。

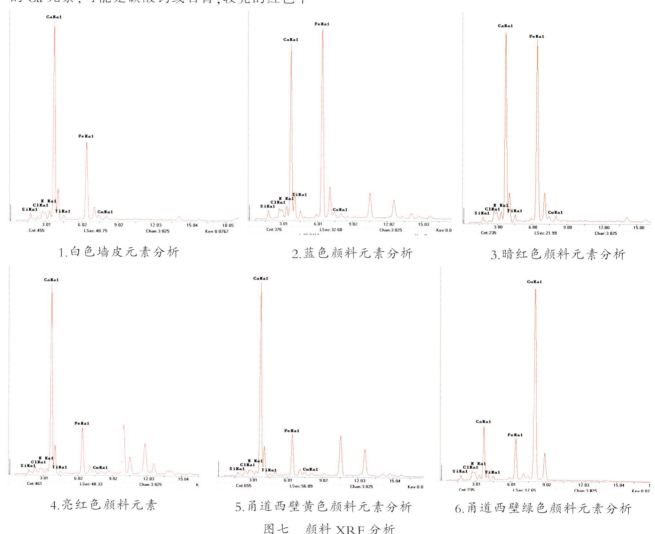

1.白色墙皮元素分析　2.蓝色颜料元素分析　3.暗红色颜料元素分析

4.亮红色颜料元素　5.甬道西壁黄色颜料元素分析　6.甬道西壁绿色颜料元素分析

图七　颜料 XRF 分析

（4）拉曼分析

对显微观察过的样品及其他一些样品进行了拉曼分析（Renishaw InVia），与标准谱库对比后，确定黑色颜料拉曼位移在 1310、1580cm⁻¹ 处发现炭黑的特征峰；绿色颜料在 153.8、181.3、219.7、271.2、433.8、537.1、1051.1、1492.2cm⁻¹ 处拉曼位移为孔雀石的特征峰；黄色颜料在 824.4、320.3cm⁻¹ 处连个宽峰为钒铅矿；亮红色颜料在 252.1、343.2cm⁻¹ 处拉曼位移是朱砂的标准峰[②]。

三、现场预加固与揭取

在揭取前需对壁画做初步的现场保护。此次共揭取壁画 16 幅。操作步骤如下：1.用脱脂棉蘸取乙醇及蒸馏水清理表面附着物。2.用 3%-5% 的 AC33 水溶液对壁画表面酥碱、空鼓部位进行渗透加固，防止进一步脱落。3.大致清理后，对壁画进行临摹。4.通过红外灯对壁画照射加热以蒸发壁画水分。5.将桃胶轻薄的涂刷于壁画表面，再粘贴两层纱布。6.按照壁画的外廓确定壁画的切割线，用铲刀插入壁画地仗层与墙体之间进行剥离。7.将揭取的壁画背面朝上置于木质夹板之上，将墓葬原土均匀覆盖于壁画背面，再覆盖一张夹板用铁丝将壁画固定。

四、确定壁画修复保护方案

1.确定壁画修复保护方案

依据文物保护修复的基本原则，以及长期壁画保护修复的经验,在先期分析判断的基础上,制定保护修复方案。根据壁画制作工艺以及壁画病害状况,对表面清洗、渗透加固、过渡层料、支撑体等材料等方材料进行局部模拟实验,选取适合本壁画的保护修复材料。

M1401墓出土壁画大多数无地仗层或地仗层较薄,加之出现的诸多病害,可利用墓葬原土对过于低凹的地仗层进行填补起到模拟原地仗层的作用;选取不同浓度的B72对壁画背面渗透加固、对壁画起甲及脱落进行粘合回帖、以及处理表面的加固及空鼓修复等等;为增加整幅壁画的力学强度在壁画背面粘贴化纤网纱制作过渡层;选用蜂窝铝板作为支撑体材料。

修复保护的程序为:背面清理、加固—粘贴化纤过渡层—揭区纱布—回帖—清理—加固—地仗补全—错位处理—修色—粘贴支撑体。

2.壁画背面保护修复

令壁画背面朝上打开包装,观察壁画背面可发现地仗土层夹杂砖块、碎石残痕、植物根系、暴露的白灰层以及由于地仗完全缺失造成的纱布暴露等等。

(1)清理:清理壁画背面杂质及浮土,将背面较为坚硬过厚土层用松土剂软化后逐层剔除。

(2)地仗补缺:为防止后期加固时B72沿地仗缺失处渗透至壁画正面,应先对地仗完全全缺失处进行补泥处理。首先用滴管吸取配置好的AC33水溶液,将其滴于地仗层完全缺失的部位及其边缘区域,稍加渗透后将之前收集的地仗浮土进行筛选,去掉杂质后研磨至粉末状,用去离子水调制成泥膏状填补在地仗缺失或低洼处。

(3)初步加固:利用3~5%B72乙酸乙酯梯度溶液对壁画背面进行初次渗透加固,由低浓度向高浓度逐次渗透,每次加固时,待B72基本完全渗透后再进行下一次加固。直至B72无法继续渗透时说明已完全加固。

(4)制作过渡土层:此批壁画地仗层较薄甚至没有地仗层,通过背面整体加涂泥层的方法增加壁画的厚度。首先利用刮刀等工具将配置好的泥膏覆盖于整幅壁画背面,补泥的具体厚度视原壁画的厚

1.处理背面土层

2.对地仗缺失部位补泥

3.对壁画背面进行初次渗透加固

4.背面贴纱布

图八 壁画背面修复保护

度而定,对于原本较薄的壁画可以适量增加补泥厚度,每幅壁画厚度可视自身情况而各有不同,一般情况下原壁画厚度加补泥厚度应保持在 0.5cm 到 1.0cm 之间。通过补泥制作过度土层相当于增加地仗土层厚度达到增强整幅壁画力学强度的目的;并且可以确保整幅壁画厚度均匀、壁画背面处于同一水平面,便于对壁画正面进行其他操作。待过渡土层完全固化后,利用 3~5%B72 乙酸乙酯梯度溶液再对其进行多次渗透加固。

(5)粘贴化纤过渡层:经实验,配置 10:3 的 AC33 大理石粉膏状胶体,将两层化纤纱布贴敷于壁画背面。通过制作过渡涂层以上制作过渡层的方式,增强了壁画的力学强度及柔韧性。

3.壁画正面保护修复

(1)揭取纱布:把毛巾平铺于纱布表面,将温度高于 80 度的去离子水倒于毛巾上,利用热熔法待桃胶软化后,将已经与壁画分离的纱布轻轻揭取。对于较难揭取的部位,可用乙酸乙酯对其局部浸敷后再进行揭取。整个揭取过程中需动作轻柔,避免

强行撕拉对壁画表面的颜料层与白灰层造成破坏。若壁画有小面积脱落的现象,利用 15%b72 及时将其回帖至原位,以免发生移位或遗失。

(2)揭取纱布后对壁画进行详尽的病害调查、拍照、绘制病害。

(3)回贴加固:首先用洗耳球或软毛刷清除起甲缝隙或脱落面的尘土,然后在起甲或脱落部位沿缝隙除向夹层中间注射 15%b72 乙酸乙酯溶液,用镊子将起甲或脱落部位回帖至地仗层,借助工具将其抚平。

(4)清理泥渍:用乙醇或蒸馏水对表面泥渍软化,用棉球擦拭。

(5)清理霉斑:用毛笔蘸取 5%胰蛋白酶涂覆在霉斑表面,然后用去离子水清洗,再敷贴两层纸巾吸附污物和色素。

(6)加固:对于壁画表面出现的裂隙,利用滴管吸取 15%AC33 水溶沿裂隙处滴入渗透,并借助木质手柄或其他圆滑的工具通过按压的方式,尽量将裂隙封闭合拢。

1.揭取纱布

2.清理附着物

3.对起甲部位注射 B72

4.对残缺地仗补全

图九　壁画正面保护修复

(7)地仗补缺：将适量原土泥膏填补至地仗残缺低洼处，补缺区域略低于原始画面1mm左右，使得整体高度协调但又具有可辨识度，再5%到10%的梯度b72乙酸乙酯溶液对补缺区域进行渗透加固。需要注意的是，对于由于地仗错位而引起地仗低于或高于周围画面的情况，并不属于地仗残缺，因此不对其进行补缺处理。

(8)错位处理：个别壁画因地仗错位变形严重影响整体画面的协调性，可进行矫型处理③。首先用乙酸乙酯软化错位缝隙间裸露的地仗土层，软化后沿错位裂隙将壁画切割分离，然后对错位部位软化抚平，将矫形好的壁画重新拼接，并在背面固定好纱布，在壁画正面空隙部位用泥膏补全，使其略低于周围壁画，对填补区域用b72乙酸乙酯溶液对填补区域进行渗透加固。

(9)清理表面附着物：清除后期修复时表面沾染的人为污染物。

(10)修色：对于人工补泥的区域，通过调配颜料对其作色，使其与壁画原本地仗土层颜色接近。

4.支撑体的制作与粘接

蜂窝铝板具有强度高、缓冲性强、不易变形且质量轻的特性，是壁画背面的支撑材料。

(1)处理蜂窝板：用角磨机将蜂窝铝板打磨粗糙后，在板上标记出壁画的外廓确定壁画粘贴位置，在粘贴区域胶内用电钻每隔5CM在板子表面钻孔(后续填充胶固化后在孔内形成类似钉耙的效果，有助有增强粘接强度)。

(2)粘贴壁画：选用10:3的AC33石粉作为粘合材料，利用ASE60调节胶体黏稠度。首先将胶体均匀填充于标记的轮廓线内，然后将壁画粘贴于蜂窝上，将多余的胶体从壁画边缘挤出，达到壁画与蜂窝板粘接紧密的效果。用沙袋压置壁画直至胶体完全固化。最后用AC33石粉胶体对蜂窝板周围略加修饰达到美观和谐的效果。

1.用角磨机打磨蜂窝板

2.涂胶

3.粘贴壁画

4.修饰

图十　支撑体制作与粘贴

1.壁画"玄武图"修复前　2.壁画"玄武图"修复后　　　3.壁画"人物图"修复前　　4.壁画"人物图"修复后

图十一　壁画修复前后照片

5.保护修复后注意事项

需要注意的是,修复好的壁画,经过长时间的放置,在保存过程中可能由于环境的影响再次出现裂隙或起甲的现象,因此控制保存环境极为重要,应存放于在温度在20—25℃之间,相对湿度在45%左右,照度不大于100lux且空气洁净的密闭空间。平时要不断观察画面颜料状况,及时发现支撑体变形、颜料层起甲、龟裂、褪色、盐析、酥粉等病变,及时进行修加固救④。

五、结语

宁夏固原南塬 M1401 墓葬出土壁画的艺术形式继承了原州地区北周隋代的壁画风格⑤,结合对该批壁画制作工艺的科学分析,为研究隋唐时期的壁画提供重要的实物资料。

通过制定科学合理的保护修复路线及详尽的保护修复方案,并结合实际修复过程中遇到的具体问题,选择最安全合理的修复方法,最终达到较为理想的修复效果。在对壁画抢救与防治的同时,最大的程度的还原了壁画的真实性与艺术性,并根据每件文物不同状况在具体实际操作中灵活采用不同的方法,探索修复技术与方法改进。

注释:

①李玉虎、邢惠萍、王娟丽、曹明、柏红英:《古代壁画、文物彩绘病害调研与治理研究》,《文博》2009年第 6 期。

②王继英、魏凌、刘照军:《中国古代艺术品常用矿物颜料的拉曼光谱》,《光散射学报》2013 年第 2 期。

③马艺蓉:《墓葬揭取壁画错位与裂隙病害的危害及预防性干预》,《陕西历史博物馆馆刊》,三秦出版社,2017 年。

④杨文宗、张蜓、王佳:《馆藏唐墓壁画病害综合研究》,《文博》2017 年第 5 期。

⑤耿志强:《固原北周壁画墓与艺术风格》,《西夏研究》2013 年第 4 期。

（作者单位:宋晶晶、乔国平,宁夏回族自治区文物考古研究所;严静、王啸啸,陕西省考古研究院）

战国秦长城陕西段保护利用措施研究

◇ 李天一

内容提要：本文通过对战国秦长城陕西段现场调研与现有资料分析，总结提炼保存现状及主要破坏因素，并针对存在问题，提出相应的保护措施与利用方法，希望通过对战国秦长城陕西段的有效保护与利用，使得优秀的文化遗产"传下去""活起来"。

关键词：战国秦长城 遗址 保护利用

长城是我国春秋战国时期至明代历经多次修筑的重大军事防御工程，也是我国现存体量最大、分布范围最广的全国重点文物保护单位，作为中华民族绵延不绝的文化象征和自强不息的精神象征，1987年12月被列入《世界遗产名录》，在世界范围内具有重要影响。

陕西省历史悠久，文化底蕴深厚，文物古迹众多。陕西境内长城是全国长城的重要组成部分，根据长城资源调查结果以及国家文物局《关于陕西省长城认定的批复》，陕西省长城资源有战国魏长城、战国秦长城、隋长城及明长城。陕西境内各时代长城总长度约1791公里，数量2919处，单体建筑2003座，墙体、堑壕736段，关堡178座，相关遗存多处。

目前，战国秦长城陕西段受自然及人为因素的影响，致使遗存本体遭到破坏，为有效保护这处重要的文化遗产，本文将对其保护利用措施进行探讨。

一、遗址概况

战国秦长城即秦昭襄王长城，是我国古代建筑时间最早的长城之一，位于黄土高原和毛乌素沙漠边沿区域。战国秦长城整体上自东北至西南经内蒙古、陕西、宁夏和甘肃四省区，从神木县大柳塔镇贾家畔陕蒙交界处入陕境，至吴起县庙沟乡大涧村陕甘交界处出陕境，经过甘肃的华池、环县、镇原，宁夏的固原、西吉、静宁，甘肃的通渭、陇西、渭源，直到洮河东岸的临洮止。

战国秦长城在陕境内由东北到西南经榆林市神木县、榆阳区、横山县、靖边县以及延安市的吴起县、定边县，途径两市六县，共230段，全长465642.4米，墙体设施372处，附属设施117处，相关遗存41处（图一）。

二、遗址价值分析

战国秦长城作为长城的源头之一和重要的组成部分，历史上持续发挥了中原民族的军事防线和心理防线的战略作用，见证了秦国由弱到强、一统天下的崛起过程，揭示了西戎、匈奴、突厥等草原游牧民族与中原农耕民族交流融合的多元文化特征；为后世历代长城的修筑提供了智慧借鉴；为古代陕北边疆开发提供了现实可能；为秦王朝国家疆域的

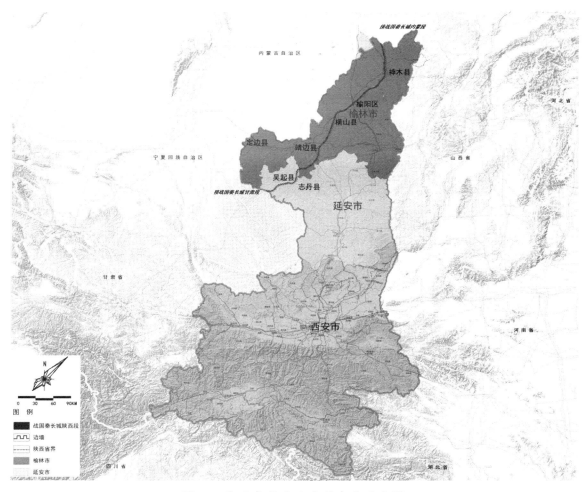

图一 战国秦长城陕西段走向示意图

形成与巩固奠定了边防基础;为统一的多民族国家的形成和发展做出了历史贡献。

(一)历史价值

1.战国秦长城陕西段从秦昭襄王到汉初武帝时期始终是关中政权在西北的重要军事防线,它的修建为秦国提供了稳固的西北边防,坚定了秦国的发展战略,为秦国崛起和秦始皇吞灭六国,首次完成华夏大一统,建立统一的多民族国家奠定了稳定的边防基础。

2.战国秦长城陕西段的修建明确了中原农耕民族与西北游牧民族的疆界,开启了中原王朝筑城御戎的先河,为我国"上下几千年,纵横十万里"的长城找到了源头,为研究战国时期秦国国家防御体系及发展历史中的重大问题提供了珍贵的实物资料。

3.战国秦长城陕西段包含了丰富历史信息,反映了西北游牧民族与中原农耕民族之间交错复杂的交流与战争,突出地展现了其作为国家重要防御工程,随国家政治、军事力量的变化而不断变化的过程,是研究中国古代长城发展演变的重要载体。

4.战国秦长城陕西段充分显示了中国古代劳动人民的创造力,对早期长城进行深入的研究,探询战国秦长城丰富的历史信息,可以证实、纠正和补全文献上关于其位置、走向、建造年代等史料的记载,具有重要的证史、纠史、补史意义。

(二)艺术价值

战国秦长城陕西段起伏于陕西北部的崇山峻岭之间,其选址布局与黄土高原及西北沙漠的地形地貌融为一体,墙体随势而筑,敌台、烽火台高大雄伟,体现了高超的建筑艺术,真实记录了战国秦建筑风格与艺术特点,是建筑艺术与自然地貌完美结合的典范,具有突出的艺术价值。

(三)科学价值

1.战国秦长城北扼河套、南蔽关中、西通陇东、东卫中原,曾一度作为拱卫中原的重要屏障,是汉族与草原少数民族对抗的前沿，战略地位十分重要，对于研究战国秦、秦汉时期国家疆域演变及边防部署具有重要的科学价值。

2.战国秦长城陕西段所经地形极为复杂，在建造上因地制宜地采用黄土夯筑、土石混筑、片石砌筑、铲削成堑等多种建造方式，坚固实用、省工省力，对其规划设计与建造的过程蕴含着丰富的科学技术信息，充分反映了战国秦建筑科技水平，对于研究战国秦的军事防御技术、建筑技术、农业技术及科学技术发展与社会经济关系具有重要的作用。

（四）社会价值

1.战国秦长城陕西段是国家疆土意识和中原民族家园意识的实物体现，是中原农耕文明与西北游牧文明碰撞交流的结果，集中体现了中华民族"以战止战"、热爱和平的文化理念，它的修筑保护了中原先进文化与农耕文明，促进了民族交流与融合和游牧民族向更高级别文明发展的进程，这对于研究文化发展史具有重要的价值。

2.在战国秦长城陕西段历史背景下，厚重朴实的农耕文化、粗犷豪迈的游牧文化、高度发达的中

原文化在长城沿线经历了千百年的融合汇聚，逐渐形成了独具陕西特色的"边塞文化"，这是研究陕北边塞地区历史文化的珍贵资料和活化石，对中华文化的构建有着重大的贡献与影响。

三、遗址现状分析

（一）保存状况

根据《陕西省早期长城资源调查报告》数据统计，战国秦长城陕西段墙体、天然险总计230段，465642.4米。其中，保存一般12303米，占比2.64%；保存较差15027.1米，占比3.23%；保存差109191.7米，占比23.45%；消失329120.6米，占比70.68%。墙体设施372处，保存一般10处，占墙体设施比例2.7%；保存较差188处，占墙体设施比例50.4%；保存差173处，占墙体设施比例46.6%；消失1处，占墙体设施比例0.3%。附属设施117处，保存一般3处，占附属设施比例2.6%；保存较差47处，占附属设施比例40.5%；保存差67处，占附属设施比例56.9%。相关遗存41处，保存一般1处，占相关遗存比例2.4%；保存较差8处，占相关遗存比例19.5%；保存差32处，占相关遗存比例78.1%。

表一　战国秦长城陕西段破坏因素汇总表

类型			破坏因素
自然因素	自然侵蚀	雨水冲蚀	雨水冲刷、渗透、侵蚀
		水土流失	暴雨、坍塌、水涝、水融
		沙漠化	沙漠侵蚀、流沙掩埋
		风蚀	风化侵蚀
		盐碱	盐碱侵蚀、酥碱
		冻融	冻融坍塌
		植物生长	植物根系破坏
		动物破坏	动物踩踏、打洞等
	自然灾害	地震	地震坍塌
		滑坡、泥石流	洪水、滑坡、泥石流
人为因素	居民生产生活	农业耕作	耕作扰土、平整土地、农作物根系破坏、农田水利设施建设
		植树造林	高大乔木根系挤压、栽树挖洞
		放牧畜牧	动物踩踏
		生产生活	挖坑掘池、开辟坟地
	基础设施建设	道路建设	过境交通穿越
		水利设施	水利设施穿越
		电力设施	高压电网穿越
		地下管网设施	地下管网穿越
	城镇建设	城镇建设	城镇、村镇建设用地侵占
		房屋建设	板石建房、取土掏挖、拆墙、打洞
		厂矿建设	开山采石、采矿、开挖油井、厂房设施占压等
	其它	盗掘	敌台、烽火台等盗掘严重
		特殊事件	破坏长城遗产本体的突发事件
		不当维修	维修方式不科学，破坏真实性

（二）破坏特征

战国秦长城陕西段具有年代久远，空间分布广，类型多样，保存状况复杂，保存环境恶劣等特点，造成遗产本体破坏的因素众多（表一、图二），根据长城资源调查及现场调研统计结果显示，长城本体破坏情况主要呈现一下显著特征：

1.遗产本体残损严重。战国秦长城陕西段历经千余年自然和人为因素的破坏，遗产本体残损严重。现存墙体大多残损严重，部分墙体仅存基础部分甚至已完全消失，墙体设施及附属设施绝大部分处于保存较差或保存差的状态。

2.遗产表面风蚀严重。遗产夯土上存在深度、宽度、长度不一的裂缝，导致墙体夯土的结构稳定性下降。夯土墙基迎风面受雨水、风沙侵蚀及冻融等原因而造成夯土表层侵蚀严重，部分点段已被流沙侵蚀、掩埋，消失无踪。

3.动植物破坏较突出。遗产本体绝大多数为土质，夯土顶部杂草丛生，植物根系对夯土层破坏较大，高大乔木根系直接威胁遗产本体的结构稳定性。此外，动物在夯土上打洞、做窝等，也会造成遗产本体的破坏。

4.人为因素破坏严重。战国秦长城陕西段部分点段沿线居民的生产活动对长城遗产造成了破坏；部分点段有道路、地下管网等设施穿越早期长城；部分点段有高压电杆、油井、煤矿等造成早期长城的破坏；此外，遗产区内城镇发展边界不断扩大，各类建设活动对早期长城遗产也存在破坏。

图二　战国秦长城陕西段的自然和人为因素破坏情况

四、遗址本体保护措施分析

（一）构建遗产监测体系

战国秦长城陕西段的遗产监测应坚持科学的保护监测理念，以因地制宜和充分利用社会资源为原则，做到遗产监测与保护管理相结合，现代监测技术与传统监测手段相结合。同时，构建遗产保护监测预警体系和监测预警管理信息平台，建立遗产监测要素分类、监测规范、预警标准、遗产评估、跨部门协同五大规范体系，实现遗产监测的信息共享、有效管理和科学决策。形成预警平台自动监测、便携式监测设备定期监测和人工巡查相结合的系统化监测方式和科学严谨的监测体系。

（二）完善防灾减灾规划

战国秦长城陕西段所在区域地形地貌复杂多样，对于容易形成崩塌、滑坡等地质灾害及暴雨、洪水等气象灾害的区域，应聘请有专业资质的相关机构对现场进行勘查研究并进行评估，根据评估结论制定防灾监测规划和减灾工程措施，以确保遗产本体的安全。同时建立遗产保护应急响应机制，完善战国秦长城陕西段保护应急预案，按照灾害等级制定相应的防灾减灾预案，降低自然灾害对早期长城的影响和破坏程度。

（三）尽快实施保护措施

由于战国秦长城陕西段的材质类型主要以土质和石质为主,土质占绝大多数.因此,早期长城的具体保护措施分为稳定性控制、防止风化、生物治理、水害治理、防治人为破坏五大类.土质长城遗产采取的主要措施为稳定性控制和防止风化,生物治理和水治理次之;石质长城遗产采取的主要措施是稳定性控制和环境治理、生物治理和防止风化次之。

1.稳定性控制。土质长城主要采取夯筑加固、裂缝修补、土坯填补、回填窑洞、锚杆加固、局部坍塌体支顶加固等方式。石质长城主要采取修补、重砌复原、灌缝修补、补夯加固、归砌、补砌坍塌部分、裂缝剔补灌白灰浆等方式。

2.防止风化。土质长城主要采取表面化学溶液渗透、风化凹进处修补或填充等方式。石质长城主要采取表面化学溶液渗透、风化凹进处补砌或修补、石缝灌浆等。

3.生物治理。土质长城主要采取植被整治,去除深根系植被,保留浅根系植被;填充啮齿类动物的洞穴。石质长城主要采取清理表面有害植被。

4.水害治理。土、石质长城主要采取墙基、墙顶排水、冲沟治理。

5.防止人为破坏。主要包括停止人为破坏因素对遗存本体的进一步破坏,同时采取清理表面垃圾,消失段标识,设立保护标志碑及警示碑,重点区域设置防护围栏等方式保护相关遗存。

五、遗址展示利用措施探讨

(一)加强宣传力度

1.加强对战国秦长城陕西段的宣传与教育,创新方式,突出主题,做好文物保护宣传教育,营造"保护文物人人有责、保护成果人人共享"的舆论氛围。

2.充分利用网络微博、微信、展览、媒体等各种宣传教育手段,加强战国秦长城在陕西乃至全国的宣传力度。

3.编制适合于不同领域、不同年龄段读者的各种宣传资料,通过网络平台定时发送相关信息,充分展示战国秦长城陕西段历史文化信息、艺术

价值、科学价值、文化内涵。

(二)有效结合周边旅游资源

战国秦长城陕西段沿线人文、自然旅游资源非常丰富。在榆林段沿线分布有镇北台、统万城、白云山道观、红石峡、红碱淖等。在延安段沿线分布有明长城二边、铁边城遗址、树圪遗址、胜利山、毛泽东旧居、吴起县革命旧址、南沟等。应统筹将战国秦长城陕西段的保护利用与其周边成熟的旅游资源加以整合,发展文化旅游、自然生态旅游、大漠风光旅游等旅游形式,发挥各自优势和互补优势,提高自然景观和人文景观的聚合效应,带动陕北地区经济发展和促进经济结构的调整。

(三)展示利用措施探讨

对具备开放展示条件的区域进行开放展示,如:该点段有明确的保护机构,已依法划定保护范围、建设控制地带,并已设立了保护标志和完善了四有档案,有专门人员进行保护、具有配套的展示措施等 (图三)。

1.原状展示

战国秦长城陕西段气势宏伟、构筑方法先进,对保存较为完整的部分点段实施必要的加固、支护等保护措施后,可选择性的进行原状展示,可以直观体现早期长城的特点。

2.标识展示

对战国秦长城陕西段消失的段落,应结合考古划出墙体、单体等遗产可能存在的范围,并对范围进行标示,标明四至边界,展示遗产的平面布局和分布范围。标识展示工程应根据考古工作的进展进行。

3.多媒体展示

利用声光电技术,显示战国秦长城的三维模拟复原影像,或用轻型材料,模拟早期长城的结构。也可在场馆内进行虚拟展示,利用三维动画、3D电影、全息影像等技术展现战国秦长城陕西段的文化内涵。

4.沙盘展示

战国秦长城陕西段遗产分布范围广,地势复杂,可制作微缩沙盘,直观、形象地展示战国秦

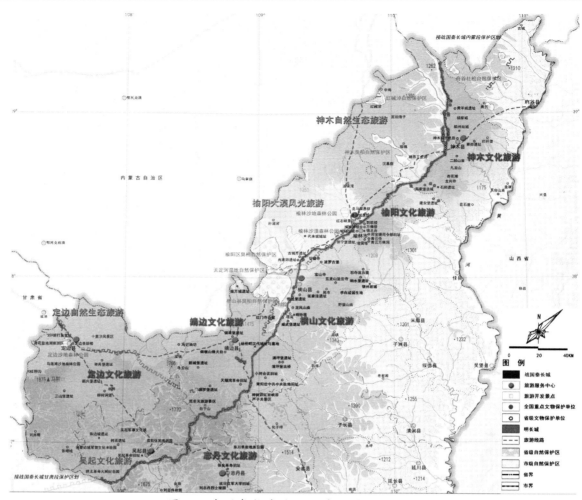

图三　战国秦长城陕西段展示利用示意图

长城陕西段的墙体走向、防御功能、攻防推演、兵力补给、物资供应等方面内容。

5.考古发掘现场展示

结合战国秦长城陕西段的现场考古,对长城进行考古发掘现场展示,激发公众对长城保护的支持和参与。

六、结论

保护文物功在当代、利在千秋。党的十八大以来,习近平总书记高度重视文化遗产保护工作,强调加强文物保护利用,让收藏在博物馆里的文物、陈列在广阔大地上的遗产、书写在古籍里的文字都活起来。对于坚定文化自信、增强中华民族凝聚力、满足人民群众精神文化需求、促进文明交流互鉴、实现中华民族伟大复兴中国梦具有重要意义。

战国秦长城陕西段的有效保护与利用,是全面贯彻党中央、国务院关于长城保护工作的重要批示精神的重要举措。是真实、完整、有效的保护战国秦长城陕西段整体价值和历史信息,促进符合陕西特色的长城保护与经济、社会发展的良性互动的坚实基础。通过对战国秦长城陕西段有效保护与利用,才能将这处陈列在广阔大地上的遗产真正的"传下去""活起来"。

参考文献:

[1]段清波、于春雷:《陕西战国秦长城调查与研究》,《中国文物科学研究》2012年第3期。

[2]张多勇、马秋莲:《战国秦长城的研究进展和尚待解决的问题》,《华夏考古》2013年第1期,第101-112页。

[3]朱允:《战国秦长城的地理意义》,《天水师范学院学报》2006年第6期,第60-63页。

[4]杨婷:《秦始皇及战国秦长城研究综述》,《中国史研究动态》2014年第2期,第12-20页。

[5]王晓博:《论陕北地区战国秦长城的后世沿用问

题》,《文博》2010年第1期,第49—53页。

[6]于春雷:《从战国秦长城选址看当时西北边疆的形势与认知》,《秦汉研究》(第九辑),三秦出版社,2015年。

[7]彭曦:《战国秦长城考察与研究述略》,《宝鸡师院学报(哲学社会科学版)》1991年第3期,第103—108页。

[8]幼平:《战国秦长城考察与研究简介》,《文博》1992年第2期,第42页。

[9]张海报:《陕北地区秦昭王长城研究》,西北大学硕士学位论文,2010年。

[10]陈可畏:《论战国时期秦、赵、燕北部长城》,载中国长城学会编,《长城国际学术研讨会论文集》,吉林人民出版社,1995年。

[11]陕西省考古研究院、西北大学文化遗产学院:《陕西省早期长城资源调查报告(上下册)》,文物出版社,2016年。

（作者单位：陕西省文化遗产研究院）

基于体验学习理论的文化遗产展示利用初探

◇ 李婉莹

内容提要：20世纪西方世界教育学界曾有过一场教育革新运动，进而提出了以体验为中心的"体验学习"方式且得到了广泛的认可，并成功应用于现在教育界。文化遗产旅游对于游客来说亦是体验学习过程，体验学习理论在此具有可指导性。本文对体验学习理论进行了系统化梳理，从其发展特点总结经验并结合文化遗产展示利用环节，提出相应建议。

关键词：体验学习 文化遗产 旅游

一、研究背景

现今社会，文化遗产利用方式主要为旅游开发，面对的是游客这一广泛的客体。虽然利用文化遗产所带来的社会效益是很难测量以及量化的，然而作为旅游活动的一种，却可以通过游客满意度侧面反映。那么，如何使游客在旅游完之后对遗产地感到满意呢？

被称为"社会心理学之父"的库尔特·勒温提出了著名的应用广泛的"参与改变理论"：个体态度的改变依赖于他参与群体活动的方式。个体在群体中的活动方式，既能决定他的态度，也会改变他的态度[①]。从实用操作的角度而言，该理论所强调的是为了达到使个体对某事物形成某种态度或改变原态度时，需要关注其参与群体活动的方式。对于文化遗产的旅游活动而言，文化遗产的旅游本身便是游客参与群体旅游，即群体活动的范畴，因此属于理论适用范围，如果想要提升游客满意度，可以通过关注游客参与群体活动的方式，选择调整活动方式

从而达到既定目标。

利用文化遗产开展旅游参观活动具有社会教育性质，笔者认为游客的参观过程同时也是一种学习受教育的过程，同时应侧重于对游客心理的掌握，在无形中顺从游客心理从而达到目标。因此，本文重点寻找了教育心理学领域的相应理论，认为体验学习理论较适用于文化遗产利用，以此为基础理论，希望能得出一定启示与收获。

二、体验学习理论概述

1.体验学习理论起源

在上世纪20至30年代，美国教育界产生了"反传统教育"热潮，即反对传统教师向学生传授课本知识这种单一的教育方式，许多教育心理学家进而提出了"体验教学"的课题。

美国著名的教育家、哲学家约翰·杜威认为人们最不容易忘的知识就是"怎么做"的知识，而以前的教育方法却过于强调接受学习，忽视了学生自身活动的重要性，进而他提出了"在做中学"这一基本

原则。教育是在生活中从已知经验到未知经验的一个连续过程,这种过程不是教给谁科学知识,而是使被教育者在亲身活动中不断增加自身经验②。杜威所注重的是"直接体验+反思"这样的学习方法。

2.体验学习理论发展

二战之后人本主义盛行,以德国文化教育学派及人本主义教育学派为代表,体验学习理论在杜威的理论基础上进一步发展。

德国文化教育学派的代表人物为威廉·狄尔泰、巴托罗美奥·斯普朗格,将教育的本质与人的本质、教育前景与社会发展前景联系起来,认为教育的本质就是人应该是总体的生成,知情意全生命的活生生的生成③。

同时期,以卡尔·罗杰斯为代表的人本主义教育理论认为,体验学习等同于个性化的转变和成长,其优势在于能满足学习者的需求和愿望。显然,人本主义环境下的体验学习,从杜威的"直接体验+反思",转向了"直接体验+情意体验"。

20世纪60年代末,过分强调以直接体验为基础的学习的弊端日益凸显,人们也看到了过分强调"生活实践",忽视学业教育的不足之处,伴随学科课程本位思想的回归,"体验学习"逐渐转变为对课堂教学的补充。

20世纪70年代初,美国体验式教育学会成立,它正式定义体验学习为:"一种教育哲学和方法论,在这种哲学和方法论的指导下,教育者有目的地把学生置于直接经验和专心反思中,使其增长知识、发展技能和澄清价值。"确立了体验学习的科学性及社会地位④。

3.体验学习理论的完整提出

20世纪80年代,建构主义兴起,它强调整个学习过程应当为:体验探索-假设验证-与其他事物联系思考。由此,人们对于学习的看法有了一定的改变,在许多教育和心理学家看来,学习是"通过经验转化创建知识的过程。知识来源于经验的获得和转化过程的综合",单纯依赖体验,并不能使学习效果达到最佳。

1984年,美国社会心理学家、教育家大卫·库伯在总结了前人体验学习的基础之上提出了"体验

学习圈模型"。他把体验学习阐释为一个体验循环过程,形成一个贯穿的学习经历,学习者自动地完成着反馈与调整,经历一个学习过程,在体验中认知⑤。

他认为经验学习过程是由四个适应性学习阶段构成的环形结构。具体经验是让学习者完全投入一种新的体验;反思性观察是学习者在停下的时候对已经历的体验加以思考;抽象概念化是学习者必须达到能理解所观察的内容的程度并且吸收它们使之成为合乎逻辑的概念;到了主动实践阶段,学习者要验证这些概念并将它们运用到制定策略、解决问题之中去⑥。

4.未来发展方向

20世纪末,随着全球化进程的加速与知识经济浪潮的冲击,各国政府纷纷进行跨世纪教育改革,1996年,联合国教科文组织提出面向21世纪的教育改革报告《学习——内在的财富》。"重视人的发展,强调教育以学生人格发展与社会性发展为核心"是这一报告的中心内容,并成为世界各国比较公认的教育原则。这一教育理念落实在教育行为上,就是要强调受教育者通过行为实践和内心体验来实现综合素质的提高⑦。

体验学习的发展目标除了成为学生学习生活经验、体验社会性教育,完成人际的、情感的或者社会性价值观等教育目标外的重要途径以外,更重要的是强调对人民的综合素质的提高这一更高层面的宏观目标。

三、文化遗产展示的理论应用

1.体验学习理论适用性探讨

从大的方面来看,对于游客而言,文化遗产旅游过程本身即为一个学习过程,是一个接受学习过程,同时也是一个体验过程。不同于在教室中接受老师的传授的学习,文化遗产旅游整体就是一个体验学习的过程。无论是走入博物馆参观,还是其他在原生地进行的旅游活动,均是一种体验学习的过程。因此,体验学习理论在此方面有一定适用性及借鉴意义。

对于文化遗产旅游具体活动方式,即在对于文化遗产利用时,对其进行的展示方式来说,展板或

宣传单的文字说明及讲解员的解说类似于老师在教室讲授课程,即传统教育方式,而近些年兴起的让参观者参与进来的活动,如陕西历史博物馆的拓片活动、西北大学博物馆与敦煌博物院联合举办的"丝路遗珍"特展中的手姿临摹,均是对于"传统学习"方式的拓展,强调使游客"学习者"更大程度地发挥其主动性,真正参与进来,通过亲身体验活动进而学习。

文化遗产展示利用从最初的仅限于单纯的文字展示以及讲解员讲解发展到现在的开发各种实践体验环节,符合单纯的传统学习发展到加入体验学习的过程。并且同时体现了随着社会的发展进步,文化遗产管理利用逐渐注重游客的需要,注重游客想要看什么,想要学习什么,想要干什么,不仅是上述各种项目的开展,无论是对历史街区整体性的保护还是历史风貌复原的展现等亦是,文化遗产的保护管理利用逐渐开始强调了"情意体验"这一体验学习的概念。

从目标上来看,体验学习的未来发展方向与文化遗产利用的最终目标是一致的,均是为了教育人民,传承人类文化知识,发挥教育功能,从而达到提升人民文化修养,促进综合素质的全面提升。

2.文化遗产展示现存问题

体验学习理论发展历程的环节重点为:传统教学——在做中学（直接体验+反思）——情意体验——实践(学习迁移)——综合素养的提高。依据体验学习的各发展阶段强调的重点,我国现在的文化遗产管理利用展示情况,可得出以下情况。

传统教学,对应为文字展示及讲解环节,尚有提升的空间。我国的许多文化遗产地的展板文字都存在问题,中文难字偏字未注音或注音有误;英文翻译不准确情况普遍存在;文物展板仅有名称、出土地、长宽高,信息可读性较差吸引力低。讲解环节则多为千篇一律,缺少针对性。

直接体验,对应为文化遗产旅游中游客可亲身参与环节,仅有个别文化遗产地有所设置,且面临类型单一、缺乏特性的问题。如拓片活动,最初兴起时较为有吸引力,但随着此活动逐渐普及,各大文化遗产地均为拓片活动,其他并无区别,易使游客

形成疲惫心态,吸引力较低。

情意体验,相较以前有所提高,已经逐渐开始注重游客需求,但尚为全民性质,未考虑到不同个体的不同需求,并未进一步细化落实,有待提高。例如:最基础的儿童与成人区别的考虑的欠缺,由于身高问题,许多儿童进到博物馆只能看到展品底部;讲解员千篇一律的讲稿也不利于儿童理解学习。

反思,对应为参与体验活动之后的思考如参与过体验活动之后,对该活动进一步学习或思考,或事后对相关方面进行研究等。我国现无统一管理或带领,为自愿性行为,然而人民普遍缺乏反思或再学习。具体为体验完活动就再无任何后续,体验活动的影响仅止于此而未做到进一步扩展影响。

实践(学习迁移),对应为旅游结束或参加完体验活动后将学到的知识与个人生活或生活中其他事物相联系,从而进行学习迁移,促进理论及被动实践向主动实践的转化。同反思活动一样,我国文化遗产利用现状止步于此。

至于对于全民综合素养的提高方面,应为文化遗产利用的重要目标,然而我国尚未走到这一步,且反而在文化遗产地往往易发生许多体现人民综合素质较差的事件,如随地乱扔垃圾、博物馆内大声喧哗打闹、在文物上刻"到此一游"等等。

3.文化遗产展示相关启示

首先需要强调的是,同传统教学方式与体验学习的关系一样,传统利用展示不能完全被体验项目替代,二者应同时存在相辅相成,不可偏弃。传统展示方式应注重完善自身及不断进步,首先应避免文字方面等人为可避免性的错误,其次应与情意体验相结合,注重以游客需求推动自身发展。如在参展时依据儿童身高设置低层陈设展览,在高处设置成人展陈;讲解词亦应有所区别,儿童的讲解词应在儿童可接受范围内设计便于理解的讲词,面向专业相关人士的讲解应侧重专业性等等。

体验学习可广泛运用于各类文化遗产利用展示中,具有广泛可实施性,在保障体验活动的科学性的基础上需相关人员发挥想象力,而非个别文化遗产地仅以一两种相同的形式开展,避免量产缺乏

特性。应具有个性与特性,明确自己的特色与身份。至于重复性问题,首先应注重巧妙运用自身的稀缺性资源,注重开发体验活动时的不可复制性;其次,必要时可通过法律程序申请专利,从客观角度保证体验活动的特殊性的同时促进体验活动的多样性。

体验活动应注重情意体验,人本主义的体现,注重各类人群的需求,可依据年龄、专业兴趣、地域国家分类设置,使游客有选择的参加活动,同时利于分流。如对于儿童与成人分别参加相应活动,同时可作为亲子活动存在;依据学科大类分类设置相关符合兴趣点的活动等等。同时应吸取借鉴各国成功经验,如位于美国华盛顿特区的美国大屠杀纪念馆中专门为 8 岁及以上的儿童设置的"丹尼尔的故事"这一角色体验沉浸式展览,这个展览通过讲述一犹太小男孩丹尼尔 1933–1945 年的生活故事展示了纳粹对犹太人的迫害,使儿童游客身临其境,有利于产生强烈的置入感情绪,该展览客体把握精准,广受好评。

除了在体验活动之前事先告知背景或相关知识外,在实践活动之后可有相应学习探讨活动的开展,即反思。由于反思为自愿行为,且真正主动反思的游客很少,可以由文化遗产地带头,起到一个引领游客再思考的作用。考虑到游客性格多样性,反思活动的形式具有多样性,可以在活动之后大家一起举行讨论会或感想交流会;亦可有体验活动之后设置相关的机器游戏答题环节等。反思可以从横向及纵向两个层面展开,如当时的人为何会这样?与我们现代社会有何关联?诸如此类的纵向思考。考虑到之后有部分游客可能会对相关知识感兴趣愿意研究或继续学习,建议可以列出部分推荐后续自学书籍或与相关学习机构建立推荐合作关系。推荐书籍可以考虑部分现场售卖,发挥了即时性的同时亦是文化遗产收入的一个新突破口。与相关机构建立合作关系有利于相关文化机构相互联系扩大影响范围的同时增加文化遗产继承人或学习者的人数,有利于解决部分后继无人等相关问题。

对于提高全民综合素质这一目标而言,此处的综合素质主要包括两大层面,一方面是知识层面,文化遗产展示利用理应提高人民知识储量及文化认同感;另一方面是精神层面,即行为道德素养层面,作为一公益性具有教育意义的场所空间,文化遗产地应肩负责任,促进人民综合素养的提高。知识层面的教育工作是一直在进行中的,那么在精神层面应如何实行?个人有以下两点建议:第一,文博界应提高自身认识,应当注意准确自身定位,首先在内部统一认识,确立提高全民综合素质确为文化遗产展示利用的重要目标之一。第二,在实际工作中,应注意奖惩措施的落实,对于破坏文化遗产及相应设施与周边环境的应明确规定惩罚条例,对于检举破坏行为及保护文化遗产及其相关的应予以奖励。在奖惩的同时应善于运用网络平台及各种媒体进行宣传传播,从而起到扩大影响范围的作用。同时,对于一些游客行为应采取心理分析的手段,进而采取一些相应手段以解决问题。例如在文物上刻写"到此一游"的问题,实际上为游客的心理效应,单纯禁止且罚款并没有从源头解决此问题,反而可能由于禁果效应使游客越发想要留名,如此不利于解决问题。游客到一个旅游地点想要留下自己的名字是为了以示自身能力或满足自己内心炫耀等其他欲望的一种行为,如果换一个角度处理,专门设置签名墙或留言处等等,顺从并满足游客这种欲望,只是对其范围加以约束和规范,也许可以减少此类不文明行为。总而言之,提高全民综合素质是一个需时间及经验慢慢探索积累的过程。

四、文化遗产展示案例分析

1.吉野里历史公园

考古遗址公园这一概念近些年越来越多的出现在公众的视野中,理论上讲,考古遗址公园应当具备以下几点特征:享有声誉,具有可达性和一定的旅游容量,能够提供体验平台,并且有趣且独特。然而,实际上传统的管理往往仅注重遗址保护,忽略了人的重要性。而近些年对于考古遗址公园的保护利用展示越来越强调以人为本,提升考古遗址的可读性,游客体验成为遗产管理过程的核心之一。体验式学习理论在此方面有着一定的指导性,吉野里历史公园在此方面有着一定的可借鉴性。

吉野里历史公园位于日本佐贺,它是为保存和利用日本弥生时代最大的史前遗址"吉野里遗址"

而建造的。从遗址内出土了瓮棺、土器、铜器、建筑遗迹等很多文物⑧。吉野里历史公园将"以人为本"作为他们的根本目标，以"倾听弥生人的声音"为主题，对遗址进行了充分的展示。

吉野里历史公园通过展示出土的文物，以及复建当时的设施营造体验弥生时代的气氛，将空间环境的各个部分划分为与弥生时代有关的主题部分。院内分设四部分体验区：1.入口区，该区主要为景区相应服务设施，其中的迷你影院可观看弥生时代的小电影。2.环壕部落区，内有文物展示馆；身份高贵者居住的"南内城"；以及举行祭祀活动的"北内城"；一般民众居住的"南部村落"；可以300人同时进行参观学习土器修复制作的"弥生生活馆"；以及与教育文化科合作对外开放可参观的考古发掘现场。3.进行各种娱乐活动的古代原野区，大片平原地区通过手续均可免费借出，可用于举行大型公众活动。同时还有通过考古资料复原栽培的古代红米稻田。4.保存绿色自然、进行各种古代体验的古代森林区。各大区域占地较大，其间有公共巴士可以乘坐往返。对于拥有不同兴趣以及愿望的人来说，吉野里历史公园提供了一定的选择性，其主题的明确性以及趣味性对于吸引游客来说具有重大的作用。

除此之外，吉野里历史公园较好的抓住了自身的身份与特色，园内设有几十项不同的游客可参与活动来展示弥生时代人们的生活场景，注重场景体验以及游客亲身参与。比如插秧、射箭、钻木取火以及制作勾玉、土笛、土器等工艺品的简单活动，除了日常体验活动之外，公园在周六日及各种节日还会推出特别体验活动，丰富活动内容。所有活动均有专人负责讲解教学，在手把手教学的同时亦注重对其历史文化的教育，部分活动中亦涉及了非物质文化遗产技艺，有利于引起学习者的兴趣，促进非物质文化遗产技艺的传承。值得一提的是，普通体验活动的均价为100-250日元，折合人民币仅为10-15元，特别活动价格最高仅为85元左右，与我国活动相比极为便宜，有利于吸引更多游客参与。这些活动依据难度等因素亦有年龄要求，如铜镜制作必须为小学三年级以上的游客，在考虑到受教育者

理解能力的同时亦起到了分流的作用，有利于体验活动的质量保障以及更好的利用场地。游客还可以经过申请获得允许后，在公园内过夜来享受复原的古建筑所提供的特别的食宿，深刻体会"弥生人的一天"。

这些设计以及展示方式更加形象的展示了遗址的状况，比单纯的图片展示、展板展示文字说明更具有趣味性，能更好地吸引大众主动了解历史、获取知识。充分发挥了遗址公园的知识性、趣味性、休闲型、参与性。吉野里公园对于文化遗产的利用展示项目较好地体现了运用体验学习理论下文化遗产利用的优势，让游客"在做中学"，在传统展示基础上注重了游客的体验，并且关注到了"情意体验"，注重人的需求，以人为本，体现了人本主义思想的运用。将一个本身较难展示、可观性、可读性不是很强的土遗址的文化遗产充分利用展示，发挥了其教育功能与社会功能，具有较好的示范意义。

2.常州春秋淹城旅游区

在我国，也有部分地区展开了新的探索，位于江苏省常州市武进区的春秋淹城旅游区就是其中之一。淹城是我国目前春秋晚期城池遗存中保存最为完整的一座古城遗址。春秋淹城旅游区以淹城遗址为文化原点，在全面保护遗址原貌的前提下，由政府牵头组织，会同全国知名专家协商创新建造而成，借"小淹城"之题，发"大春秋"之势，共包含六大功能区：淹城遗址公园、淹城传统街坊、淹城野生动物世界、淹城春秋乐园、淹城春秋文化拓展区、宝林寺宗教文化区。

其中最具创造性的要数淹城春秋乐园，无论从历史文化还是建筑造型，淹城春秋乐园都是独一无二的。这里的山、水、草、木、雕塑、博物馆等，一点一滴、一步一景都鲜明地体现出春秋文化元素。园中集中展现了最能代表"百家争鸣"的春秋十二家，特别是对中华文明乃至对世界文明产生深远影响的儒、法、道、墨等四家思想，通过多种形式呈现了他们的生平事迹、历史典故以及学术思想。

在乐园里，游客不仅可以感受到春秋文化的博大精深，还能通过多项大型户外参与性游乐项目，身临其境地感受古代战场的雄壮与惨烈。例如：中

国原创、国内首家,可容纳百名游客悬浮于 28 米的空中体验春秋文化主题的空中飞行影院"梦回春秋";实地拍摄与动漫技术相结合,180 度环幕立体呈现 4D 动感电影《淹城传奇》;反映"伍子胥过昭关"的惊险与刺激情境的具有亚洲领先技术水平的峡谷漂流;集动感轨道车、灾难仿真、特技表演等于一身的大型动感室内仿真乘骑项目"铁血春秋"等等。

晚上的演出是由北京奥运会开幕式创意团队倾心打造的国内唯一的大型实景主题水影秀《烟雨春秋》,自 2010 年夏天正式开演以来,成为春秋淹城旅游区创新二次消费的成功范例。演出以水帘作幕,以灯光秀舞,通过世界先进的影像视频与多媒体互动技术,完全颠覆了传统演出形式,让诸侯纷争场景与江南水墨画卷在墙体、水面、空中展示,让游客在 45 分钟的时间里穿越时光、寻梦春秋⑨。

江苏常州春秋淹城旅游区以保护遗址为目的,以宣传中国传统文化为宗旨,不仅在中心城区内完整地保留了淹城遗址,还在保护的基础上进一步利用文化资源,开发出淹城春秋乐园。淹城春秋乐园注重游客参与性及创新型,在淹城遗址的文化基础上营造了春秋时代氛围,使游客具有浸入性体验,在体验的同时学到了知识,兼具教育性及趣味性。

五、结语

我国文化遗产展示利用的方式及内容在随时间不断发展中,然而文化遗产的体验学习层面尚未引起注意且没有相应的研究,借用体验学习理论以研究文化遗产利用展示方面的问题,有利于从心理学、社会学层次研究公众所需,从而促进文化遗产展示利用后的游客满意度的提升,进而促使文化遗产的社会效益的形成,真正地让文化遗产活起来。由于体验学习目前应用多在教育学领域,文化遗产领域相关研究较为匮乏,未来仍需进一步探讨其在文化遗产领域的实用性以及进行有针对性的单体研究。

注释:

①曾树灶:《信息教育技术视角下的思想品德课程标准解读——关于课程整合意义的探讨》,《新课程》2014 年第 1 期。
②房慧:《经验学习的反思与建构》,西南大学博士学位论文,2010 年,第 164 页。
③和学新:《现实生活与学生主体性的建构》,《现代教育论丛》2001 年第 2 期。
④巩亮:《推销学体验式教学的问题与对策》,《学周刊》2016 年第 13 期。
⑤朱转云、王俊:《基于教学评价的学习风格和策略研究述评》,《产业与科技论坛》2015 年第 18 期。
⑥戚先锋:《库伯的经验学习理论——研究中小学教师继续教育的新视角》,《继续教育研究》2006 年第 2 期。
⑦马波、邹婉玲:《论体验式学习的教学策略》,《教育与职业》2007 年第 17 期。
⑧许凡、张谨、刘硕、钟彦华:《史前遗址的展示——以日本吉野里国家历史公园为例》,《小城镇建设》2008 年第 6 期。
⑨人民论坛专题调研组:《遗产保护与旅游开发如何并行——江苏常州春秋淹城旅游区的探索与实践》,《人民论坛》2012 年第 18 期;周璞:《淹城遗址:遗产保护与利用并行的见证》,《中国文物报》2018 年 9 月 14 日第 3 版。

(作者单位:西北大学文化遗产学院)

世界灌溉工程遗产保护利用的问题与对策研究

——以郑国渠为例

◇ 王睿哲

内容提要:随着郑国渠入选国际灌溉排水委员会评选的世界灌溉工程遗产名录,其作为灌溉遗产的传承与发展日益得到重视,同时其保护利用的问题也日显突出。本文通过分析郑国渠作为世界灌溉工程遗产的保护、利用之间的矛盾与问题,探究郑国渠在遗产本体有效保护、遗产管理、价值认知、合理利用以及可持续发展等问题的解决对策,为世界灌溉工程遗产的保护利用提供相关借鉴和参考。

关键词:世界灌溉工程遗产 郑国渠 保护利用

一、前言

在世界文明的历史进程中,人类的灌溉活动一直扮演者极为重要的角色,作为人类灌溉活动的物质载体,灌溉遗产是古人传承下来的重要物质财富,具有普遍的历史、科学及社会文化价值,理应被更好地保护和发展利用。2014年国际灌溉排水委员会(ICID)开始评选世界灌溉工程遗产项目,旨在更好地保护和利用古代灌溉工程,挖掘和宣传灌溉工程发展史及其对世界文明进程的影响,学习古人可持续性灌溉的智慧、保护珍贵的历史文化遗产①。

作为世界灌溉工程遗产,郑国渠的保护利用不仅真实展现两千多年来引泾灌溉工程的沧桑巨变,也记录了当地居民社会生活的发展过程,更是展现灌溉遗产可持续发展运行的典范。而同时作为历史遗留下来的全国重点文物保护单位和正在使用的灌溉工程,二者之间又存在历史文物的有效保护与

灌溉工程的合理利用的矛盾与问题,这也是灌溉遗产所面临的普遍问题,如何解决所面临的矛盾与问题即为本文所要研究探讨的内容。

二、郑国渠的发展历程与保存现状

(一)发展历程

郑国渠位于陕西省泾阳县王桥镇西北25公里的泾河北岸,始建于秦王政元年(前246年),其修建原本是韩国的"疲秦"之计:战国时期,国势相对较弱的韩国在面对国富兵强的秦国时难以招架,听说秦王喜欢兴修国事,想使秦致力于国家建设,无力东伐。于是派遣水工郑国前往秦国修建水利设施,想以此为由耗费秦国民力财力。秦王得知之后,在主张改革发展的李斯的强烈建议下非但没有惩罚郑国,反而重用了郑国,协助他继续主持修建了郑国渠这项伟大的灌溉工程。

经过十余年的政治斗争与郑国坚持不懈的努力,郑国渠终于在公元前236年建成。《史记·河

渠书》记载"渠就,用注填阏之水,溉泽卤之地四万余顷,收皆亩一钟。于是关中为沃野,无凶年,秦以富强,卒并诸侯,因命曰郑国渠。"其修建使关中地区四万余顷土地成为沃野良田,解决了当地旱期供水不足的问题,使粮食产量得到稳定提高,为秦吞并六国、统一天下奠定了不可或缺的基础。

在后续历史发展过程中,由于引水方式和自然条件等因素导致了泾河河床下切,河水不能入渠,为继续造福关中平原,历代又先后修建了汉白渠、唐三白渠、宋丰利渠、元王御史渠、明通济渠、清龙洞渠以及民国泾惠渠等灌溉渠道,历经两千三百余年,万变不离其宗,传承着关中地区绵延不断的农耕灌溉文明以及不屈不挠的与大自然斗争的精神与智慧。

(二)保存现状

1.作为历史遗产的保存现状

郑国渠遗址包含的历代引水灌溉工程集中分布在泾阳县仲山西麓的峡谷谷口内外,自公元前246年修筑郑国渠始至今的引泾工程,历代都选择在此地截泾引水,2000多年的历史演变,历代的遗址迭经兴废,在这里构成了一个三角形的水利灌溉工程历史遗址区(图一)。遗址区南北长7公里多,东西宽3公里,在此范围内古渠纵横,遗址密布,迄今为止,已发现残存古渠首13处,古渠古坝26段,总长20公里以上。这些渠道遗址,多已淤塞,断续状分布于泾河东岸。整个遗址区可分为山内外两部分:山外,主要分布着秦汉至隋唐时期的古渠遗址以及清代的一些工程,此区域内,均为土质渠道;山口内,分布着宋、元、明、清时期的古渠遗址,以石质渠道为主,山内石渠因质地和年代关系,保存较为完好[2]。

经过笔者的原地踏查与调研发现,郑国渠遗址范围内的历朝历代渠首、渠道及大坝等遗存均处于荒废的状态,或残存于周边农作物之中、或被荒草覆盖。以郑国渠渠首与故道为例(图二、三),现存两处取水口遗址,均位于泾河东岸,基本结构破坏严重,仅可大致辨别其基本形态,除保护标志碑以外,暂无其他保护利用设施存在。

图一　郑国渠遗址分布图

图二　郑国渠渠首遗址现状

图三　郑国渠渠道遗址现状

2.作为灌溉工程的利用现状

郑国渠作为灌溉工程现今以泾惠渠(图四)的形式惠及关中地区百姓,这是郑国渠及其历朝历代工程历经数次兴废后,由我国近代著名水利科学家李仪祉于1930年在郑国渠及其历代工程基础上负责兴建的一个专业化的农业灌溉水利工程,泾惠渠于1932年6月20日开启使用,当时设计的使用面积达64万亩。后经过数次的修缮和改建,使泾惠渠的形式不断改进,灌溉农田区域也由开始的50万亩不断增加到135万亩,当地农作物产量从不到100公斤每亩提升到每亩550公斤还多,农业与社会效益得到大幅提高,使泾阳县成为国家重要的农业生产基地③。

泾惠渠灌区建成以来,有力地促进了当地农业经济的振兴和发展,奠定了泾阳县当地经济结构调整基础。特别是近年来,泾惠渠管理局按照民生水利的新要求,以服务"三农"为己任,以破解水源难题为突破口,以深化改革为动力,不断创新建设方法,探索发展出路,先后在泾阳县实施了泾惠渠改建、农村用水设施改造、泾惠渠设备加固等工程项目,同时共新建或疏通引水渠道100多公里,提升中低产农田42.5万亩,为当地农业经济的发展做出了重要贡献。

图四　泾惠渠大坝现状

三、现状问题剖析

首先,在管理方面,郑国渠及其相关保护利用的管理部门主要包括负责文物遗址管理的郑国渠文物管理所,负责灌溉工程的泾惠渠管理局,以及负责周边旅游发展的陕西郑国渠旅游风景区有限公司。三个管理部门看似分工明确、各司其职,但实际运作上却存在着一定的管理不善问题。多样的管理分工把郑国渠本身具有的多重属性:仍在使用的灌溉工程、历史遗产以及旅游风景区分割开来。尤其是泾惠渠管理局直属于陕西省,

而郑国渠文管所却隶属于泾阳县,从这些设置级别及保护利用现状上就可看出,有关部门对泾惠渠的灌溉功能的认知明显高于其作为历史遗产的价值。

其次,在保护与利用的关系问题上,由于管理部门的不协调,地方对郑国渠发展实施的相关办法存在"重发展、轻保护"的问题。作为灌溉遗产的郑国渠及其历代工程历经两千多年的沧桑,受自然因素和人为因素破坏较严重,历朝历代只是在新修渠道、灌溉便民方面有所作为,对于废弃的渠口与故道并没有得到有效地保护与利用,致使灌溉遗产工程只剩下灌溉工程,缺失了本不可或缺的遗产部分,没有切实保证郑国渠的完整性和遗产持续发展的文化空间,使其作为全国重点文物保护单位所蕴含的价值与地位得不到体现与尊重。

作为世界灌溉工程遗产的郑国渠,具有历史文化、科学艺术、社会经济等多方面的价值,向社会公众充分地进行相关价值的展示也是郑国渠在保护与利用过程中的重要职责。但是,由于保护与研究人员不足,管理部门对郑国渠的价值内涵缺乏更深层次的认识,问题依然没有得到解决,地方政府对郑国渠这一灌溉遗产的深厚文化内涵和遗产的独特价值挖掘和展示不够,影响了郑国渠作为灌溉遗产的充分展示与价值发掘。

由于对郑国渠的价值缺乏足够的认识,加上地方基础设施建设缓慢造成的先天发育不足问题,致使郑国渠的知名度并没有达到预期效果,进而导致郑国渠在教育、游憩等方面的作用得不到充分体现。因此,通过郑国渠世界灌溉工程遗产相关品牌因素的建立,做好郑国渠群众基础层面与社会政府层面全方位的宣传,是郑国渠这一IP在往后发展利用过程中应着重考虑的问题。

最后,作为千百年来流传并一直沿用至今的灌溉遗产,郑国渠为其所在区域的农业经济发展提供了不可或缺的物质载体作用,但灌溉遗产为当地社会所提供的价值不能仅仅是作为灌溉工程的水利功能延续,更多的还应该包括遗产所蕴含的社会文化价值。郑国渠由于缺乏统一的管理与

引导，当地居民的主人翁意识不强，即不能主动投入到文化遗产地的保护中，也没办法积极地利用文化遗产促进当地社会的发展，无疑是对灌溉遗产资源的一种浪费。

四、对策研究及展望

（一）创新管理模式

郑国渠灌溉遗产的管理涉及多个机构，包括政府、企业等多个部门。在全国文化领域机构改革的背景与现行的管理模式下，可进一步创新管理方式，协调各机构与部门间的管理规定，以郑国渠文物管理所为主导、泾惠渠管理局为支撑、郑国渠旅游风景区有限公司为补充，推动相关管理法规的制定，逐步打造有郑国渠灌溉遗产特色的科学统一、多方协作的完善的管理模式。

在备受关注的文化机构改革新的发展思路和趋向引领下，通过郑国渠历史文化价值的弘扬与宣传重建企业对灌溉遗产的认同感和责任感，同时泾阳县政府也要积极引导水利部门与旅游企业形成合力，参与郑国渠的日常保护和管理，通过创新管理模式与各部门管理协作的加强逐步形成完善全面的灌溉遗产管理方法与制度。

（二）有效保护

郑国渠在其完善管理体制的基础上，要依托高等院校、文物保护、灌溉遗产等相关科研机构推进灌溉遗产专业保护队伍建设，郑国渠文物管理所通过提高自身水平和薪酬待遇增加对文化遗产管理和文物保护技术等方面专业学术人才的吸引力，特别是既了解文化遗产保护、又懂得遗产管理的综合型人才。泾阳县政府同时也要定期出台吸引具有专业技术的高端人才的相关政策，加大力度引进世界灌溉工程遗产保护和管理的高端人才、旅游发展管理人才和相关的经营发展管理精英，培养、提升员工的文化遗产素养及能力，使专业技术高端人才能够最大限度的挖掘自身潜力，发挥自身价值。

（三）价值认知

合理完善的管理机构和专业的高端人才为郑国渠这一世界灌溉工程遗产深厚文化内涵和遗产的独特价值的发掘与展现提供了重要基础。郑国渠

的价值内涵挖掘空间巨大，历史文化价值的挖掘及展示对宣传农业灌溉文明，提高农业灌溉文化的影响力，总结历代灌溉工程的历史经验，指导现代灌溉工程建设有重要的现实意义。在对其价值研究的基础上还应在原址增设辅助展示设备，更好地展示郑国渠相关文物、阐释郑国渠发展历程、宣传郑国渠历史文化价值，使游客和相关工作人员能够直观明了地学习传统灌溉历史文化和古代灌溉科学技术。

（四）合理利用

郑国渠遗址拥有近3000多年的历史积淀，纵观其发展可谓是独一无二的"陕西水利史"画卷，通过挖掘郑国渠历史、灌溉、社会文化信息，以特色文化为导向开展集休闲参与为一体的高品质旅游项目，树立郑国渠旅游品牌形象，形成独特的市场竞争优势的因素，进而通过品牌营销与宣传，全方位提升郑国渠灌溉遗产在国内外的知名度。

根据郑国渠旅游区的区位特点、资源优势与发展现状，明确历史文化、灌溉文化和农业民俗文化为其旅游开发重点，通过以郑国渠历史遗址现状保护为基础，遗址文化科技开发为支撑，郑国渠风景区旅游发展为补充，逐步实现各个点上的目标，并通过以点带线，以线带面的方式，多方协作，共同发展，最终实现对郑国渠世界灌溉工程遗产的保护与利用。

（五）可持续发展

郑国渠遗址具有得天独厚的社会基础与自然基础。在遗址保护中，泾阳地区完全可以借郑国渠成功申报世界灌溉工程遗产的契机，整合泾阳域内旅游与遗产资源，把郑国渠建成集历史人文、技术普及、生态建设与环境美化的复合型工程。推动全民参与遗址发展与保护，发挥当地社区居民的主人翁意识，主动投身到遗址保护建设中，实现历史文化与社会效益的积极互补，用遗产福利推进社会与遗产保护的可持续进程。

五、结语

郑国渠作为世界灌溉工程遗产包含着历史遗产及灌溉工程等多重身份，本文通过对现状的描述评估指出郑国渠作为历史遗产在遗存本体保护方面面临的一系列问题，作为灌溉工程在农业水利利

用和作为旅游风景区在展示宣传方面存在欠缺之处,进而提出郑国渠在遗产本体有效保护、遗产管理、价值认知、合理利用以及可持续发展等问题的解决对策,以期对郑国渠及相关灌溉遗产的保护利用工作有所助益。

注释:

① 中国国家灌溉排水委员会官方网站[EB/OL].
http://www.cncid.org/cncid/index.htm

② 李昕升:《郑国渠技术成就研究评述》,《华北水利水电大学学报》(社会科学版)2014 年第 2 期。

③ 泾阳县编纂委员会:《泾阳县志·水利志》,陕西人民出版社,2001 年。

(作者单位:西北大学文化遗产学院)

关圣文化建筑群保护利用与区域发展的协同性研究

◇ 刘　琳

内容提要：新型城镇化背景下，文化成为诸多城市发展的一张特色名片，文化遗产保护利用也从"独立发展"趋向"区域协同发展"。基于运城地区关公文化发展的深厚土壤，本文以运城关圣文化建筑群为例，深入剖析遗产保护利用与运城市协同发展的现状、存在问题及可行性，结合运城市转型发展的实际状况，提出构建城市文化氛围、深入挖掘关公文化内涵、拓宽关公文化产业链以及跨区域合作四个方面的协同发展策略，以期形成遗产保护与区域发展的良性互动局面。

关键词：协同发展　关圣文化建筑群　文化生态保护区

随着文化遗产保护理念的发展，遗产保护模式逐渐由过去的"绝对性保护"转向"保护与利用"、"保护与区域发展"等相结合的多元化模式。1972年的《保护世界文化与自然遗产公约》以及《阿姆斯特丹宣言》《内罗毕建议》等国际宪章确立了对文化遗产实施区域性保护的理念[1]。2002年的《世界遗产布达佩斯宣言》明确指出："努力在保护、可持续性和发展之间寻求适当而合理的平衡，通过适当的工作，使世界遗产资源得到保护，为促进社会经济发展和提高社区生活质量做出贡献。"[2]在遗产保护与利用研究中，遗产与区域发展之间的关系、遗产与区域协同发展路径等也愈来愈受到学者的关注[3][4][5]。在具体的实证研究中，具有代表性的是大遗址与区域、古城古村落与区域发展研究等，但针对单个小型遗址点与区域发展关系方面研究相对较少。

近年来，随着城市建设的不断扩张，许多地区的遗产，特别是占地面积较大的遗址被视为城市发展的"绊脚石"，制约了经济的发展。即使是保护力度较大、保存相对完好的遗产点也逐渐成为城市中的一座"孤岛"，与城市整体背景环境格格不入，引发了人们对遗产与区域关系的思考。物质层面上，遗产与区域互为载体。区域为遗产提供必要的生存空间和背景环境，遗产也是区域环境空间的重要组成部分。文化层面上，遗产作为城市独特性的载体，是一城市区别于其他城市的重要标志，同时遗产所传达的历史价值、精神价值，所形成的区域自豪感和认同感是城市更为宝贵的财富。故宫博物院院长单霁翔指出："在新时代下文化遗产应更有尊严，要将文化遗产事业融入社会经济发展，同时要使文化遗产保护成果惠及大众。"[6]因此，科学认识遗产与区域的关系、充分发挥遗产的各项价值，合理利用遗产的各种功能，形成遗产保护与区域发展良性互动关系至关重要。针对山西省大部分资源型城市来说,充分发挥遗产的力量,对促进区域的转型发展具有深刻意义。

当前,山西省运城市正处于区域经济转型发展的关键时期,本文以运城关圣文化建筑群为例,在深入挖掘运城地区关公文化的基础上,分析遗产保护利用与区域协同发展现状、存在问题及可行性,从文化空间的视角对遗产保护与区域发展进行协同性研究,将物质文化遗产"关帝庙"与非物质文化遗产"关公信俗"结合起来,重点培育以"关公信俗"为核心的精神文化空间,构建文化生态保护区,从而促进自发性遗产保护与区域协同发展局面的形成,为运城市经济转型提供思路,促进该地区经济良性可持续发展。

一、运城地区关公文化现象

人民是地区文化的传承者与弘扬者,是地区精神的体现者与践行者。一地区的精神文化往往深深地隐藏在人们的社会生活中。刘铁梁教授曾提出"标志性文化"这一概念,指出:标志性文化,就是对于一个地方或群体文化的具象概况,一般是从民众生活层面筛选出一个实际存在的体现这个地方文化特征或者反映文化中诸多关系的事象⑦。对于标志性文化的理解和把握,有助于形成遗产、文化及区域发展合力,促进全面可持续发展。

在官方及民间多重力量的推动下,关公信仰逐渐发展成为一项影响重大的民间信仰,遍布各地。运城地区作为关羽的故乡,其关公文化具有明显的"在地化"特征。本文经过长期的生活实践及社会调查,从祭祀活动、文化生活和社会生活三个层面深入挖掘隐藏在运城地区人民生活中的关公文化现象,展示该区域独特的地方文化及情感认同。

(一)祭祀活动是关公信仰的直接体现

历史上,不同时期不同地区人们对于关公的祭祀活动有所不同,各有特色,运城地区也形成了独特的祭祀文化,明清时期趋于成熟,解州关帝庙作为官方祭祀的大庙,常平关帝家庙也是官方和民间祭祀的重要场所。伴随着祭祀活动的开展,关帝庙会逐步兴盛,商贾云集,热闹无比。据清嘉庆版《关帝圣迹图志全集》记载:"每岁四月八日传帝于是日受封,远近男女,皆刲羊豕,伐鼓啸旅,俳优巫觋。

秦、晋、燕、齐、汴、卫之人肩摩毂击,相与试枪棒、校拳勇,倾动半天下。"⑧改革开放以来,无论是官方还是民间,关公信仰得到了新的发展。在各级政府的支持下,1990 年运城地区举办了第一届关公庙会,2005 年更名为"中国运城国际关公文化节"。2006 年,恢复了四月初八"关公巡城"大型活动。常平关帝家庙也恢复了六月二十四日关帝诞辰祭祀活动。这些活动体现了政府对关公文化的重视,为运城地区经济文化发展开辟新方向。民间层面上,运城地区人们对关公信仰的传承从未中断,当地居民家中多数供有关公像。每逢春节、中秋等,很多人会在家中祭拜,庙会时节,常平、曲村和蚕坊几个村子的居民可以持身份证免费进庙里烧香祭拜。

(二)关公信仰体现在丰富多彩的文化生活中

自古以来,与关公有关的文学、美术、戏剧等作品数量丰富,流传广泛,遍布在人们的文化生活中。新时代,随着大众传媒的发展,关公文化焕发新的生机。1992 年,运城市人民政府在运城火车站广场中心建造"关公提刀勒马回首归故里"大型雕塑。运城机场以关公命名为关公机场。蒲剧作为运城地区传统剧种,《出五关》《古城会》等剧目仍在上演,2002 年拍摄京剧电视剧《忠义千秋关云长》。与关公有关的美术和影视创作也在蓬勃发展。著名国画家汪国新以擅画关公而著称,从全新的角度诠释新时代的关公形象。影视作品包括 1990 年由运城电视台拍摄的《关公出世》、2004 年由中央电视台拍摄的《关公》等。与此同时,作为现代娱乐生活的重要组成部分,游戏中的关羽形象也是丰富多彩,包括小游戏《武圣关羽》《王者荣耀》中的关羽等。关公文化在新时代焕发出新的活力。

(三)社会生活中的关公文化现象是关公精神传承的重要内容

人民是文化传承与发展的主体,只有融入到人民生活中的文化才能充满活力。作为关公故里,关公文化影响深远并逐步渗透到人们的日常生活中。通过长期的生活实践及社会调查可以发现:运城地区人民现代生活中许多家用小汽车都以各式各样的关公形象作为装饰以保佑出行平安;很多小商店均供奉关公小龛,祈求生意兴隆等。关公精神已经不断内化到人民的血液中,并通过外在的活动表现出来。因此运城地区具备关公文化发展的深厚土壤。

二、关圣文化建筑群保护利用与运城市协同发展可行性分析

(一)关圣文化建筑群保护利用与运城市协同发展现存问题

1. 脱离了地区发展的关圣文化建筑群在保护利用中存在诸多问题

首先,从遗产保护的角度来看,随着关帝庙旅游的不断发展,遗产保护与管理未能得到应有的重视,对现有资源的保护力度不够。关帝庙由于缺乏日常的管理监测手段以及对古建的定期修缮维护,大量游客的涌入使得庙内建筑本体遭到不同程度的破坏。同时,除建筑本体外,位于庙内的文物也缺乏相应的保护措施。庙内的金属制品因常年暴露已被氧化侵蚀,出现锈迹。部分彩绘也已模糊不清。

其次,从遗产利用的角度来看,关帝庙景点类型单一,旅游产品同质化现象严重,缺乏对关公文化的深度挖掘。游客在对其进行游览时,仅停留在单纯的参观甚至祭拜上,对其建筑本体及其所传递的精神文化知之甚少,尚未形成良好的文化氛围,区域影响力不足。

再次,从社区居民参与的角度来看,居民的祭拜信仰促进了关公文化延绵不断的发展与传承。在当代遗产利用的背景下,一方面居民作为关公文化传承的"活的载体",是关公精神的重要组成部分;另一方面,居民在关帝庙周围进行小型旅游产品经营,直接体现了关公故里的整体风貌。但从目前解州关帝庙景区居民参与来看,社区居民缺乏遗产的主人翁意识以及必要的服务意识,对景区形象造成一定影响。

最后,从区位发展的角度来看,运城市位于山西南部,毗邻陕西、河南两个旅游大省,单纯的观光游览不利于形成地区特色,影响该地区旅游业的发展。运城市应抓住"关中城市群"建设这一发展机遇,找准定位,促进转型发展。

2.运城地区在转型发展中面临诸多困境

目前从运城市旅游发展来看,运城市开发的"关公文化"仍停留在对其利用的初步阶段,与区域其他产业发展联系较少,尚未实现对区域经济发展、精神文明建设等方面应有的功能。同时,运城市主张建设新型工业化大市、现代农业强市、文化旅游名市和晋陕豫黄河金三角区域性中心城市,产业发展之间关联互动较少,难以形成区域核心竞争力。

(二)关圣文化建筑群保护利用与运城市协同发展可行性分析

1.作为运城地区的标志性文化,关公文化具有明显的地域性特征:

关帝庙是关公文化的重要载体。据当地民众介绍,历史上关公故里几乎村村都有关帝庙⑨,可见关公文化在运城市的发展历史上具有重要影响力。新时期运城地区的关公文化焕发新的活力。无论从祭祀活动、人们的文化生活和社会生活等方面都受到潜移默化的影响,具有明显的"在地化"特征。同时相较于其他文化,诸如远古文化、农耕源头文化、黄河根祖文化等,关公文化群众影响力广泛深厚,可塑性强。

2.关圣文化建筑群的保护发展离不开运城地区的支持

作为运城市第一大文化资源,关圣文化建筑群凭借自身优势迅速发展,但利用层次较浅,与运城地区发展联系较少,存在诸多问题,究其原因在于关帝庙依赖于关公文化及其精神的存在而存在,单纯对物质载体的开发利用是远远不够的,区域文化精神的构筑至关重要。目前,运城市正处于经济转型发展重要时期,"关公文化"是形成该地区社会经济发展特色品牌和形象的重要资源,反过来,运城市良好文化氛围的形成也有利于关帝庙以及关公信俗等遗产的保护和发展。

3.运城地区转型发展离不开文化的力量

随着国家生态文明建设的号召,运城市正处于经济转型发展重要时期,并将文化旅游作为战略性支柱产业进行发展。《运城市国民经济和社会发展第十三个五年规划纲要》指出:要建设文化旅游名市,突出"关公文化"和"盐文化"主题。关帝庙及关公文化是运城地区社会经济转型发展的重要推力。

目前关圣文化建筑群发展中存在的问题,包括文化内涵深度挖掘不足、旅游产品特色度不够以及以居民为主体的旅游服务意识不强等都需要考虑遗产利用的深层次问题—文化问题。基于之前粗放、低效的发展模式,运城市也正寻求一条创新、协调、绿色、开放、共享、廉洁和安全的科学发展道路,文化旅游作为该市支柱性产业发展目标也被提上日程。因此,在特定的历史条件下,关圣文化建筑群保护利用发展目标与运城市区域转型发展目标定位具有一致性,二者均可以在相互发展中找到突破口。

三、关圣文化建筑群保护利用与运城市协同发展对策研究

(一)文化空间与文化生态保护区

"文化空间"和"文化生态保护区"都是针对非物质文化遗产而提出的保护模式。1998年,联合国教科文组织第155届大会制定《人类口头及非物质遗产代表作宣言》,首次提出"文化空间"的概念。2005年,我国颁布《国家级非物质文化遗产代表作申报评定暂行办法》,对"文化空间"这一概念进行了详细的定义:"文化空间,即定期举行传统文化活动或集中展现传统文化表现形式的场所,兼具时间性和空间性。"自古以来,运城市作为关公信仰的集中表现地之一,几乎村村有关庙,人们对关公的信仰也是经久不衰,定期举办祭祀活动、仪式等。因此,从狭义上来说,关帝庙是传承关公文化的特定文化空间。从广义上来讲,解州镇乃至运城市都是"关公信俗"传承的重要文化空间。

"保护区"的概念来源于生态学,20世纪80年代就有人提出构建自然生态保护区,随后文化生态保护区也逐渐进入了民族学家的视野,它是建立在区域与文化基础上的对特定文化进行区域性整体保护的模式。它是指在一个特定的自然和文化生态环境、区域中,包括有形的物质文化遗产,如古建筑、历史文化街区、古城古镇、传统村落及历史遗迹等和非物质文化遗产,如神话传说、传统表演艺术、民俗活动、礼仪、节庆、传统手工技艺等在内的文化生态保护展示区,在这个区域内的文化生态环境、人类活动及各项文化事项之间紧密联系、和谐相处[10]。因此,在特定的文化空间构建文化生态保护区,有利于物质和非物质文化遗产的保护传承以及区域社会精神文化甚至经济的全面发展,形成遗产保护与区域发展良性互动关系。

本文基于文化空间及文化生态保护区的理念,尝试在运城市建立关公文化生态保护区,充分调动社区居民的力量,促进运城市全面可持续性发展,将以关帝庙为主体构筑的展示空间和以"关公信俗"为核心构筑的文化空间进行整体性的保护利用,构建运城市关公文化生态保护区,促进关帝庙保护、关公文化传承以及运城市区域三者协同发展。

(二)关圣文化建筑群保护利用与运城市区域协同发展

从关圣文化建筑群保护利用与运城市区域发展现状及存在问题可以看出:二者目前面临的核心问题在于关帝庙保护利用与运城市转型发展之间、关公文化产业与其他产业之间协同发展的矛盾。为此,本文将从城市文化氛围的构建、文化内涵的研究挖掘、文化产业链的构筑以及跨区域合作协同发展四个方面提出关圣文化建筑群保护利用与运城市区域协同发展的对策。

1.从宏观层面构建运城市关公文化生态保护区

运城市历史悠久,孕育了人类远古文化、农耕源头文化、黄河根祖文化、关公等宗教信仰文化、盐文化、河东民俗文化以及红色革命文化等,内涵丰富、底蕴厚重,其中关公文化具有标志性和典型性。近年来,运城市也在不断发展以关公文化为主题的各项活动,促进文化的传承和传播。从运城市关公信仰演变来看,关公文化对当地民众影响深远,鼎盛时期,几乎村村都有关帝庙,且经常举办各项活动。从目前发展状况来看,人们对关公的各项祭祀活动有所减少,只有在关公诞辰等重大节日才会举办相关活动,人们对关公文化的了解也在逐渐减少,但是在人们日常生活及行为规范中我们仍能感受到关公精神的延续。关帝庙、关公信俗以及当地民众是统一的、不可分割的整体。因此,我们需将该区域的生态环境、民众生活以及关帝庙、关公信俗放置在一个统一的文化生态系统内,从关帝庙等物质文化遗产中构筑文化空间,通过文化空间的构筑

促进关公信俗的发展,形成运城市关公文化生态保护区。

2.加强对"关公信俗"的研究,促进其当代功能的发挥

文化遗产作为过去历史的产物,在当代社会其功能和定位均发生了一定的变化。为促进遗产在当代社会更好地保护和发展,我们需要对其进行重新定位,赋予其新的时代功能。从古至今,关公信仰的形成、发展涉及到不同阶层、角色的参与。国家层面上,关公"忠义仁勇"的精神与统治者需求相吻合,因此逐渐转化成国家的正统神。民间层面上,不同时代人民将关公精神与自身生活联系起来,将关公角色融入到他们求雨、求药、求子、求财等日常生活之中,不断丰富关公文化的内涵。在不同的历史时期,关公文化被赋予了各个时代的社会内涵,促进了关公文化的不断兴盛。因此,新时期我们要不断挖掘并丰富其内涵,加强对"关公信俗"的研究,培育文化发展新的土壤,赋予其时代意义,这样才能保持文化发展的生机。诸如:关公文化所提倡的传统伦理道德精神有利于提升国民整体道德素质;关公文化在港澳台以及海内外的影响易形成文化合力,有利于加强民族团结和国家统一;关公关于"诚信"的文化内涵有利于规范商业运营,净化社会风气等。

3.合理利用区域商贸物流产业发展机遇,完善关公文化产业链

《运城市国民经济和社会发展第十三个五年规划纲要》指出:要大力发展文化旅游、现代金融和商贸物流产业,形成以服务业为主导的现代产业体系。一方面,现代物流业的发展有利于促进该区域交通条件的改善,有利于进一步提升遗产的可进入性,提升遗产影响力。另一方面,完善关公文化产业链,深入开发有特色的文化产品,加强市场营销,促进关公文化的传承与传播。目前关圣文化建筑群文化产业主要以小商品经营为主,包括关帝圣象、关公刀剑、关公书画以及关公旅游纪念品等,但均缺乏特色,且不能满足不同层次、不同需求人的购买需要。首先,要形成产业化的生产经营模式,组织专业团队进行关公文化产品的设计,尽可能满足不同层次游客的需求。其次,延长产业链条,形成关公文化的持续影响力和购买力。诸如可以将"运城面塑"这一非物质文化遗产同关帝信仰结合起来,运用面塑的色彩、技巧等进行关公形象、武器的塑造,充分调动游客的想象力,在此过程中既可以深入关公文化的元素,同时面塑成品也可以作为小礼物送给亲朋好友。同时充分利用好现代传媒手段,深入发展关公影视、动漫以及游戏等相关产业。

4.抓住关中平原城市群发展机遇,加强区域协同发展

2018年初,国务院正式批准《关中平原城市群发展规划》,以建设具有国际影响力的国家级城市群为目标,以延续中华文脉、体现中国元素的风貌塑造为特色,推进核心城市西安建设国家中心城市,进一步提升宝鸡、铜川、渭南、杨凌、商洛、运城、临汾、天水、平凉、庆阳等重要节点城市的综合承载力,适度扩大城市人口规模,提升综合服务功能。随着旅游全域化的发展,进行旅游资源跨区域间的整合、推进旅游产业集聚、形成区域旅游发展新格局已成为新的趋势。京津冀旅游城市群、长三角旅游城市群、珠三角旅游城市群、成渝旅游城市群等的建立进一步推动了相关地区旅游业的发展。因此,充分利用好关中平原城市群的发展机遇,加深区域间旅游合作,挖掘各区域特色,找准定位,促进区域旅游的整体发展。关中平原城市群中西安、咸阳、宝鸡、天水、平凉、运城、临汾等都拥有大量珍贵的历史文化资源,底蕴深厚。同时运城市作为关公信俗的发源地,具有其独特性。因此,我们应充分依托国家"一带一路"战略,利用好文化资源优势,大力发展特色文化,促进该区域旅游业的全面发展,提升区域旅游综合竞争力。

四、结语

近年来,对于文化遗产,我们在注重科学保护的基础上更加注重对其的合理利用。文化遗产的功能也正从单一"文化传承"向"惠及区域"的方向转变。本文以关圣文化建筑群为例,分析了关帝庙目前保护利用现状、存在的问题以及与运城市协同发展的策略,认为运城市应该抓住关中平原城市群发展机遇,将物质文化遗产"关帝庙"与非物质文化遗产"关公信俗"结合起来,深入挖掘文化内涵,营造城市良好文化发展氛围,实现关帝庙保护利用与运城市区域转型协同发展。

参考文献:

①张姝:《文化遗产区域保护模式研究》,中国艺术研究院硕士学位论文,2012 年。

②李文华、闵庆文、孙业红:《自然与文化遗产保护中几个问题的探讨》,《地理研究》2006 年第 4 期。

③高璟、林志宏:《遗产保护:城市可持续发展的平衡之道——以法国雷恩市为例》,《国际城市规划》2012 年第 1 期。

④冯丽、陈楷:《提升城市功能的文化遗产保护发展策略探讨——以三山五园地区为例》,《遗产与保护研究》2016 年第 5 期。

⑤万勇:《城市人文遗产保护在区域经济发展中的价值》,《复旦学报》(社会科学版)2017 年第 4 期。

⑥单霁翔:《关于城市文化遗产保护的思考》,《人民论坛》2010 年第 27 期。

⑦刘铁梁:《"标志性文化统领式"民俗志的理论与实践》,《北京师范大学学报》(社会科学版),2005 年第 6 期。

⑧山西省运城市地方志编纂委员会:《运城地区志》,海潮出版社,1999 年。

⑨任义国:《关公故里的关公信仰研究》,山西师范大学硕士学位论文,2010 年。

⑩潘怿晗:《皇家园林文化空间与文化遗产保护》,中央民族大学博士学位论文,2010 年。

(作者单位:西北大学文化遗产学院)

文物保护工程市场准入体系建设初探

◇ 张雄飞

内容提要：各级文物保护单位均为珍贵的历史文化遗存,具有不可再生性。构建较为完善的文物保护工程市场准入体系,有助于进一步确保工程质量和文物建筑安全。本文结合相关法律法规要求,汲取各项工程经验教训,从资质综合管理、信用信息考核等方面对文保工程市场准入体系进行初步探讨。

关键词：文物保护 市场准入体系 信用信息考核

一、前言

在对文物建筑实施保护工程时，应严格遵循"不改变文物原状""最小干预"等原则，各参建单位在工程实施的不同阶段,需按照原材料、原工艺、原样式、原结构、原环境进行作业,文物保护工程(以下简称文保工程)自身所具有的特殊性决定其与一般建设工程之间存在较大差异。

现阶段,文保工程管理体系仍借鉴一般建设工程的管理体系,尚未完备的管理体系暂时无法完全满足文保工程市场管理要求,同时参与市场竞争的单位鱼龙混杂。部分未取得文保工程资质的单位混入工程,在勘察设计、施工、监理等环节给工程带来较多负面影响,甚至对文物建筑造成不可估量乃至无可挽回的破坏。

近年来,针对文保工程所处的困境,业内专家学者纷纷振臂高呼,例如徐森、黄克忠两位先生先后发表《论新形势下的江苏文物保护工程管理》《不能再走文物保护工程的老路》等文章,建议对现行文保工程管理制度进行改革完善。本文拟以常州地区文保工程管理实践经验为基础，并结合相关法律法规要求及工程所存在的问题，对文保工程市场准入体系建设提出若干初步想法，以就教于方家。

二、体系建设面临的困境及方向

完备的法律法规体系是一柄双刃剑,一方面规范了既有事物的行为,促进社会向好发展;另一方面又在一定程度上限制了新生事物的发展。理想的文保工程市场准入体系，既要严守法律法规底线,也要精准切合文保工程管理实际要求,在困境中寻找方向。

1.体系建设面临的困境

文保工程市场准入体系中最简单有效的制约途径,是在招标环节直接限制不良资质单位进入市场。而今,他们却借助本用于保护市场秩序的法律武器,堂而皇之地进入市场企图浑水摸鱼。

《中华人民共和国招标投标法》第一章第三条："在中华人民共和国境内进行下列工程建设项目包括项目的勘察、设计、施工、监理以及与工程建设有关的重要设备、材料等的采购,必须进行招标",该条明确规定了招投标工作应贯穿整个文保工程,然而拟中标单位的不确定性,给整个工程带来了不稳定因素。

《江苏省招投标条例》第二章第九条:"技术复杂或者有特殊要求,仅有少数几家潜在投标人可供选择的,经设区的市以上项目审批部门或者相关行政监督部门批准,可以邀请招标"。但在笔者参与的诸多文保工程中,除经多次流标而不得已采用邀请招标的,大部分文保工程均需进行公开招标,可见从招标方式上限制不良资质单位进入市场颇有难度。

文物建筑在形制、材料、工艺上存在地区差异性,不同地区匠人流动会对当地文物建筑风格产生一定影响。通过限制地域外资质单位及专业技术人员进入本地市场,或许在一定程度上有利于文保工程的规范实施。而招标投标法严格禁止排他性,且各地区招投标及市场信用管理存在差异,这也给拟构建的市场准入体系造成一定阻碍。

2.体系建设的方向

招标方式难以支撑市场准入体系,因此需要从招标条件和评标准则来寻找突破口。通过研读《江苏省招投标条例》相关条款,笔者认为文保工程符合该条例第二章第九条第一项"具有技术复杂或者有特殊要求"的规定,建议通过合理设置资质等级等相应技术门槛,限制有不良信誉记录的资质单位进入市场。

改革开放 40 年来,我省公路水运行业快速发展,积累了较为丰富的管理经验。2013 年 1 月,《江苏省公路水运建设市场信用信息管理办法》的出台,进一步规范了公路水运市场行为,保障了公路水运建设安全与质量,营造了诚实守信的市场环境,可为文保工程市场准入体系的建设提供相关借鉴经验。当然,该办法所涉从业人员考核对象,仅限于资质单位从事该活动的主要负责人,考虑到文保工程实施过程中,施工质量的优劣及文物建筑保护的成功与否,更多地取决于瓦、石、木、油漆作等工人的技能和文保意识,故有必要将项目现场作业人员管理考核一并纳入综合考评。

综上,文保工程市场准入体系建设应以资质综合管理为主线,以市场信用信息管理为框架,参建单位齐抓共管,做好全程动态考评。

三、体系建设的控制要素

(一)资质综合管理

1.增强资质管控

资质等级是评价一个单位业务能力的基本要素,国家文物局制定的《文物保护工程勘察设计资质管理办法（试行)》《文物保护工程施工资质管理办法(试行)》《文物保护工程监理资质管理办法(试行)》规定,省级文物主管部门每两年进行一次文保工程资质单位年检,省级文物主管部门认定文保工程资质单位年检不合格的,应当责令其整改,整改后仍不符合文保工程相应资质标准的,应当降低其资质等级,或依法组织听证,直至吊销其文保工程资质。

资质管控由市级文物行政主管部门严格把关,建议根据考核等级及项目实施结果,形成初步审核意见,上报省级文物主管部门。对考评等级不合格的单位,建议勒令整改或按程序降低资质直至取消资质;对考评等级优秀的单位,建议给予奖励或按程序提升资质。

通过资质管控,将文保意识薄弱,对文物建筑造成破坏的相关资质单位降低级别直至剔除,优胜劣汰,从招标源头控制不良单位进入文保工程市场,此为文保工程市场准入体系之内核。

2.加强队伍建设

(1)参建人员素质管理

项目管理人员素质不达标会导致工程组织管理混乱,现场操作人员素质不过关会影响工程实施质量。一支具有良好文保意识且技术过硬的队伍,能够权衡利弊,在完成工程进度计划的同时做好文物建筑保护工作。而在某些工程中,那些临时拼凑的施工班组没有进行岗前培训,项目负责人在开工前对文保意识宣传工作不到位,不少工人连最基本的安全意识都不具备,更谈不上保护文物建筑。工人在施工现场不佩戴安全帽、违规抽烟,屡禁不止;暴力拆除文物建筑本体,随意丢弃文物建筑构件,屡教不改。

上述现象轻则造成文物建筑构件损坏,重则导致人身伤害或文物毁坏。为避免此类现象发生,建议建立长效考评机制,将考评结果纳入资质单位信用信息管理。根据考评结果,限制乃至禁止考评等级不合格的企业、项目负责人、一线工人参与文保工程。

(2)从业人员技术管理

人才是一个企业乃至整个行业的核心竞争力,现阶段勘察设计、施工、监理单位,或多或少都存在专业技术人员年龄断层现象。许多施工单位除油漆工有年轻血液注入,瓦、木工等其它工种多为五六十岁以上的老工匠,且多数老匠人未收到学徒,传统技艺难以传承。由于文保工程专业技术人员缺乏,部分资质单位直接组织非专业人员参与工程,他们参与的工程越多,对文物建筑造成破坏就越多,使得群众潜移默化产生文物建筑造假的观念。

为促进文保工程行业良性循环,建议将人才队伍建设纳入考评。鼓励各单位加强技术人才的培养,鼓励各单位组织技术人才参与行业主管部门举办的各项技能比赛。在合理的范围内,将技术人员技能证书、技能荣誉奖状等获得情况纳入信用信息管理加分奖项内。

(二)信用信息管理

1.信用信息获取

信用信息是由文保工程项目建设单位、建设管理单位、项目法人、行业社团组织、县级及以上文物行政主管部门等在履行职责过程中,以及从业单位和从业人员在从业过程中产生、记录、汇总的,它作为有效信息能够反映从业单位和从业人员基本情况、市场表现等信用状况。信用信息的内容包括基本信息、表彰奖励良好行为信息、不良行为信息、项目履约考核信息和信用评价信息等。

建立和完善信用信息管理体系,通过信用信息考评和共享,为资质管理提供核心导向和基础大数据,此为文保工程市场准入体系之着力点。

2.信用等级管理

资质单位及从业人员考核周期为两年,时间同资质等级年审。由市级文物行政主管部门组织相关专家,对资质单位及从业人员信用情况进行综合评价。评价结果均分为优秀、良好、合格、不合格四个等级 (90-100 为优秀;80-89 为合格;60-79 为合格;60 以下为不合格)。初次进入本市区从事文保工程的单位及个人,无不良记录的信用等级暂定为良好;有文保工程质量奖项证明的,或具有两名及以上省级及以上文物行政主管部门认可技术人才的,可提升为优秀等级;有不良信用记录的,视其严重程度按照及格及以下对待。

评标时根据信用等级进行如下操作:

(1)信用等级优秀的资质单位,在参与文保工程招投标时,其信誉评审直接满分,在综合评分相同的情况下优先将其推荐为中标候选人;

(2)信用等级为良好者,在参与文保工程招投标时,其信誉分最多可扣 20%,并在同等条件下优于合格等级评选;

(3)信用等级为合格者,在参与文保工程招投标时,其信誉分最多可扣 50%;

(4)信用等级评定为不合格者,招标人应拒绝其投标;

(5)资质单位及从业人员年度考核不合格者,两年内禁止参与工程招投标,两年后按合格等级考核,有故意破坏文物建筑者终身禁止参与文保工程。

3.考核主体

(1)勘察设计单位

勘察设计单位及其从业人员的考核,主要是针对勘察设计方案质量及履约服务的考核,将考核周期内勘察设计单位参与的所有工程列入考核目录,并依据表一内容实行考核。

表一　文物保护工程勘察设计单位信用行为评定标准表

评定内容	行为代码	不良行为	等级或扣分标准
方案质量类(代码:SJZL)	SJZL-1	勘察设计不遵守文物保护原则,破坏文物原真性者	直接评为不合格
	SJZL-2	勘察设计存在严重质量缺陷导致文物建筑损坏者	直接评为不合格
	SJZL-3	勘察设计漏项严重,补充设计后仍无法指导施工者	扣40分/次
	SJZL-4	勘察设计内容、深度不符合设计规范要求者	扣10分/次
履约服务类(代码:SJFW)	SJFW-1	设计交底深度不够,交底内容不明确者	扣10分/次
	SJFW-2	不按合同要求参加工程会议,无故缺席三次以上者	扣10分/次
评定内容	行为代码	良好行为	等级或加分标准
其他行为(代码:SJJF)	SJJF-1	上年度考核周期内考评为优秀者	加2分
	SJJF-2	本次考核周期内获市级及以上设计奖项者	加2分/项,不超过10分
	SJJF-3	勘察设计人员获勘察设计技能大赛奖项者	加1分/人,不超过10分
	SJJF-4	勘察设计方案获市级及以上建设单位嘉奖者	加1分/次,不超过10分
	SJJF-5	研究课题成果对行业有突出贡献者	加2分/项,不超过10分
	SJJF-6	建立勘查设计人才培养体系,经常性进行业务培训者	加5分

(备注:扣分最低扣至0分,总分最多加至100分)

(2)施工单位

对施工单位及其从业人员进行的动态考核,主要是针对施工质量、管理、技术等方面。要求施工单位提供人员花名册,全程进行实名制系统管理,增加施工失信人员黑名单。一旦发现有主观意念造成文物建筑破坏的,不仅要终身禁止进入文保工程,而且要追究单位及个人法律责任。根据实际情况制定表二,日常施工管理时对各类行为综合考评,特殊情况应同时报文物行政主管部门进行备案。

表二　文物保护工程施工单位信用行为评定标准表

评定内容	行为代码	不良行为	等级或扣分标准
施工质量及管理类(代码:SGGL)	SGGL-1	野蛮施工导致文物建筑(包含建筑内附属物)损坏,且经修复无法恢复原状者	直接评为不合格
	SGGL-2	野蛮施工导致文物建筑(包含建筑内附属物)损坏,但努力整改经修复能基本恢复原状者	扣40分
	SGGL-3	不按图纸施工,该工艺、工序不符合传统工艺,导致文物建筑形制、结构改变者	直接评为不合格
	SGGL-4	不按图纸施工,该工艺、工序不符合传统工艺,尚未导致文物建筑形制、结构改变者	扣20分
	SGGL-5	将工程发包或转包给无资质及施工经验的单位,或发包、转包后不参与现场管理者	扣40分
	SGGL-6	项目现场负责人及施工人员与投标文件不一致者	扣20分
	SGGL-7	施工过程中发现现状与勘察设计方案不一致,隐瞒不报违规施工者	扣20分
	SGGL-8	违规使用不合格材料者	扣20分/类
	SGGL-9	施工中为方便施工,不采用原工艺、材料,破坏建筑形制、结构者	扣20分/处
	SGGL-10	施工现场工人违规抽烟、不佩戴安全帽者	扣2分/次
	SGGL-11	施工内业资料不全、不按要求撰写工程报告者	扣20分/项
	SGGL-12	质保期内出现工程质量问题拖延不解决者	直接评为不合格
评定内容	行为代码	良好行为	等级或加分标准
其他行为(代号:SGJF)	SGJF-1	上一考核周期内评为优秀者	加2分
	SGJF-2	承接工程验收时评为优秀工程者	加2分/项,不超过10分
	SGJF-3	获市级及以上行业主管部门嘉奖者	加2分/次,不超过10分
	SGJF-4	施工技术人员获技能大赛奖项者	加2分/人,不超过10分
	SGJF-5	建立人才培养体系,以老带新传承技艺者	加5分
	SGJF-6	保护文物建筑有突出贡献者	加5分
	SGJF-7	研究课题成果对行业有突出贡献者	加2分/项,不超过10分

(备注:扣分最低扣至0分,总分最多加至100分)

（3）监理单位

对监理单位及其从业人员考核，主要是针对监理服务质量水平，监理人员廉洁性等。对在监理岗位不称职人员应及时调离岗位，因渎职产生重大责任的，应终身禁止进入文保工程，且依法追究其企业及个人责任。对热爱文物保护事业、监理工作细致尽责者，在同等情况下应优先考虑，具体考核标准见表三。

表三　文物保护工程监理单位信用行为评定标准表

评定内容	行为代码	不良行为	等级或扣分标准
监理质量类（代码：JLZL）	JLZL-1	监理服务期间履约差，被建设单位强制解除合同者	直接评为不合格
	JLZL-2	监理期间不履行职责，对文物建筑（包括建筑内附属文物）损坏承担责任者	直接评为不合格
	JLZL-3	监理人员无故不到岗位，迟到早退者	扣2分/次
	JLZL-4	履约期内监理内业资料不全者，不撰写监理报告者	扣20分/项
	JLZL-5	监理人员管理体系松散，监理人员吃拿卡要者	扣40分
	JLZL-6	监理人员同时承担2项以上工程者	扣40分
	JLZL-7	未提前请示说明，无故更换监理人员者	扣20分
其他行为（代码：JLJF）	JLJF-1	上一考核周期内评为优秀者	加2分
	JLJF-2	研究课题成果对行业有突出贡献者	加2分/项，不超过10分
	JLJF-3	建立监理人才培养体系，经常性进行业务培训者	加2分
	JLJF-4	监理期间与破坏文物建筑行为进行斗争有突出贡献者	加5分

（备注：扣分最低扣至0分，总分最多加至100分）

四、结语

通过进一步加强文保工程资质综合管理及信用信息管理，构建较为完善的文物保护工程市场准入体系，能有效地促进资质单位增强文保意识，提高行业技术水平及管理水平，共同推动文保工程行业健康有序发展。

参考文献：

[1]中国政府网：《中华人民共和国招标投标法实施条例》[EB/OL].http：//www.gov.cn/flfg/2011 -12/29/content_2034519.htm

[2]中国政府网：全国人大常委会关于修改《中华人民共和国招标投标法》《中华人民共和国计量法》的决定 [EB/OL].http：//www.gov.cn/xinwen/2017 -12/28/content_5251047.htm

[3]中华人民共和国文化部：《文物保护工程管理办法》，2003 年第 26 号令[EB/OL].http://zwgk.mct.gov.cn/auto255/200603/t20060329_465526.html?key-words=

[4]国家文物局：《文物保护工程勘察设计资质管理办法(试行)》《文物保护工程施工资质管理办法(试行)》《文物保护工程监理资质管理办法 (试行)》，2014 年 4 月发布并施行。

[5]江苏省交通运输厅：《江苏省公路水运建设市场信用信息管理办法》，2013 年 1 月。

[6]《常州市建设工程招标投标实用手册》内部资料，2008 年。

[7]徐森：《论新形势下的江苏文物保护工程管理》，载江苏省文物局编，《江苏省文博论文集(2011)》，南京师范大学出版社，2012 年，第 125-130 页。

[8]黄克忠：《不能再走文物保护工程的老路》，《中国文物报》2018 年 4 月 27 日第 006 版。

（作者单位：常州市文物保护管理中心）

明清时期的泰兴漕运

◇ 印九红

内容提要：漕运始于秦，千百年来一直维持着历代王朝的生命。江苏泰兴境内河港交织，一直以来是江淮交通之门户。明以后，水上交通运输日趋繁荣。本文尝试梳理泰兴开辟漕运河道缘由，考证泰兴境内的漕运河道及明代对入江漕船保护，进而探讨漕运对泰兴经济发展的影响。

关键词：明清时期 泰兴 漕运

漕运是指中国古代中央政府将各地所征收的财物运往首都或其他指定地点的一种政府运输行为。因运输的多为粮食，以供宫廷消费、百官俸禄、军饷支付和民食调剂，故称漕粮，漕运通常指漕粮的运输。运输方式有河运、水陆递运和海运三种，狭义的漕运仅指通过运河并沟通天然河道转运漕粮的河运。

一、漕运及泰兴漕运的历史

漕运始于秦，千百年来一直维持着历代王朝的生命。唐宋以后，随着经济中心南移，与北方的政治中心长期分离，漕运的重要性尤为突出。隋唐时期，随着大运河的开通，漕粮主要通过运河运输。元初，仍以隋唐大运河北运漕粮，但因运河年久失修，运力有限，部分漕粮开始采用海运的方式。元至元三十年（1293），京杭大运河全线贯通，漕粮河运和海运兼而用之。明初，漕粮以海运为主，河运为辅。明朝迁都北京后，粮食需求量大增，加之海运艰险，船只时常倾覆，故重新整治大运河，再次以河运为主。明永乐十三年（1415）正式开启内河漕运。清承明

制，漕粮仍以河运为主，贮京师和通县各仓，以供支用。清咸丰年间，太平天国占领南京后，漕运通道中断，苏、浙两省漕粮改由海运，只有山东和江苏北部的漕粮仍经运河运往北京。清咸丰五年（1855）黄河大改道后，运河浅梗，河运日益困难。清光绪二十七年（1901），清政府正式下令终止内河漕运，这项实行了 2000 多年的经济制度终于退出了历史的舞台。

自汉唐以后，泰州一直是淮南地区漕粮集散转运基地，位于泰州南缘的泰兴，地处长江之滨，南通大江，北接淮水，境内河港交织，一直以来是江淮水上交通之门户。明以后，水上交通运输日趋繁荣，在沟通南北运河漕运史上曾留下了辉煌的一页，明漕运全图上就曾标有泰兴县境（图一）。

二、泰兴另辟过江漕河的缘由

泰兴开辟漕运河道始于明初，主要作为沟通南北运河的漕运辅助通道。京杭大运河正式通漕后，江南漕船过江入漕原有仪征和瓜洲两处运口。明初，由于江南大运河常州以西丹阳河段"地渐高仰，

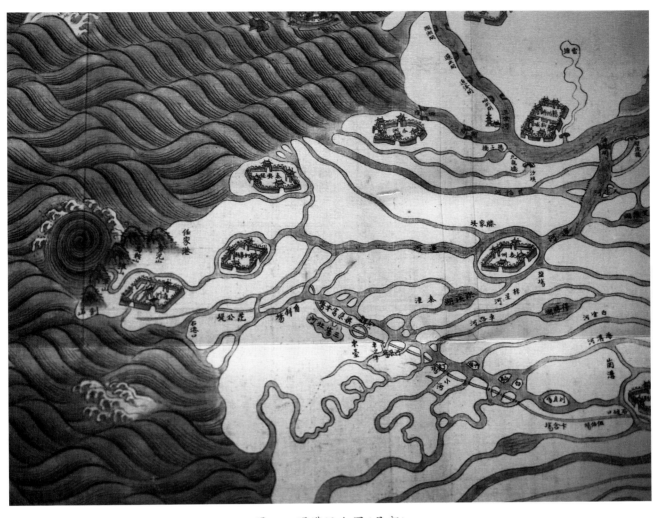

图一　明漕运全图(局部)

水浅易泄,盈涸不恒,时浚时壅",致使运河时常不畅,漕运受阻。后漕船经常改从武进孟渎河出,但须溯江西行 300 里至瓜洲,沿途常会为风浪所漂没,至瓜洲后还要将船只盘坝才能进入运河,费时费力。明永乐四年(1406),陈瑄督漕运,遂开泰兴北新河及泰州白塔河,这是继瓜洲过江路线后另辟的过江漕河,用以接通南北大运河。此后,漕船过江入漕运线增加白塔河和北新河两处。白塔河在泰州境内,"上通邵伯,下接大江,斜对常州孟渎河,与泰兴北新河皆浙漕间道也"。常州以西运河不通时,漕舟便"兼取孟渎、德胜两河,东浮于江,以达扬泰"。孟渎、德胜两河位于武进境内,与泰兴王家港隔江相对,由"孟渎渡江入黄家港(即王家港),水面虽阔,江流甚平,由此抵泰兴以达湾头、高邮仅二百余里,可免瓜、仪不测之患"。宣德六年(1431),"从武进民请,疏德胜新河四十里。八年,工竣。漕舟自德胜北

入江,直泰兴之北新河。由泰州坝抵扬子湾入漕河,视白塔尤便"(图二—图五)。

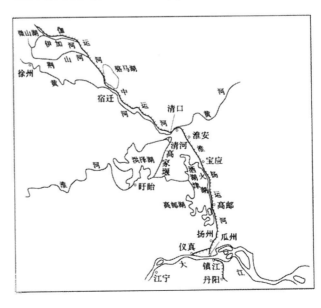

图二　大运河漕运路线

131

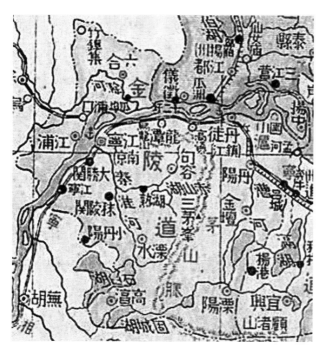

图三　孟渎河出江口与瓜州之间的长江航道

图四　武进孟渎河位置示意图

三、泰兴境内的漕运河道

古代漕运制度十分严格,漕运路线及河道必须由官府确定,不得随意变更。泰兴漕河有历史记载的有北新河、新河、羌溪河。

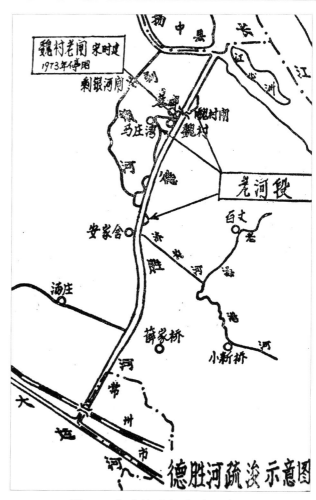

图五　武进德胜河位置示意图

北新河,即今两泰官河,与武进德胜河隔江相对,因德胜河亦称南新河,两泰官河故名北新河。北新河,北源于通扬运河泰州滕家坝,由鸭子河、大泗庄入泰兴县境,经李秀河至泰兴城,由羌溪河、漕沟河、新河至王家港入江,境内长 23.41 公里,是"三泰"之间的主要通航河道。黄河夺淮后曾为淮河分流入江的主要口门,明正统八年(1443 年)被辟为连接南北运河的四条漕运河道之一。数百年来,一直是泰兴经济发展的主要水上交通命脉。清乾隆五十五年(1790 年),为保漕运,泰州开始在南官河上游设置滕家坝后,漕运始断。该河分为李秀河段和泰兴段两段。李秀河段即为大泗庄至李秀河,亦称李薛河;泰兴段俗称渡子河,亦名通泰河、粯子河,与环城河相连,交汇处有一桥名通泰桥,桥孔窄小束水,仅能单帮走船,该处水位高于环城河,江、淮两水在此截然分开,桥北水清见底,桥南浑浊不清,故该处又称分龙口。

新河,即王家港,又名天星港,自江口经大生桥至泰兴环城河。大生桥,原名大孙桥,始建于明正德年间,是泰兴境内最古老的石拱桥,"青铺碧砌",横跨于新河之上,虽历经沧桑数百年,但至今仍在,是泰兴漕运的历史见证。新河全长15.45公里,明清时期系苏北漕运入江河道之一,是沟通苏南地区主要通航河道。直至清中叶,王家港一直是漕船过江入漕的运口,此处商贾舟船云集,为泰兴江淮之门户,清中叶后航运衰落(图六)。

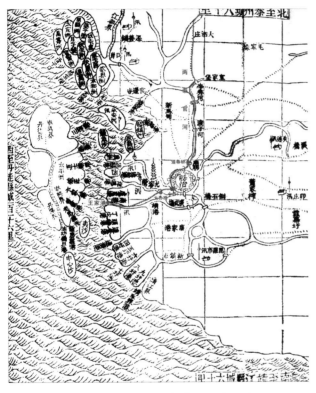

图六　泰兴北新河(两泰官河)漕运线路图

羌溪河,原北起环城河,向南出毗卢市穿靖泰界河,由靖江夹港入江,境内长13.28公里,是沿江圩区和高沙土地区高低分开的截流河及两泰淮水入江分流河道。此河北与两泰官河,西与漕沟河、王家港连为一体,明正统八年(1443)被辟为漕运河,成为连接南北运河的四条漕运河道之一,该河河床一直稳定,能终年通行30吨帆船,兴盛百年不衰。

明初,泰兴境内还有一条沟通长江与大运河的通道名济川河,又名南官河,亦称庙港、庙湾港。北通老通扬运河,南至高港入江,是里下河地区入江主要航道之一。早在元至正二十五年(1365),朱元璋所部大将徐达,为了攻打驻守泰州、高邮一带的

张士诚部,需要从泰兴运兵至泰州,由于水道不通,遂"调军开济川河,自大江口挑浚十五里,通贯口岸,次日,遂抵泰州南门湾"。济川河的开通原本为军事需要,后却成了沟通长江南北最为经济便捷的重要水上航道,江南商船常从此过。清道光年间该河就被称为南官河,道光《泰州志·卷首·舆图三》的一幅"水利图"上标注:滕家坝以南的河段为"南官河",向南为东西流向的"鸭子河",再向南河道则直通口岸。所谓官河,即为运河,是由朝廷疏浚并掌管的运输河道。清代南官河一度成为淮盐出江的重要盐运河道。清初,泰属十一场盐船和通属九场盐船通过老通扬运河(运盐河)至仪征天池出江。咸丰三年(1853)至同治十年(1865)的12年间,由于仪征水道浅出、江口驳运费用大、老虎头私盐势力猖獗,加之太平天国运动的影响,淮盐运输路线改由泰州南下济川河至口岸江口出江。由此可见,济川河亦兼具漕运官河的功能。然而,历史上济川河未有被辟为漕运河道的记载,究其缘由,一是初时济川河航道窄、河底浅、弯道多,大船难以通行;二是河床高,且冲淤严重,盛水期可以通行,枯水期则须过载,费时费力;三是明时济川河入江口周边水下沙洲众多,行船十分危险,直到清乾隆年间,时沉时浮的沙洲才逐步露出水面,至嘉庆年间才基本稳定(图七)。

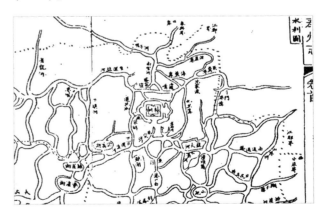

图七　清道光《泰州志》水利图中标注的"南官河"

四、历代对入江漕船的保护

明代,每年运往京城的漕粮为400万石。漕粮运输制度严格,漕船沿途补给、停泊点由官府确定,不得随意更改。若漕船被劫、漕粮被盗,后果十分严重。所以漕粮的征兑和运输皆设有各级机构,配备

官员,严加督办。在漕粮运输过程中,沿线必须派兵保护并设点防范。

明时,江南漕船进入泰兴漕河的第一个停泊地在周家桥。周家桥地处口岸东南古江边(已圮于江,今不存),与永生洲(即永安洲,现已成陆)隔江相望。此处水流缓慢,江面宽阔,来往船只多泊于此,光绪《泰兴县志》第十五卷载:"漕艘贾舶咸集于此。"洪武初,镇江卫在泰兴屯田12处,在周家桥设有军库——兑军仓,每年各军垦农场上交的粮食均集中运往此处,驻军看守。有了这样的基础条件,周家桥遂成了漕运船队理想的停泊休整地。据旧志记载,明正统年间,泰兴每年抽调百余人驻周家桥,谓之"防运"。清康熙《泰兴县志》载:"周家桥营明嘉靖间兑漕于此,每年拨泰州兵快一百名、本地民兵一百名防守,后因倭警筹海者,遂设把总一员,领兵三百六十名,沙唬船二十只,沿江分防。"万历年间,因王家港与孟渎河之间江盗出没,遂置水军游击一人,统率船兵千人,屯驻江中永生洲,与周家桥南北策应。万历二十四年(1596),周家桥营移驻王家港,而周家桥只留哨官一人,分兵把手。

自明始,泰兴就设有巡检司,据《明史·地理志》载:"泰兴府南,南滨江,西北有口岸镇、东有黄桥镇、南有印庄三巡检司。"明初,"共弓兵一百二十名,烽墩十七座,共巡逻兵夫八十五名"。正统年间,设民壮六十名以"济边"。巡检司设置于关津要冲,其职能除缉捕盗贼、维护地方治安外,还对各处商船往来贸易驻泊者予以盘查,以免发生不测。万历二十四年(1596),知县陈继畴建敌台41座,一方面以防倭寇入侵;另一方面"念江淮系陪京门户,漕鞔咽喉""以固陪京,让漕鞔江淮之间增一金汤"。

五、漕运对泰兴经济发展的影响

泰兴漕运河道的开辟,客观上促进了沿线镇区和码头的繁荣,漕运沿线的"河、漕、盐、栈、驿"得到了空前的发展,但也对境内农业生产和经济发展带来了极大的影响。

明宣德年间,漕运河道的开辟使南泄淮水充沛,河运畅通。借助漕运过境之利,泰兴形成北接通扬运河,南达长江,四通八达的水运网络,一直到清代中叶,数百年间境内水运长盛不衰,大大促进了境内集镇的经济繁荣。其中,影响最大的柴墟镇曾繁盛一时,一些官府衙门陆续在此兴建。明弘治十四年(1501),知县罗贤在柴墟镇西建口岸察院;嘉靖二十三年(1544),知县谢谠建口岸公馆;万历二十四年(1596),知县陈继畴在口岸察院西建塞仓。明代柴墟镇成了泰州及里下河地区的出口门户,沟通长江南北运输的港口码头,商贾云集,帆樯林立,舟楫往来频仍,一派通商口岸的繁盛景象,由此墟镇易名为口岸。

古时的漕运与驿传关系密集,漕船一旦进入漕河,船员是不能上岸的,如遇运输紧急事务,则由押运官员将规定的官文迅速呈交当地官府,逐级上报,所以运河沿线通常设有驿站或驿铺。漕河与驿道均为官方修建,为水陆交通的官方通道。明嘉靖年间,泰兴县城通往泰州曾设有十里铺、马店铺、张家岸铺、口岸铺和刁家渡铺。驿铺的设立促进了交通的发展和集镇的繁荣,刁家铺原本为济川河上一渡口,至清顺治年间迅速发展为千家居住的繁华集镇,曾拟名千家铺。

明嘉靖十一年(1532),泰兴城西南开辟小西门,即延薰门,三十四年改名通济门。小西门与漕河相连,直通大江,此门的开辟虽然传说较多,但实际上是食漕运之利,江南商船由此进出便捷,此处遂成为交通枢纽和货物交易的要冲,"鱼市、花市、布市、木市、竹市、草市在焉",县城也因此进入商贸繁盛时期。此处曾设有盐仓和陆家仓房,陆家是当时泰兴县城的富户,家中有人在朝为官。小西门是明代泰兴经济兴旺、水运发达的产物,也是泰兴漕运过境、以水兴市的物证。

漕运带来的繁荣,一直延续至清乾隆五十五年(1790),前后近400年。期间,泰兴经济进入历史的鼎盛期,一度被评为上等县。乾隆五十五年,为保漕运,泰州开始在南官河上游设置滕家坝。嘉庆二十三年(1818)后,南流诸河莫不有坝,境内漕河断阻,南泄淮水时有时无。加上河道弯曲淤浅,江水难以引进,沿靖各乡农田大面积还旱,东北各乡全部改种旱谷。旱田出产的粮食,无论是数量上还是质量上,跟水田相比差距很大。同时,水源的减少还导致境内土质日趋沙化,粮食减产,从此,泰兴经济衰落,被降为中等县。

清咸丰元年(1851),太平天国运动兴起,古城扬州三次被太平军攻克。由于当时盐税是清政府的主要收入,遂将扬州盐运使衙门迁至清政府控制下的泰州,盐运路线改由南官河至口岸镇江口出江。咸丰三年,泰属十一场和通属九场的出场盐船,均由南官河猬集泰兴口岸镇,致使南官河航道经常为之堵塞。咸丰十年八月,运司乔松年在口岸镇设立淮盐分栈,此后,泰州栈停止,统归口岸分栈收价发盐。太平天国期间,口岸镇市面相当繁荣。

泰兴漕运始于明宣德八年(1433),主要为河运,在南北大运河的转接沟通上发挥了极为重要的作用。历史上,漕运河道时淤时浚,据《泰兴县志》记载,北新河于明正统八年(1443)、明景泰三年(1452)、清光绪二十八年(1902)、三十四年(1908)都曾疏浚过。从而确保了特殊情况下漕粮运输的安全通畅。清道光二十年(1840),鸦片战争爆发,以铁路、轮船为代表的交通工具传入国内,传统的交通运输体系受到了巨大冲击,加之海运兴起以及清王朝用银两或其他物品代替漕粮政策的实施,使得漕运由盛转衰,逐步淡出历史的舞台。清光绪元年(1875),泰兴漕运在历经四百余年的风雨历程后,结束了自己的历史使命。

六、结语

重拾过往,岁月潜行。虽然这一段历史的记载文字少见,但在中国明清漕运史上,泰兴漕运发挥了不可磨灭的作用,应留下浓墨重彩的一笔。同时,它对泰兴政治经济发展带来的深远影响,值得后人深入研究和细细回味。

参考文献:

[1][清] 张廷玉等:《明史·志第六十二·河渠四》,中华书局,1974年。

[2][清]王有庆修:《道光泰州志》。

[3][清]杨激云修、[清]顾曾烜纂:《光绪泰兴县志》。

[4]泰兴县志编纂委员会著:《泰兴县志》,江苏人民出版社,1993年。

[5]泰兴水利史志编辑委员会著:《泰兴水利志》,江苏古籍出版社,2001年。

[6]武进水利局编史修志领导小组编:《武进水利志》(内刊),1985年。

[7][美] 黄仁宇:《明代的漕运》,厦门鹭江出版社,2015年。

[8]李诚存:《高港港史》,武汉出版社,1989年。

[9]淮安市淮安区政协等编:《明清漕运总督传略》,中国文史出版社,2013年。

(作者单位:泰兴市博物馆)

《乾隆十八年陕甘武闱题名记碑》考释

◇ 葛　天

内容提要:《乾隆十八年陕甘武闱题名记》碑,为陕、甘两省该科中举者集体所立。碑记提及雁塔题名来历,详记该科武举乡试监临官、大主考、提调官、同考外场官、同考内场官,残存东闱10名、西闱21名中举者姓名籍贯。该碑对研究清代西北地区武科乡试有重要价值。
关键词:乾隆十八年　陕甘武闱　雁塔题名　外场　内场

雁塔题名源于唐代进士题名,明代西北地区在西安参加武科乡试的中举者,多在荐福寺小雁塔下刻石题名。清代陕甘武科分闱,但甘肃武举多沿明代故事,与陕西武举共同将姓名在荐福寺小雁塔刻碑留念。西安博物院是以荐福寺小雁塔为中心所建,藏有《乾隆十八年陕甘武闱题名记》碑一通,底部残损,碑文清晰可辨者1000余字。

一、碑文抄录

碑额为"皇清",碑文上部为题记,下部为题名,抄录并标点如下:

癸酉科题名记

会城南门外不数里许有荐福寺焉,创自唐代,自唐韦肇及第于此题名后,当时效之。有至将相则朱书之,迄今凡有及第者遂以为例焉。钦惟我朝定鼎以来,列祖崇文右武,尤加意武备于乡会科第,慎重其事,治益求治,安益求安,猗与休哉,何治教之隆也。疆等生逢盛世,仰沐圣天子雅化作人,荷蒙各大人矢公公慎,详加拔擢,疆等幸中乡试武科,爰集合省两闱同榜于此,题名勒石,以效前人,以垂不

休。抑疆等□有言者，凡我同榜，自今以往，益当奋志功名努力上进，他日登名士籍，惟其公而忘私，国而忘家，励其精勤，矢其敬慎，洁其清操，庶有以仰报圣天子作人深恩，各大人超擢至意，否则只知贪位而慕禄，邀荣而固宠，致使同榜而非同心同德，贤否各别，将令后之人指其名而议之曰，某也贤，某也否，某也忠，某也诈，可不惧哉？然则此一碑也，非徒为同榜之夸耀，实欲为同人之箴规云，是为序。

监临官：总督陕甘等处地方军务兼理粮饷、军功加一级、纪录二次永常、正白旗满洲侍卫。

大主考：兵部右侍郎巡抚陕西西安等处地方赞理军务兼督察院右副都御史加一级钟音，正蓝旗□明因历□士。巡抚甘肃等处地方赞理军务兼理茶马兵部右侍郎兼督察院右副都御史纪录四次鄂乐舜，镶□旗满洲都必图密□□人由庚戌科进士。

提调官：陕西分守西乾等处督粮道纪录四十五次吴绍诗，山东海丰县人，生员保举。甘肃临洮道管理通省驿传事务按察使司佥事纪录十一次王守坤，陕西直隶州乾州人，由荫生。

同考外场官：陕西西安等处承宣布政使司布政使纪录十九次张若震，江南省桐城县人，癸卯科举人。陕西西安等处提刑按察使司按察使武忱，正红旗蒙古官学生。镇守陕西河州等处地方总兵官杨大立，山东济南府历城县人，由侍卫。

同考内场官：西安府富平县知县纪录二次李世坦，山东德州卫癸丑进士。兰州府金县知县唐鸣锺，福建漳州府龙溪县人，由丙午科举人。同州府朝邑县知县成邦彦，山西文水县人，丁卯科举人。巩昌府安定县知县朱续泽，山东东昌府聊城县人，由癸卯科举人。同州府韩城县知县纪录一次福通阿，镶黄旗满洲戊午科举人。平凉府隆德县知县邹本立，江南常州府无锡县人，由壬午科进士。西安府咸阳县知县凌树屏，浙江乌城县人，己未进士。甘肃试用知县黄恩赐，云南永北府人，由壬申科进士。

东闱：

田启疆(合阳县) 杜绍周(长安县) 王于唐(□□□) 田吉(□□□)

张宪元 (西安府三原人) 王睿 (韩城县人) 王廷杰(城固县人) 白镇西(耀州人)

山廷秀(户县人) 段毓麒(富平县人)……

西闱：

徐奋扬(张掖县人) 李文煌(宁夏府学) 陈廷玺(武威县人) 刘巽(庆阳府学)

刘炯(狄道州人) 詹文炳(甘州府学) 李殿元(凉州府学) 贺琏(中卫县人)……

孙文诰 王谟 张廷瑸(西宁府人) 马瑀(安西) 练公辅 吴又玠(凉州府学)

刘文灿(静宁州人) 杨大显(环县人) 戴鸿(甘州府学)……

宋绪 彭廷栋 张凤翎 李育楫 (武威县人)……

乾隆十八年十一月吉日立，频阳唐尚义撰并书。

二、题记考释

题记中三次出现撰文者自称"疆等"，信誓旦旦，可知题记为该科东闱解元田启疆所撰写，可题记落款处为"频阳唐尚义撰并书"，落款处应为"频阳唐尚义书"之误。"会城"，清代指省会城市，这里指西安。明代西安就是会城，"镇守陕西总兵官一人，旧驻会城，后移驻固原。"[1]首句提及雁塔题名源自韦肇，关于雁塔题名起源，大致有三种说法："其一，认为始于唐中宗神龙(705—707)年间。五代王保定《唐摭言》云：'神龙以来，杏园宴后，皆于慈恩寺塔下题名，同年中推善书者纪之。'又宋樊察《慈恩雁塔题名序》云：'自神龙以来，进士登科皆赐游江上，题名雁塔下，由是遂为故事。'其二，认为始于唐代宗大历九年(774)。宋张礼《游城南记》引《嘉话录》云：'张莒及进士第，闲行慈恩寺，因书同年姓名于塔壁，后以为故事。'……其三，认为起于韦肇。寺内现存《嘉庆戊午科陕西乡试题题名碑》载：'考唐时中第者，偶游慈恩寺，题其同年姓氏，后因踵为故事。或以为始张莒，或以为始韦肇。然皆进士科，非乡举也。'……一般认为第一种说法，即始于神龙年间的说法似更合理。"[2]

赞扬清代多位皇帝"尤加意武备于乡会科第"，并非溢美。清代武举自顺治初开始，至光绪二十七年结束，250余年从未间断。清代武科分为童试、乡试、会试、殿试四级，制度完备。"荷蒙各大人矢公公慎"一语,其中,"矢公公慎"似为"矢公矢慎"之误。《清实录》载:"国家制科取士。为主司者。务宜矢公矢慎。"③"今年乃大计之期。用是特颁谕旨。各督抚等、务精白乃心。矢公矢慎。以肃钜典。"④

"爰集合省两闱同榜于此",清代陕西、甘肃人对于明代同属一省有着清晰的记忆,感情上认同一省。明朝西北地区只有陕西一省,甘肃地区不设省一级建制,今甘肃省黄河以东广大地区的行政事务归陕西布政司管辖。明代西北地区武科乡试在西安举行,揭榜后武科举人多在小雁塔下立碑题名。清顺治二年,陕甘武科乡试分闱:"西、延、汉、凤、及榆林镇,在西安府乡试。平、庆、临、巩、暨两河等处,在甘肃乡试。"⑤清代陕甘武科乡试分闱后,同年陕甘两省武科乡试举人多沿明代故事,于小雁塔下立碑题名,陕西武科举人称东闱,甘肃武科举人称西闱。

三、考官考释

监临官:总督陕甘等处地方军务兼理粮饷、军功加一级、纪录二次永常、正白旗满洲侍卫。《清史稿·列传》陕甘总督永常载之甚详。"永常,董鄂氏,满洲正白旗人。自三等侍卫累迁镶红旗满洲都统。乾隆五年,命如安西按事,即授安西提督,屯哈密,赐孔雀翎、红绒结顶冠。十五年,授湖广总督。罗田民马潮柱为乱,讨平之。十八年,上将征准噶尔,命为钦差大臣,驻安西。旋移陕甘总督,加太子少保。"⑥

"加一级""纪录一次"指对清代官员考核优秀者的奖励。京官考核"分称职、勤职、供职三等。列一等者,加级记名,则加考引见备外用。"⑦"余官分五等:一等称职者纪录,二等称职者赏赉,平常者留任,不及者降调,不称职者革职。"⑧"凡卓异官纪录即升,不次擢用。"⑨

大主考:兵部右侍郎巡抚陕西西安等处地方赞理军务兼督察院右副都御史加一级钟音,正蓝旗□明因历□士。巡抚甘肃等处地方赞理军务兼理茶马兵部右侍郎兼督察院右副都御史纪录四次鄂乐舜、镶□旗满洲都必图密□□人由庚戌科进士。乾隆十七年(1752)二月乙未,"以钟音为陕西巡抚"⑩。《清史稿》对鄂乐舜记载较多,"鄂乐舜亦鄂尔泰从子,初名鄂敏。雍正八年进士,改庶吉士,授编修。秋谳侍班,刑部侍郎王国栋放纵恣仪。上命之退,鄂敏

未引去。因以责鄂敏。夺官。逾年,复编修。出为江西瑞州知府,累迁湖北布政使。命更名鄂乐舜。迁甘肃巡抚,请疏茶引备安西五卫积贮。"⑪乾隆十七年六月丙辰,"以鄂乐舜为甘肃巡抚"⑫。

提调官:陕西分守西乾等处督粮道纪录45次吴绍诗,山东海丰县人,生员保举。甘肃临洮道管理通省驿传事务按察使司佥事纪录11次王守坤,陕西直隶州乾州人,由荫生。《清史稿》对两位提调官也有详细记载。"吴绍诗,字二南,山东海丰人,诸生。雍正二年,世宗命京官主事以上、外官知县以上,举品行才猷备任使,即亲戚子弟不必引避。时绍诗世父象宽官湖北黄梅知县,遂以绍诗应诏,引见,分刑部学习。十二年,授七品小京官。乾隆初,累迁至郎中。外擢甘肃巩昌知府,迁陕西督粮道。总督永常劾绍诗采兵米侵帑,夺职,下巡抚锺音鞫治。绍诗以市米贵贱不齐,为中价具报,非侵帑。状闻,发军台效力,以母病许赎。"⑬乾隆二十年,"又谕、军行粮饷。甚属紧要。游击王国士。乃派委解粮之员。半月止行数台。任意玩误。著革职治罪。道员王守坤、讹传官兵等在乌尔图布拉克地方。守候粮饷。以致解送迟误。著一并交与和起等、审明定拟具奏"⑭。

同考外场官:陕西西安等处承宣布政使司布政使纪录19次张若震,江南省桐城县人,癸卯科举人。陕西西安等处提刑按察使司按察使武忱,正红旗蒙古官学生。镇守陕西河州等处地方总兵官杨大立,山东济南府历城县人,由侍卫。《清史稿》载:"乾隆十七年,西安布政使张若震奏请另定捐赎笞、杖银数。经部议,预筹运粮事例,杖、笞与徒罪不分轻重,一例捐赎,究未允协。"⑮乾隆十六年八月癸亥,"河东盐运使武忱、为陕西按察使"⑯。清代武科乡试分外场和内场,先考外场军事技能,外场合格,再考内场军事理论。外场考试细分为马箭、步箭、技勇,技勇即弓、刀、石测试,马箭、步箭考察命中率,而弓试不搭箭,考察臂力。清代武科乡试外场马箭规则:"武乡会试头场试马箭,树立三大靶,各离三十五弓,每人跑马二回,共射六箭,再射地球一箭,计七箭。以中三箭者为合式,却一者不准考试步箭。"⑰一弓为五尺,清代一尺为32厘米,一弓为1.6米,马箭的距离为52米。"地球",直径60厘米,

皮制,置于地面上的小土台,要求将其射离土台,考察俯射能力。步箭规则:"武乡会试二场试步箭,步靶高五尺五寸,宽二尺五寸,以三十弓为则,每人连射六箭,须直中靶子中央者为中,其碰边擦框及中靶子根、靶子旗者,俱不算。六箭内以中二箭者为合式,却一者不准再试技勇。"[18]技勇规则:"武乡会试步箭后考试技勇,以八力弓、八十斤刀、二百斤石为三号,十力弓、一百斤刀、二百五十斤石为二号,十二力弓、一百二十斤刀、三百斤石为头号,弓必开满,刀必舞花,石必离地一尺,弓力有能加重者,听也不得过十五力。三项内必须有一二项头二号者,方准挑入好字号,若俱系三号,不准挑入好字号。"[19]

同考内场官:西安府富平县知县纪录二次李世坦,山东德州卫癸丑进士。兰州府金县知县唐鸣锺,福建漳州府龙溪县人,由丙午科举人。同州府朝邑县知县成邦彦,山西文水县人,丁卯科举人。巩昌府安定县知县朱续泽,山东东昌府聊城县人,由癸卯科举人。同州府韩城县知县纪录一次福通阿,镶黄旗满洲戊午科举人。平凉府隆德县知县邹本立,江南常州府无锡县人,由壬午科进士。西安府咸阳县知县凌树屏,浙江乌城县人,己未进士。甘肃试用知县黄恩赐,云南永北府人,由壬申科进士。清代武科乡试内场考试,"向用《武经七书》,圣祖以其文意驳杂,诏增《论语》、《孟子》。于是改论题二,首题用《论语》、《孟子》,次题用《孙子》、《吴子》、《司马法》"[20]。清代武科内场考试后趋于宽松,只用默写《武经》百字即可。"嘉庆十二年,议准向来武闱乡试内场以策论应,请嗣后策论改为默写《五经》,由主考拟出一段约百字。有不能书写或涂写错乱者,即为违式。"[21]

由内外场考官籍贯可知,清代官员任用回避制度比较严格,基本都在外省为官,在很大程度上斩断了官员们与故土亲族的联系。同时,在外省为官的制度,对于遏制地方主义、维护国家统一均有不可估量的作用。

四、题名考释

该碑武举姓名清晰者31人,姓名、籍贯均清晰者,只有23人。该科陕甘武举应有100人。从康熙到乾隆,陕甘武科乡试中举名额不断增加。康熙二十六年覆准,武科乡试名额,"陕西二十名,甘肃二十名"[22]。康熙四十九年覆准,"陕西、甘肃原取中武举各二十名。今于原额外各增中十名"[23]。雍正二年上谕:"陕西地属雍凉,人材壮健,强勇者多,骑射娴熟,胜于他省,每科乡试取中不过三十名,额少人多,不无屈抑,自雍正四年乡试为始,西安甘肃武举各加中十名。"[24]乾隆元年上谕:"陕甘之人,长于武事,其人材壮健,弓马娴熟,较他省为优。向来武闱乡试中额,每省各四十名,应试之人,每以限于额数,不能多取,其如何量行广额取中之处,著该部议奏,钦此。遵旨议定,陕甘二省,每省原额取中四十名,今酌加十名,各取中五十名。"[25]至此,陕甘两省武举额数各增为50名,遂成定例。

姓名可辨的31名武举,甘肃武举占多数,翻检地方志,陕西武举只有姓名,部分甘肃武举略有简单介绍。甘肃武举解元为徐奋扬,乾隆《甘州府志》载:"徐奋扬,解元;王谟;冯世兴,西宁永安营把总;冯璟,甘肃提标都司,以上乾隆癸酉科。"[26]冯世兴、冯璟人二人残碑未载。乾隆《新修庆阳府志》载:"麻兰,安化人,乾隆癸酉科;赵宏毅,安化人,乾隆癸酉科;刘巽,环县人,乾隆癸酉科;杨大显,安化人,乾隆癸酉科。"[27]其中,麻兰、赵宏毅二人残碑未载。

五、结语

《乾隆十八年陕甘武闱题名记》碑,为陕、甘两省该科中举者集体所立。碑记提及雁塔题名来历,详记该科武举乡试监临官、大主考、提调官、同考外场官、同考内场官,残存东闱10名、西闱21名中举者姓名籍贯。该碑对研究清代西北地区武科乡试有重要价值。

注释:

①[清]张廷玉等撰:《明史》,中华书局,1984年,第1869页。

②陈景福:《大慈恩寺志》,三秦出版社,2000年,第265-266页。

③《清实录·高宗实录》卷二十,中华书局,1985年,第9册,第490页。

④《清实录·高宗实录》卷一百七十一,中华书局,1985年,第11册,第172页。

⑤[清]昆冈:《钦定大清会典事例》卷七一六《兵部》,中华书局,1991年,第8册,第898-899页。

⑥赵尔巽等撰:《清史稿》,中华书局,1988年,第

10697-10698 页。

⑦赵尔巽等撰:《清史稿》,中华书局,1988 年,第 3221 页。

⑧赵尔巽等撰:《清史稿》,中华书局,1988 年,第 3222 页。

⑨赵尔巽等撰:《清史稿》,中华书局,1988 年,第 3227 页。

⑩赵尔巽等撰:《清史稿》,中华书局,1988 年,第 414 页。

⑪赵尔巽等撰:《清史稿》,中华书局,1988 年,第 11060 页。

⑫赵尔巽等撰:《清史稿》,中华书局,1988 年,第 415 页。

⑬赵尔巽等撰:《清史稿》,中华书局,1988 年,第 10777 页。

⑭《清实录·高宗实录》,第 15 册,中华书局,1985 年,第 309 页下。

⑮赵尔巽等撰:《清史稿》,中华书局,1988 年,第 4198 页。

⑯《清实录·高宗实录》,第 14 册,中华书局,1985 年,第 228 页上。

⑰[清]景清等:《钦定武场条例》(卷四),北京出版社,2000 年,第 1 页。

⑱[清]景清等:《钦定武场条例》(卷四),北京出版社,2000 年,第 3 页。

⑲[清]景清等:《钦定武场条例》(卷四),北京出版社,2000 年,第 9 页。

⑳赵尔巽等撰:《清史稿》,中华书局,1988 年,第 3172 页。

㉑[清]景清等:《钦定武场条例》(卷十),北京出版社,2000 年,第 4 页。

㉒[清]昆冈:《钦定大清会典事例》卷 716《兵部》,中华书局,1991 年,第 8 册,第 899 页。

㉓[清]昆冈:《钦定大清会典事例》卷 716《兵部》,中华书局,1991 年,第 8 册,第 900 页。

㉔[清]昆冈:《钦定大清会典事例》卷 716《兵部》,中华书局,1991 年,第 8 册,第 901 页。

㉕[清]昆冈:《钦定大清会典事例》卷 716《兵部》,中华书局,1991 年,第 8 册,第 904 页。

㉖[清]钟赓起:《甘州府志·地方志人物传记资料丛刊·西北卷》(17 册),北京图书馆出版社,1990 年,第 152 页。

㉗[清]赵本植:《新修庆阳府志·地方志人物传记资料丛刊·西北卷》(17 册),北京图书馆出版社,1990 年,第 400 页。

(作者单位:西安博物院)

晚清民国时期孟河医派中医医籍文献价值述论 *

◇ 应焕强

内容提要:晚清至民国时期孟河医家活跃在近代中国医界、政界、学界,其史迹已是医史学界无法回避的议题。孟河医家编订医籍数十种,富含医学和历史人文研究价值。孟河医家的医籍少空论,多谈临证经验和处方,去伪存真,讲求实用。医籍充分反映出孟河医家群体沟通中外医学做出的努力、昂扬进取的精神风貌以及包容异见自求振作的民族气节。

关键词:孟河医家 中医医籍 文献价值 医学人文

近年中国医学史的跨学科综合研究蔚然成风,医学人文备受关注,学科建设成果斐然。晚清至民国时期,孟河医家热心社会公益事业、兴办中医院校、争取中医权益、号召行业自律。孟河医家逐步进入医学史研究的视野并成为绕不开的话题,香港中文大学熊秉真、南开大学余新忠、台湾中原大学皮国立、剑桥大学蒋熙德(Volker Scheid)等分别从幼医声名鹊起、近代中医知识体系转变、中西医汇通和"国医"内涵等观照孟河医家群体①。扎实深入研究孟河医家群体、弘扬常州地方医学历史文化需要广泛搜罗有关医籍资料。本文以调查所得医籍资料为中心,尝试探讨孟河医家医籍资料的文献价值。

一、孟河医家医籍资料概况

近代东亚地区传统医学发展备受西医医学的冲击,孟河医家医籍展现了中医界在不同历史时期学术特色和做出的反应。孟河医家医籍以医案、医方为主,集中介绍临证经验。进入民国时期,报刊出版繁荣,医校教学需要,孟河医家纷纷编印中医典籍、借鉴和评述西医医理技艺和引介医械的中医教材、创办医学期刊。为了应对与西医的竞争、博弈和社会质疑以及中医药界一盘散沙的局面,他们在各类报刊发表医论,交流学术成果、临证经验,为中医事业发展营造良好舆论氛围,联系和团结广大中医药界同道,乃至监督中医医政制度的贯彻落实、抨击业界弊病。如陈存仁创办《康健报》、编印大型医学辞典《中国药学大辞典》,亲赴日本搜求汉医医籍,归国编纂成《皇汉医学丛书》;又如张赞臣在1926年至1937年间举办的期刊杂志《医界春秋》②。其中,《孟河四家医集》汇集了费伯雄、费绳甫、马培之、巢崇山、巢渭芳、丁甘仁的医案共26种③。孟河医家不断探索医业发展之路,医籍医刊的形式和内容呈现出纷繁多样的趋势。除去费、马、巢、丁四家及其传人、中医院校毕业生,另有儿科钱氏等著名中医世家、擅治伤寒的法家等④,相关医籍资料有

* 本文系"大运河文化带建设研究院课题"研究成果,项目编号 DYH19YB10。

待进一步搜集整理。此外，相当数量的孟河医家医籍文本散见于当时各类医刊医报⑤，为今之学人探讨晚清至民国时期医家、中医医学、中医行业及其政治境遇和社会应对疾病复杂关系的参考资料。

以下简单介绍孟河镇文化站收藏中医医籍。《医醇賸义》（"賸"即"剩"。笔者按：为便于读者查询，保留医籍原用异体字，特此说明。）为同治二年耕心堂重刻本。全书共四卷，馆藏仅见第一卷、第三卷、第四卷。原书《医醇》二十四卷，系费伯雄（1800—1879）毕生临证经验总结。书作初刻于咸丰九年，分为六门，以脉症、治首、察脉为三大纲。费伯雄，字晋卿，号砚云子，费家世医第七代，以其医术、著作深有影响而成为孟河医派的奠基人。太平天国运动期间，费伯雄目睹江南地区生灵涂炭，灾黎苦不堪言，自己被迫北渡长江躲避战祸。坊刻定本和家藏副本不幸焚毁。费伯雄晚年患有足疾，病中回忆补写出其中四卷内容。该书后数度翻刻、影印、校注出版，如光绪戊子年上洋扫叶山房本、民国元年耕心堂铅印本。费伯雄在序言中提出"和法缓治"，即"平淡之法"，切忌追求所谓"神奇之法"以"炫异标新"，刻书"大畅和缓之风"⑥。另存民国6年上海翠英书局印本。1865年，费伯雄著《医方论》四卷。同时期文学方面的著作有古文一卷、四书文两卷，称《留云山文钞》；古今体诗两卷，称《留云山馆诗钞》。长孙费承祖（1851—1914），号绳甫，孟河医派中坚力量。诊脉精细，用药不杂，深得费伯雄学术之奥秘。青年时期名重乡里，中年移居上海，以善治危、大、奇、急诸病而医名大振。1912年，为其先祖出版《费氏全集》。费绳甫自编《临证遍览》一集。

《孟河马徵君医案》系一部小楷手抄稿，誊录年代不详。医案内容分为伤寒、温病、咳嗽、痰饮喘、哮喘、喘促、肿胀、中风、类中、肝风肝阳门、肝气腹痛脘胀门、眩晕郁症、不寐门、怔忡、惊悸门、癫狂门、瘤痉门、泄泻门、痢疾门（痢疾、疟疾）、厥逆癫痫门、三消门、痞满门、胸痹门、积聚门、失血门、便血门、咳血门、心腹痛门、头痛腰痛、胁痛、痹痛、情志门、调理、癃闭、尿血、疝气、遗精、阳痿、淋浊门（白浊）、虚损内伤劳倦音暗、呕吐反胃门、关格门、七窍，共230页。每一病案记录患者病史、病症、病机、脉象和处方，但略去每味药的药量。马徵君（1820—

1903），即马培之，名文植，晚号退叟，应征进京为慈禧太后诊病疗疾故有此尊号。出身世医家庭，自幼随祖父马省三习医达16年之久，尽得其学。后又旁收王九峰、费伯雄之学术经验，融会贯通，成为马家造诣最深、操技最精、影响最大的一代医家。在外科方面，他主张"凡业疡科者必需先究内科"，要"既求方脉而刀圭益精"。他亲手制作丸、散、膏、丹。外科成方经过临床应用后，改进药物配方和配制技艺，创制出更多效方。马氏著作，新中国成立前已出版的有《马评外科症治全生集》《医略存真》《纪恩录》《外科传薪集》以及《宋元明清名医类案》中收录的马氏部分医案。今通过广泛采集，尚有抄本《伤寒观舌心法》《药性歌诀》《青囊秘传》《马氏丸散集》《马氏经验方》《外科集腋》《务存精要》等。

《马培之诊慈禧太后方按》系一部医案手抄本。医案后附马培之弟子贺季衡的诊方数则，合订成一册。1880年7月至1881年3月间，马培之曾经在北京为清慈禧太后疗疾，记录下脉案和进呈的药方，可与马培之往返北京与常州的日记《纪恩录》互相参酌。然而，宫廷治疗疾病，较为复杂，多位医家进呈药方，各家诊疗方案仅供参考。慈禧作为当时清王朝核心人物，忙于政务，无法完全听从医家建议，很难达到理想的疗效⑦。

《外科症治全生集》，光绪丁未年上海扫叶山房翻刻王洪绪之，加入马培之的评注，成为一部评述性质的医籍《朱批绘图马评外科症治全生》，分上、下两卷。古代医籍之序向为医史学人重视。有多人撰写的序言，可令后人一窥清季孟河医家诊疗的情形。其中一篇序言记述了马培之对《全生集》的评价，侧面说明马培之在当时誉满天下。光绪年间，浙江仁和吴仲英之子胃胀痛，多方求医未得疗愈。吴慕名前往江苏武进孟河，获马培之接诊⑧。马培之询问病史和既往求医经历，批评时医贸然使用几种古方施疗，枉顾病家性命。马培之注意到当时医家和病家忽视诊脉和辨证，以至于药不对症而枉死。吴仲英是有一定学识的病家，马培之与他共同探讨医理和中医外科技术传承问题，一来医籍传抄复刻容易出现讹误，屡有篡改抄袭，再有外症"看法、治法、手法亦非笔墨所能宣"，跟师学习手术技艺积累经验、增强应变能力必不可缺,术后康复调理用药仍需考量病患体质⑨。从事疡医职业,亦须精读《灵枢》《素问》《金匮要略》等中医经典著述,细致辨析脉象。而阅读近世医书,淆乱讹误渐多,尤其审慎采择,否则贻误匪浅。马氏指出原著在某些理论上的谬误和证治方面的不当之处,还补入了自己治疡的经验心得。

光绪三十三年宜兴正谊山房印本《〈痧症指微〉〈弔脚痧方〉合刻》,为浙江天台山僧人普净所著,历经毗陵奚佳□(一说为"奚佳栋")记述、孟河马培之评述、逸士邱天序辑录、太仓孙玘校订。《痧症指微》系一部广泛流传的通俗医书,将各种症状的痧症分类,以利读者领会辨识病症施疗,主要叙述诊脉、辨别穴位和刮挑治痧。晚清孟河医家研读医籍,与同好探讨医理。孙玘,字鹤隈,清代医家,晚年喜好同方外之人交游。不过,此书亦有可能是假托方外僧人之名而作,未见原本疗疾医者的姓名,书稿撰述、流转谱系模糊不明。晚清时期,治痧的医书已然泛滥,或为推销医书,冠名"马培之先生评",而评语仅见于《弔脚痧方》部分的页眉。寥寥几句评语,指出弔脚痧即霍乱,疗治时须进一步辨清寒热,手足舌苔都应查验,抑或改换其他药方更为"安妙"⑩。拣选过往医家著述,结合临证经验,加以评述,编印新书,演变成为中医知识技艺的革新路径。

《亦亭先生医案》,俞文宗抄录,共四卷。第一卷、第二卷和第三卷为内症,第四卷为外症。页眉记录了病家居住的地方或籍贯,除去常州当地的,江苏境内有金陵、泰兴、靖江、宜兴、金坛、如皋、苏州、泰州、扬州、无锡、溧水、溧阳、丹阳、江阴、通州、贵州、湖北、广东、山东、辽宁乃至日本等地的病家前来求诊。马培之长子马继昌曾经担任安徽省凤阳县县长,业余行医。诊疗技艺深得病家信赖和认可,不乏先后十次求诊者。

《费氏舌苔四十种》实际上系"马伯藩医案"手稿,且为原始处方笺合订而成。笔者见医案起头处有"马氏医案"印章,末尾都有"伯藩"印章,可以推断系"马伯藩医案"。另外,医案中还有病患去到药堂抓药留下的印章。当时孟河镇药铺众多,如"孟河同德堂丰记洋码划一""松柏堂现洋加扣""天德堂□□大洋""天宝大洋划""孟河巢天生堂小洋划一""黄大吉一律大洋不折不扣""松柏堂一律大洋不折

不扣"。提示病家自行添加和、拣选和处理药材,如"自加"嫩栗枝、"连"枇杷叶等。马伯藩(1864—1923)系马培之侄辈、传人,内外科皆擅长,临床运用偏于温补,著有《柳溪别墅医案》。

巢少芳手抄药方一册,年代不详。手稿记述各种急病症的疗治方法,如应对蛇咬、蜈蚣咬意外伤害。全册共21页。

丹药丸散方手抄本一册,不具书名,汇集各类药方总数逾200种。各色药丸编号命名,详述配方所需药材品种和剂量。

《脉学辑要》抄本一册。原稿得自师从费伯雄的丁松溪。以《濒湖脉诀》为主体,参考陈修园和蒋赵真的辑注,合为一编,丁甘仁自行校注,修订成书,并作为上海中医专门学校的课本⑪。丁甘仁认为"诊脉之神,出类拔萃,决断生死,历历不爽,盖深得蒋赵真先生之秘传脉诀者也"。

《痧胀玉衡》为近代上海扫叶山房翻刻刊印本,约请费伯雄题写"痧胀玉衡全书"六字,分上卷、中卷、下卷及后卷。原著者清代医家郭士遂,成书于1674年。孟河镇文化站所藏独缺下卷一册。孟河医家重视搜集医书,多为实用医学书籍,诊治民间常见疾病,如《增补万病回春》扫叶山房石印本十五卷。

恽铁樵著作主要为《药盦医学丛书》和《铁樵函授医学讲义》。文化站现存恽铁樵编撰医籍资料多半为医学教材。恽铁樵,名树钰,别号冷风、焦木、黄山,武进县孟河人,系"阳湖古文派"恽敬后人。他曾从事文学作品翻译、编辑工作,后弃文从医,撰写医籍,创办"中国通函教授学社"(后更名为"铁樵中医学校"),临证实习班。恽铁樵尝试革新传统中国医学人才传承培养模式,规范和改进教材内容,率先提出"中西医结合"⑫。有感于中医队伍知识技艺水平参差不齐,或是与时代脱节,1928年恽铁樵编订函授医学教材成《铁樵函授医学讲义二十种》。杂糅中医和西医医学知识,引介西方生理学之细胞学、解剖学、病理学。恽铁樵亦不能免俗,延请清末民初思想家、民族主义革命者章炳麟作序,提高声望,自抬身价。章炳麟在《保赤新书》的序文中赞颂恽铁樵编订的医书通俗易懂。不过,教材内容并非全由恽铁樵撰述,《医学史》上册即以郑文焯的《医故》充之,叙说中国古代主要医籍、医家和医药技术。

表一　孟河镇文化站藏中医医籍简表

书名	著者	备注
《保示新书》	恽铁樵编	《药盦医学丛书》之一，1930年，上海新群印刷所再版铅印本
《伤寒论辑义》	张仲景著、恽铁樵编；徐衡之、章巨膺参校	章太炎作序
《病理各论》(函授医学教材第七种第六期、第七期)	恽铁樵口授、恽慧庄笔述	
《内经讲义》(函授医学教材第二种第三期)	恽铁樵编	1933年，上海新群印刷所铅印本。原名《群经见智录》。
《热病简明治法》(函授医学教材·临时增刊)	恽铁樵著	1928年华丰印刷铸字所铅印本。《药盦医学丛书》之一种。
《生理新语》	恽铁樵	
《温病明理》(函授医学教材第九种第一期)	恽铁樵	
《医学入门》(函授医学教材)	恽铁樵	
《医学史》(函授医学教材)	郑文焯著、恽铁樵编	
《马伯藩医案》	马伯藩	手抄本
《马培之医案》	马培之	手抄本
《脉学辑要》	蒋趾真著	丁甘仁抄本
《亦亭先生医案》	马继昌	
《马培之评〈痧症指微〉、〈弔脚痧方〉合刻》	普净	马培之点评 1907年
《朱批绘图马评〈外科症治全生〉》	王洪绪	马培之点评 1884年扫叶山房
《医醇賸义》	费伯雄	1863年重镌耕心堂藏版
《巢少芳医案》	巢少芳	手抄本
《丁甘仁医案》	丁甘仁	丁济万等编订
《马培之诊慈禧太后按、贺季衡诊方》	马培之、贺季衡	手抄本，年代不详
《丸散配方》	不著撰人	手抄本

二、孟河医家中医药知识和技艺的重构

孟河医家群体治学严谨，文风朴实，医籍多为病理、方药之论，富含人文关怀之深意。孟河医家注重学术批评，净化学风，纠正病家求医疗疾、日常养生保健中的错误观念。杂糅、拼凑中不断革新为中医医学动态演进发展的重要模式[13]。深入研究病症及相应的治法，但不拘泥于古方、成方、医学正典，务求疗效，汲取治验，重构知识技艺，形成具有地域和时代特色的医学文本。

1.医理医技融会贯通

孟河医家编订医籍、诊病疗疾乃至学习西医医理，客观对待古今中外医家的成果，取长补短，注重临证经验的积累。晚清民国时期，中医群体中不乏夜郎自大者，而不知已然沦落到了不进则退、危机重重的境地。费伯雄谓"巧不离乎规矩，而实不泥乎规矩"，劝诫后学"古人立方，不过昭示大法"，要灵活运用，不可泥古不化，"方能得古人之意"，确是切中时弊中肯之言。民国中西医论战时期，孟河医家

主张中西医汇通，博采众长。指斥部分中医师为了业务牟利而恶语相向，不愿正视自身问题，是十分短视的行径。创办各类医刊，编修医书，选登国内外医学同行学术成果、医事观点，坦诚切磋交流，为当时叫嚣消灭中医的余云岫亦由衷感佩。因着各种医籍医刊的出版、医疗实践、医药商业推广乃至广义上社会文化的变迁、政治领域中西医的博弈和斗争、中医药科研水平的进步，相较于明清时期的传统医学，现代中医药知识生产及其边界发生了质的飞跃，处于不断解构与重构的状态。孟河医家群体较早地参与主导并适应了现代中医发展的路径。

2.整理医籍删繁就简

医家、病家无心研读经典正本，对各种新出医籍趋之若鹜，贪多求新，往往浮于表面，虚耗精力。费伯雄辟斥社会风气"喜新厌旧"，流毒无穷。为匡正学风，费伯雄提倡习医者"执简驭繁"，"明白指示，庶几后学一归醇正，不惑殊趋"[14]。有鉴于习医者浮躁、急于求成，病家参看医书不明就里胡乱照

方服药,费伯雄苦心孤诣,在编排临证经验时,首先介绍病症和治法。此举非为僭越古人,而欲使读者对医理了然于胸,继而研判古方,有所体悟,求得真知,方能出师,以免误人误己。前人温补惯常用方,费伯雄自有取舍。世人喜好滋补,或补阳,或补阴。费伯雄主张,若是"温补脾胃及壮水养阴"可以效东垣、丹溪之法,但不鼓励常用升麻、柴胡[15]。伤寒头绪纷繁,费伯雄贯彻其删繁就简、潜心治学、循序渐进的习医思想,引导后人打下坚实基础,故未有加以论说。由此可见,《医醇賸义》是一部深入浅出介绍临证和治学经验的医学典籍,兼具教材之功用。

3.重视临证经验积累

历代积累的医籍方论汗牛充栋,学说林立,儒医撰写的医籍晦涩深奥。各种医方却被弃之如敝屣,出现了舞文弄墨、堆砌辞藻撰写著述而轻视临床施医给药以求实效的情形,不利于培养现代中医专业人才。中西医论争白热化,潜心中医学术研究尤为迫切,经受临床实践的检验。孟河医家创办现代中医医院,中医院校学生接受临床实习,适应医业发展需要,提高行业人才临床业务素质。总览孟河医家医籍医刊,主要记述论治和药方,行文朴实无华。评说注重触类引申、由博返约。以病人福祉为依归,普及中医饮食保健。食谱多谈饮食禁忌,却忽视食物的功用,为此费伯雄撰写《食鉴本草》,以期病家不会因食物而耽误了病情,又能令食物发挥相当的药效,加意调理,改善病况。即便被时人同行讥刺中西医汇通乃非驴非马[16],孟河医家仍研读西医病理、生理学学术成果,运用部分西医医械帮助诊疗,必要时将病人转介西医师疗治。

三、中西医汇通与医案公开印行

中西医论战,孟河医家组织全国中医药代表召开大会,数次前往南京请愿,捍卫中医平等利权。其后,中医医政制度逐步在全国确立,中医得以注册行医,中医校续办,中医报刊书籍成为中西医切磋交流的平台。孟河医家跻身民国政坛,稳固中医地位。部分医家主张潜心研究学术,认真反省自身问题,扬长补短,切勿盲目排斥西医医理、医技,抑或是在意短时内与西医争个高下。张赞臣创办的《医界春秋》多次刊登西医攻击中医、西医学术成果或

是西医对中国医史研究的文章,展现出孟河医家的包容胸襟,一时间学术气氛日渐浓郁[17]。

为了弘扬学术,孟河医家纷纷摒弃各种秘传陋习,公开出版自己的医案。现时孟河文化站珍藏的《思补山房医案》,系丁甘仁之孙,丁济万会同同道刘佐彤、朱振声、程门雪、宋大仁、钱乃振、陶可箴搜集丁甘仁遗留下的医案成帙,整理出版了丁甘仁的医案。丁济万延请民国政要马福祥、教育家王蕴章、上海名医秦伯未等人分别作序。1921年起至1924年间,《思补山房医案》在《中医杂志》分期刊载,嘉惠杏林。

孟河镇文化站搜集晚清至民国时期当地医家中医医籍数十种,医案居多,另有丸散配方、经典医籍、医学教材等。孟河医家医籍少空论,多谈临证经验和处方,尽管其中不乏封建迷信和超乎常识的内容,却被部分医史学者贬称为"方书"、只能给下层中医阅读的医书,有失平允。马培之婉拒清廷留任太医院,丁甘仁创建中医院校,秦伯未公开编印医案,恽铁樵弃文从医编印医学函授教材,蒋文芳组织领导的中医药学术团体、行业团体抵制和整饬不正之风,投身抗日伤兵急救,以上种种说明孟河医家群体高度认同医学知识和技艺当为广大人民健康服务。上述中医医籍富含医学人文讯息,见证了近代孟河医家在学术上推陈出新。自求振作,结交民国政要,竞选国大代表,推动中医医政制度建设和改革,在政治领域与西医展开博弈。学习运用外来医学知识、医疗器械,以实际行动沟通中外医学,包容异见,不为时人讥刺而畏缩,为切实维护中医权益做出表率,振兴民族医药。

四、余论

孟河医家遗留下的医籍,从医学人文研究角度来说,可以被当作深入细致研究中医"近代化"历史过程的重要资料。孟河医家主张平心静气对外交流学习,亦有注意到西方医药界有意了解、研究乃中国医药原理至改良和生产中药,投入国际市场。学人们需要重新检讨和修正原有的"近代性"认识以及中西医学对中国社会公众医疗观念、身体观念上的相互影响。拓宽研究视野,放眼全球各地传统医学在近代历史变革中的发展路向及其与外来医学

在内科技应用的磨合。中医"科学化"丧失部分原有哲学、"古董"，作为一种探索过程，需要熟悉中西医历史脉络的学人正视其中"牺牲"了哪些，客观评估得失。西方科技的引入过程中，或粗暴残忍，或未有达致改变落后面貌和卫生治理的理想效果，中国社会亦付出了相当的代价。医史学者和医界人士都有必要省思。

注释：

①熊秉真：《新安幼医刍议：乾隆歙邑许氏之例》，香港中文大学《中国文化研究所学报》2010 年第 50 期，第 162 页；皮国立：《所谓"国医"的内涵——略论中国医学之近代转型与再造》，《中山大学学报(社会科学版)》2009 年第 1 期，第 64-77 页；余新忠、王沛珊：《科学化·专业化·国学化——晚清以来现代中医的生成》，《文化纵横》2017 年第 3 期，第 108-116 页；Volker Scheid, Currents of Tradition in Chinese Medicine 1626-2006, Eastland Press, 2007.

②沈伟东：《医界春秋：民国中医变局中的人和事(1926-1937)》，广西师范大学出版社，2011 年。

③李夏亭等，《孟河四家医集》，东南大学出版社，2006 年。

④曹震、张琪：《孟河医派概要》，《江苏中医药》2016 年总第 48 卷第 10 期，第 60 页。

⑤如谢利恒：《澄斋医案》，《现代国医》1931 年第 3 期，第 36-37 页。

⑥费伯雄：《医醇賸义·序》，孟河镇文化站藏同治二年耕心堂重刻本，页 1 下。

⑦周玉祥等：《马文植侍诊慈禧佚事》，《中华医史杂志》2012 年第 42 卷第 4 期，第 248 页。

⑧《叙孟河马培之征君评全生集》，《马培之先生评外科证治全生》，光绪甲申年扫叶山房刻本，页 3 上。

⑨同⑧，页 3 上至页 4 上。

⑩《马培之先生评〈疬症指微〉〈吊脚疬方〉合刻》，光绪三十三年宜兴正谊山房刻本，页 15 上。

⑪李夏亭等，《孟河四家医集》，东南大学出版社，2006 年，第 1273 页。

⑫周佳榮、丁洁：《天下名士有部落——常州人物與文化群體》，三联书店(香港)有限公司，2013 年，第 67 页。

⑬祝平一：《清代的疬症——一个疾病范畴的诞生》，《汉学研究》第 31 卷第 3 期，第 223 页。

⑭费伯雄：《医醇賸义·序》，孟河镇文化站藏同治二年耕心堂重刻本，页 2 上。

⑮金丽：《费伯雄〈医醇賸义〉慎用"升柴知柏"探析》，《吉林中医药》2003 年第 23 卷第 8 期，第 5-6 页。

⑯Sean Hsiang-lin Lei, Neither Donkey nor Horse: Medicine in the Struggle over China's Modernity, University of Chicago Press, 2014.

⑰余云岫：《中国医学结核病观念变迁史》，《医界春秋》1927 年总第 15 期，第 7-9 页。

（作者单位：常州市中医医院）

浅谈白士风留青竹刻创作

◇ 邵风丰

内容提要：常州留青竹刻是近代以来一个发展非常出色的地域性工艺美术品种，而白士风是现代留青竹刻的佼佼者，对常州留青竹刻的继承与发展有着重要推动作用。本文通过探讨白士风创作留青竹刻的背景、艺术风格、后世影响来了解留青竹刻的文化含义。

关键词：白士风 留青竹刻 艺术思想 文化内涵

常州留青竹刻是一个极具地域性的工艺美术品种，它体现了江南人文发展中追求完美、不求虚名的精神境界。因其细腻工整的雕刻与成熟的美术作品相结合而受到文人雅士钟爱，并享有"初熟之樱桃，抛光之琥珀"的美称。

一、留青竹刻的发展历史

留青竹刻的发展历史比较特殊，我们目前所见到最早的留青竹刻是收藏在日本奈良东大寺正仓院的唐朝 "尺八"(图一)，从它工艺的精细程度来看，虽不能与玉石雕刻、象牙雕刻等媲美，但已经呈现出完整的留青竹刻纹样。

然而，唐以后留青竹刻的发展演变情况由于缺少实物资料，目前无法获悉。到明末，常州府江阴人张希黄吸取象牙雕刻和薄地阳文（竹刻的一种，与嘉定竹刻的深浮雕有明显区别）的雕刻技巧，将留青竹刻技法进行更新、完善。其作品可以表现出完整的刻画绘画题材，在留青竹刻层次的处理上达到了新的境界(图二)。

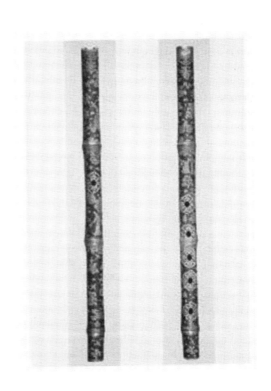

图一　日本奈良东大寺正仓院藏唐朝尺八

图二　张希黄留青竹刻

现代留青竹刻的发展始于20世纪中期，由于在发展过程中有机地结合现代书画以及传统文化如诗词、印章等等，使之内容丰满，画面优雅，具有极好的观赏性和收藏性。特别是白士风在20世纪60年代到80年代间，以其自身不懈的努力和智慧，创作了大量精美的留青竹刻作品。这些作品刀法精细，画面极具文气和美意，充满了中国工艺美术引人入胜的特点，其中的大部分被国家及省有关部门采用作为国礼，为我国的对外交流与文化宣传做出了巨大的贡献。他的这些精美作品不仅在国内外留下了极佳的影响，也因此培育出了留青竹刻及其衍生品的市场，而且更作为留青竹刻学习和创作的范本及资料流传下来。

图三　白士风先生工作照

二、白士风留青竹刻的艺术特征

白士风是现代留青竹刻大家，他擅长将现代书画艺术、文学艺术融入留青竹刻的创作中。白士风强调留青竹刻的文化内涵应与他长期在创作中和书画界及文化界人士来往有关。他与文人交流不仅增强了留青竹刻创作中的文化含量，同时也促进了文人对留青竹刻的理解，这种双向交流也有助于确立他的艺术思想和创作风格。纵观他的艺术历程可以看出他强调题材需脱俗有文意、重视文化与创新相结合、技艺上追求完美。

1.重视选题，强调立意

白士风认为应选择脱俗有文意的题材，立意要高，画稿品质的高低是影响留青竹刻内涵的重要因素。提升留青竹刻题材的文化内涵，需要将文化艺术与留青竹刻创作相融合。在选稿创作之初，就要融入中国传统文化元素，这需要创作者拥有很高的文化修养。

白士风对画稿的要求非常高，这贯穿了其整个留青竹刻的创作生涯。从1960年他调到常州市工艺美术研究所起，他的人生目标就不是平凡的商品制作者，时代感和责任感使他的眼光更为长远。白士风严格控制画稿的选择，他并不认为所有画家的画稿都适合做成留青竹刻，因为留青竹刻有自己的优缺点，如果生硬地依样画葫芦去刻某些画稿，不但不能发挥留青竹刻的特长，而且也浪费了画家的心血和自己的功夫。另外，刻竹者应将自己的创作意图与画家充分交流沟通，这样才能既突出画家的风格，又符合留青竹刻的雕刻语言。而白士风取稿时就是这种态度，正因为他有这种悟性，所以在阅读、运用画稿时就能充分发挥自己才能，把黑白的画稿提升到留青竹刻的艺术层次。

白士风的许多画稿都会借鉴唐诗的意境，如常州籍文史专家承名世依据唐朝李咸用的《题王处士山居》而作山水作品《大半生涯在钓船》，白士风便用平刀法刻成大块山石，看似简单，却十分讲究刀法的精准程度和掌控能力。而另一幅由承名世题写、依据唐朝诗人皮日休的诗《牡丹》而作的花鸟作品，不仅诗、书、画俱佳，雕刻方面更显示了白士风的看家本领，整件作品堪称完美。这些作品并非简单的堆砌唐诗充数，而是白士风与画家长期合作与交流之后做出的选择，也并非简单的在画面上"多"

写几个字,而是长久以来对留青竹刻的倾情所致。

图四　白士风部分留青竹刻拓片

图五　白士风部分留青竹刻拓片

白士风留青竹刻的艺术成就是以他的技艺和修养为支撑和内涵的,因此在演绎画家的画稿时,可以采用留青竹刻中的全留、多留、少留、微留或不留,代替中国画的焦、干、浓、湿、淡以达到结构合理、层次丰富的目的。这不仅完美展现了原作的风格和特点,更由于其精湛的刀法和细腻的刻功,创作了前所未有的留青竹刻艺术精品,也因此赢得了画家们的赞赏。白士风的留青竹刻不只是画稿的还原,更是把平面的画稿提升到一个新的境界,这是他个人重视文化修养,强调选题立意的集中体现。

2.重视文化与创新相结合

文化的发展离不开传承与创新。常州留青竹刻自白士风起,作品中的文化含量得到极大的提升。对于同一种留青竹刻作品,文化内涵的不同,其存在意义也不同。如镇纸,过去仅仅是用铜、铁、玉石等有重量的东西为之,或光板或略加笔墨勾勒,以实用意义为主。白士风对材料和工艺都不满意。在长期的工作实践中他觉得竹与红木结合会有非常

好的效果。因此,他将竹片镶嵌于红木之中,一是解决了镇纸所需要的重量,二是与我们平时所见的画轴相仿,用竹片可以更好地表现书画,如可书,可画,可单件,也可组合。此种作品一经推出,立即被全国竹刻界效仿。

再如,过去的臂搁是为书画服务的,向来是使用意义大于美观效果,因此竹制臂搁更好地实现了其使用意义。但是由于我们书写习惯的改变,许多人都不知道臂搁的含义及作用。

白士风觉察到这部分的创作空间,他尝试将竹片横置,进行书画、雕刻,再配置精美红木架,这样既保留了臂搁的功能,又能在观赏及陈列上有了独特的新意。目前,镇纸和横台屏已成为留青竹刻的"明星"产品,惠及无数从业人员。

白士风苦于单片毛竹面积小,无法刻制较大面积的名人字画。在查阅大量古代、现代书画后,他考虑将狭小的竹片拼接起来,使其可以满足较大面积书画题材的创作。在20世纪六七十年代,他用这种方法雕刻了许多毛主席诗词,效果非常好,王世襄在他的《竹刻艺术》里对此有极高的评价。至此,留青竹刻作品不再是单一的臂搁、扇骨,已经形成的新品种为后人从事留青竹刻增加了新的创作可能。同时,不间断的创新不但增加了留青竹刻的品种,而且使原本单调的竹刻在技艺和文化上有了新的意义。

然而这些并非是白士风对留青竹刻倾注心血的全部,他在晚年时又进行了一系列的创新,如留青竹刻作品《孙子兵法》,是他在六十岁后开始做的,型制上仿照了汉简,用汉隶书写,用留青竹刻的方式刻制而成,美轮美奂,完美无瑕。在创作该作品的同时他还创制了一系列红木镶嵌留青竹刻的笔筒。

早先,他发现许多古代流传下来的留青竹刻笔筒都不可避免的存在裂痕,而他无法接受一件精美的留青竹刻笔筒在毫无预兆下的开裂,这不仅是作品的损坏,也是作者心血的浪费。因此他在反复探讨、对比后想到可以用红木做成框架,将竹片镶嵌其中,这样小片的竹片因应力的释放就不容易出现开裂,有效地解决了前人的难题。在创作时,每个面

的内容既可单独创作也可以合成一组,在红木框架衬托下稳重中又显灵巧。这不仅填补了我国留青竹刻上的一个空白,也使广大留青竹刻从业人员有了新的创作手段。

通过叙述白士风的创作生涯可以看出其在留青竹刻创新上有强烈的使命感和责任感。在这种创新发展之下,留青竹刻得以以一种全新的形象出现在世人面前,同时也使得留青竹刻的艺术得到更快更好的延续,留青竹刻的文化也得到迅速发展。

3.技艺上追求完美

所谓文化就是一种专注,白士风在留青竹刻上的专注就是不断超越前人。在雕刻技术上,他并没有追求非常华丽的刀法,而是朴实且实用。他的这种看似简单的刀法是雕刻留青竹刻的基本保证,也可以使其技艺得到充分发挥,在他之前对留青部分及铲底没有一个通用的标准,而他所使用和掌握留青刀法的运用尺度在表达各种类型画稿时均能适用。

白士风进入工艺美术研究所前,他的创作基本局限于过去的模式,即以扇骨等小件为主,过小的面积限制了创作的深度,来到研究所,要求和目的都发生了变化,与名人书画的大量接触使其得到了提高和充实技艺的机会。

白士风对留青竹刻的认识和理解贯彻在他的竹刻技艺中,因为有了出色的技术才能完美的处理画稿,使留青竹刻有浓厚的文化气息。他一生追求的留青竹刻绝非普通商品,而是一种形态完美,有传统文化和现代思想支撑的艺术。

三、白士风对常州留青竹刻的贡献

1.在传承留青竹刻技艺的同时注重创新

留青竹刻是一门非常讲究技术的工艺,这种工艺由几个技术要点构成,关键是"开切",基础是"铲底"。"开切"的目的是将文字、画面与空白处切开,这是留青竹刻作品能否达到原稿要求的技术保障,留青竹刻成功的基础是"铲底"。"铲底"工艺的好坏涉及到两个方面,一是底部平整,二是留青部分层次清晰的表达。白士风在遵循传统技艺方面严格要求自己,他擅长在"开切"后完整的保留原作的精

神。白士风的"铲底"技术是他完美艺术精神的一个重要组成部分,是他掌握留青竹刻技术精髓的体现,也是他完成众多复杂作品的基本保证,从而也成就了其作品的不可复制性。创作的留青竹刻镇纸和横台屏,雕刻红木镶嵌留青竹刻的笔筒,填补了我国留青竹刻上的空白,体现了其毫无私心地为留青竹刻事业的发展尽心尽力。

2.为后学者起到榜样和示范作用

传统工艺美术难以学习和传承与其特性有关。由于它的学习过程冗长、艰苦、复杂和多重,让人们望而却步。白士风在自己的艰苦努力下,使留青竹刻技艺得到了大家的认可与赞赏,尤其是他后期的作品,更成为一种典范,成为海内外有识之士追求的目标。笔者以为,他的留青竹刻作品代表了我国现代工艺美术上雕刻中的最高水平。因此,国家有关部门将他的作品作为国礼赠予外国元首和友好人士,让这些人在欣赏我国工艺美术精髓的同时也把我们优秀的传统工艺推广到世界各地,包括东亚、东南亚、中东及欧美地区。这些作品作为友好使者也向世界传达了一个信息,中国的传统工艺美术是中国文化非常重要的组成部分,不仅历史悠久而且极具美学价值,而常州留青竹刻就是其中非常优秀的代表。

白士风的留青竹刻艺术价值就体现在他引领了一代留青竹刻的艺术风范,为今后人们从事留青竹刻指示了艺术价值和规范,同时在技术上也作为一种职业性的重要标准和规范。可见,白士风的留青竹刻艺术的成功具有现实作用和时代意义。

四、结语

白士风留青竹刻具有平和无修饰的特点,看似平淡,却于微小处见技艺,这是他在一生追求艺术创新的体现,很值得后学者借鉴学习。白士风留青竹刻艺术的文化意义也不是由他单个作品的价格来体现,也不是以他的某一段时间的作品的价值来决定的。他的艺术是一个整体,不能管窥,更不能分割,其文化含义是让传承了一千多年的留青竹刻艺术有了新的突破和发展。

(作者单位:常州市工艺美术研究所)

瓯香"没骨"咏流传

——研习恽南田画派有感

◇ 朱剑虹

内容提要：常州画派是中国绘画流派之一，至今已历经三百年，没骨花卉是常州画派的主要特征。恽南田是常州画派的领袖人物，本文拟从恽南田的生平与家学、绘画技艺的传承等因素来探讨恽南田绘画创作思想。

关键词：恽南田 没骨法 写生 摄情

明清时期，常州白云溪墨香飘逸，文士云集，有道是："半湾都是诗人屋"。在白云溪渡口的南岸有一处临溪小筑"瓯香馆"，因唐岑参"瓯香茶色嫩，窗寒竹声干"取名，是常州画派创始人恽南田从娄东回常所租的画室兼寓居。他在这里专心"没骨"花卉的创作，研习"不用勾勒，则染色无所依傍"之法，继承发展了北宋初年徐崇嗣、赵昌的没骨法技艺，开创了南田"没骨写生花卉"画派，又名"恽派"、常州画派、毗陵画派、武进画派。清人张庚在《国朝画征录》称："及武进恽寿平出，凡写生家俱却步矣。近世无论江南江北，莫不家南田而户正叔，遂有常州派之目。"由此可见恽南田在当时画坛的地位，瓯香馆俨然成了当时人们心目中的花卉写生画的中心。

恽南田（1633—1690），原名格，字惟大、寿平，改字正叔，号南田，别号很多，如南田灌花人、东园客、东园外史、横山樵、瓯香散人、云溪外史、云溪渔夫、白云外史等，是清初画坛"六大家"之一，与王时敏、王鉴、王翚、王原祁、吴历齐名，合称"四王吴恽"，以诗、书、画"三绝"闻名于世。据潘茂在《常州画派》统计，学习南田画的恽姓以外常州武进籍画家 50 人左右，除常州以外的江苏籍画家 100 多人，浙江画家 80 多人，安徽、福建、广东、四川、山东等 17 个省画家 60 多人，全国共有 350 多人。

一、家学传承的影响

每一位画家都有着不同的绘画风格，这是与不同的人生经历、时代背景、社会影响、思想追求、人物性格、性情心境息息相关的。又或因共同的思想、志趣的相投、画风的相近、技艺的传承而聚集形成流派影响后学者。因此我们欣赏研习画作，就必须要了解画家的人生，用心灵去感悟、欣赏，才能领悟其画品意韵。

《毗陵恽氏家乘》正编卷三十三《世表》记载：南田于崇祯六年（1633）十一月初一生于上店，排行第三。曾祖父恽绍芳与王世贞为同科进士，与王世贞、李攀龙等"后七子"交游甚多。父亲恽日初（1612—1678），字仲升。崇祯六年（1633）得副榜贡生，是大学者刘宗周的高足，与黄宗羲同学。他是一位重气节的名士，在思想艺术上对南田影响很深。能诗文擅书画。台北故宫博物院藏其山水轴一帧,常州收藏家王春渠也藏有其诗文墨迹①。而南田在绘画方面,主要得堂伯父恽本初传授。南田自幼跟从堂伯父学画,受其影响很深,曾写信与恽向探讨绘画的笔墨技巧。恽本初早年学董源、巨然画法。他的画用墨浓湿,纵横淋漓,气厚力沉,自成一家。著有《画旨》四卷,已佚。清陈撰《玉几山房画外集》收聚其画论15则,对后世有很大影响②。据《瓯香馆集·南田先生家传》记载:"父逊庵授之书,上口即能角义,八岁咏莲花成句,惊其塾师"。由此可以看出恽南田受到了良好家族文化的熏陶与教育。

二、研习名家,继承传统

俞剑华先生在《中国绘画史》中说:"恽寿平虽以花卉名家,而其山水高旷秀逸、妙绝等伦,实非'四王'所能企及。"③这体现了恽南田绘画与他人的不同之处。他的山水画意境高逸,表现他对故国之思、身世之感和遗世独立的人生态度④。

中国画强调"外师造化,中得心源","意在笔先,画尽意在",要求以形写神,形神兼备。即以生活为源泉,通过画者的构思和艺术手法的处理,创造出具备形神合一具有独特意境的艺术形象。其意境可谓画魂,使客观的自然物象和作画者主观意象融化为一体,表现出画家的心态感受与思想境界。如恽南田认为"凡观名迹,先论神气,以神气辨时代,审源流,考先匠,始能画一而无失"。"非足迹所历,目领会如巨公者,岂易为力哉"⑤。

恽南田临仿董源、米芾、黄公望、吴镇、倪云林等名家,他不在笔墨点画之间求"形似",而是主张学习古人的用心和精神,更主张以真山真水为写生,力求个性与创新。《画跋》中记录他对古代名迹细心研究、反复临摹的方法和感受。他师法黄公望,认为"一峰老人为胜国诸贤之冠"。他研究元代诸家之法,在《画跋》中说:"宋法刻画,而元变化。"他主张"学古不泥古"既要学习古人又要注重创新,强调"古人笔法渊源,其最不同处最多撮合。不为先匠所拘而游法度之外"⑥。"学晞古(李唐)不必似晞古,师子畏(唐寅)何妨非子畏"⑦,注重个性。

他与王石谷惺惺相惜,相互推崇,在常州青果巷绘画作诗,结下深厚情谊。

明末清初,复古主义、形式主义笼罩画坛,南田提出"作画当师造化"的主张,曾作画跋"少时曾住天台山中,随道侣入天峰,登华顶,即太白诗'天台四万八千丈'是也,宿华顶峰观日出,云海浩荡,骇目洞心,诗句画图,皆不能摹写天台神奇要妙也"⑧。又一题跋"出入风雨,卷舒苍翠,走造化于毫端,可以咄洪谷、笑范宽、醉骂马远诣人矣"⑨。另一题"似得造化之妙,初师大年,既落笔,觉大年胸次殊少此物,欲驾而上之,为天地留此云影"⑩。可见南田对自然界各种事物的观察都极为透彻,他主张绘画创作必须以造化之自然景象为写生对象,以表现画者自己的思想感情与个性特点。

南田善于把握前人作画已有的成果,结合自己的创作实践,提出积极的主张,形成独特的风格。南田一生创作了大量的书画作品,不同时期显现了不同的风格。他擅用笔墨表达意境,认为"有笔有墨谓之画,有韵有趣谓之笔墨,潇洒风流谓之韵,尽变穷奇谓之趣"⑪。

三、写生摄情

半园原址在青果巷雪洞巷,是唐宇昭(明代散文家、数学家、抗倭名将唐荆川的玄孙)的庭园,也是南田绘艺的地方。在这里,他与王石谷成为"莫逆之交";与唐宇昭、唐芺一起斟酌"没骨"写生技艺,是常州画派的发祥处。

"没骨"一词见于宋代。北宋沈括的《梦溪笔谈》曾有记载,苏辙也提到过"没骨"画法。恽南田苦于"没骨"画法"数百年其法无传",决心"为古人重开生面,欲使后人知所崇尚也"。"没骨"法,即不用墨勾线而以色彩点、染而成。"以色为上""用色如用墨"是以色为主导的表现语言。重点从水、色、墨、笔四个要点上把握。恽南田强调"俗人论画皆以设色为易,岂知渲染极难,画至着色,如入炉钩重加锻炼,火候稍差,前功尽弃,三折肱知为良医,画道亦如是也。"

南田善用水,他在色染、水晕上的再现,发展了"没骨法"技艺。针对花卉的特性、生长季节和时间的变化,采用水晕的表现手法,突出花卉的质感、光感和新鲜、枯萎感,收到单纯靠色无法达到的效果。他在题跋中说:"得笔法易,得墨法难;得墨法易,得水法难"，他的没骨画就突破了这个难点。他擅在一花一叶中留白。他的传世作品《国香春霁图》画四朵红牡丹，红色只着花瓣之间，其余部分用留白。《临风紫菊》菊花枝叶多用飞白，使色彩更有层次感。《写生册》中有黄紫两种菊花，色彩层次分明，虚实相生。

南田"没骨法"是"不用勾勒，则染色无所依傍"之法，即不用纯墨，全用色彩加入水分和脂粉调合后直接用笔画花卉，南田突破传统写意画法，研究色、水、粉、意之间的相互关系，把山水画技法和写意花鸟画技法运用到"没骨法"花卉绘画中，将各种色彩和谐、生动地组合在一起。《书画鉴影·卷十七》著录的恽南田在 25 岁即顺治十四年(1657)，用"没骨法"画《牡丹图》扇面。南田传世最早的花卉画作品是他 39 岁与唐荧合作的《红莲图》(故宫博物院藏)，此画作于康熙十年(1671)二月，王石谷 40 岁生日，唐荧画红莲，南田补荇藻相贺。唐荧(1620—1690)，字子晋，号匹士，尤工荷花，时誉："唐荷花"、"恽牡丹"。南田在《红莲图》上记录下他与唐荧研究"没骨法"的过程："余与唐匹士研思写生，每论黄筌过于工丽，赵昌未脱刻画，徐熙无径辙可得，殆难取则，惟当精求没骨，斟酌古今，参以造化以为损益"。是年九月南田又画《蔬果图》扇面(藏于北京故宫博物院)。此画均以色点染，无墨笔勾皴，设色淡雅，形象生动有姿。可见他的"没骨法"已成熟⑫。《碧桃花图》作于 53 岁，全以色彩画成，洋溢着浓浓春意。以行楷书题诗为跋，是其晚年佳作。

南田没骨花卉画更强调师造化，他认为"写生之技，即以古人为师，犹未能臻至妙，必进而模造化，庶几极妍尽态，而为大雅之宗"⑬。其在《画跋》中说："玩乐苔草"，"吟啸其中"以真实的生活态度去感受。他到盛产菊花的练川、娄东、澄江去画菊。

南田提出作画摄情的观点，"作画在摄情，不可使鉴画者不生情"。他在《画跋》中说："山不能言，人能言之。秋令人悲，又能令人思，写秋者必得可悲可思之意，而后能为之。不然，不若听寒蝉与蟋蟀鸣也。"又说自己作画是"聊写我胸中萧廖不平之气。""半出率尔，直写怀间新思。"指出作画既是抒发画者之胸怀之意；又是通过画作抒情达意，以感染鉴画者在品赏、领悟中产生共鸣，引发思索与感想。

康熙二十八年(1689)十二月，南田最后一次游杭州，他冒着风雪挥毫作画，欲在杭州买地未能如愿。康熙二十九年(1690)三月十七日返回常州，十八日病逝，享年 58 岁。

恽南田的书画作品很多，收藏在北京故宫博物院、台北故宫博物院等，由人民美术出版 1993 年10 月出版的《恽寿平精品集》，可见其上、中、晚年诸多珍品。著有《瓯香馆集》《南田画跋》《南田诗抄》《南田画真本》等。2008 年中国文联出版社出版秦耕海编辑的《恽南田文集》上、下册，刊有南田大量诗词、文章、画论、书札。以恽南田为代表的常州画派，对中国绘画艺术做出了杰出的贡献，因而虽历经三百年，仍代代流传而不绝。

注释：

①常州市武进区炎黄文化研究会、政协文史委:《武进书画》，江苏人民出版社，2009 年，第 44 页。

②叶鹏飞:《南田遗韵》，文物出版社，2005 年，第 13 页。

③叶鹏飞:《南田遗韵》，文物出版社，2005 年，第 38 页。

④叶鹏飞:《南田遗韵》，文物出版社，2005 年，第 38 页。

⑤引自叶鹏飞:《论恽南田的山水画艺术》，《书画世界》2006 年第 5 期，第 8 页。

⑥恽寿平:《瓯香馆集》卷十一，中华书局，1985 年，第 176 页。

⑦刘冶贵:《中国绘画源流》，湖南美术出版社，2003 年，第 255 页。

⑧引自叶鹏飞:《论恽南田的山水画艺术》，《书画世界》2006 年第 5 期。

⑨同⑧。

⑩同⑧。

⑪同⑧。

⑫叶鹏飞:《论恽南田的没骨花鸟画艺术》，《书画世界》2006 年第 4 期。

⑬刘冶贵:《中国绘画源流》，湖南美术出版社，2003 年，第 255 页。

(作者单位:常州市名人纪念馆管理中心)

常州博物馆藏海派扇面赏析

◇ 梁文杰

内容提要:海上画派是中国近代画坛最主要的流派之一,其作品雅俗共赏,极具艺术价值。常州博物馆收藏了众多海派名家的扇面书画作品,不仅题材广泛,而且风格多样。本文精选部分藏品,从作者风格、绘画题材、艺术构图等角度进行赏析,再现了清风雅韵之间的海派芳华。

关键词:海派扇面 常州博物馆 折扇

折扇开合有弓卷之风,除了纳凉,自古更是诗书画印的载体和点缀风雅的佳器。一叶扇面,不过盈尺,却最考验章法布局和行笔用墨的功力。扇面书画既有作者本身的艺术特质,也有特定时代的历史印记,因此成为了一种兼具历史价值和文化价值的宝贵艺术。

常州自古就与折扇有缘,常州武进宋墓中出土的一件南宋戗金漆奁,其盒盖纹饰所绘的侍女手中,就持有一把精美的折扇。到了明清,人杰地灵的常州诞生出著名的常州画派,经济和文化的繁荣还孕育出一大批喜好风雅、重视收藏的社会群体,扇面书画由此在民间大放异彩,并给后人留下了丰富的文化遗产。常州博物馆凭借天时地利人和,有幸收藏了明清乃至民国时期的扇面书画500多张,其中折扇面有300多件,且风格多样,题材广泛,涉及山水、花鸟、人物、书法各大门类,尤其海派画家的作品占有相当大的比例,除了黄山寿、吴青霞、房虎卿、谢稚柳、汤涤等常州籍画家的作品外,亦不乏蒲华、任熏、沙馥、张熊、吴石仙、胡公寿等名家的扇面

佳作。

这些海派名家在清末民国时期活跃于上海地区,他们的作品适应了商品经济的发展,融贯中西,雅俗共赏,体现出浓郁的时代特色和生活气息。海上画派遂成为中国近代画坛最主要的流派之一。本文遴选了常州博物馆收藏的部分海派扇面加以赏析,衷心希望能让更多人领略到海派书画艺术的风雅和魅力!

一、莺歌燕语 花间意趣

花鸟画作为传统中国画的主要题材,并不仅仅只描绘花与鸟,而是泛指花卉蔬果、飞禽走兽等各种生灵。花鸟画在海派绘画中占据着极其重要的地位,讲究形神兼备,除了以笔墨来表现花鸟鱼虫的外在特征之外,更注重抒发一种妙趣天然的别致韵味。常州博物馆的花鸟画扇面中就有许多海派名家的精品。

胡公寿(1823—1886),华亭(今上海松江)人,名远,又字小樵,号瘦鹤,又号横云山民。诗书画印皆精,书法出入颜真卿、李邕之间。擅画山水、花木、

竹石。咸丰十一年(1861)寓居上海，卖画自给，为海上画派的早期代表。著有《横云山民诗存》(或作《奇鹤轩诗草》)。

胡公寿《疎林奇石图》扇面（图一）作于1866年夏，为其43岁时于沪上所作，代表了他成熟期的绘画风格。扇面画花木竹石，画中的奇石、红叶、梧桐、墨竹，皆笔力雄健，墨彩焕发，构图疏密有度，渲染了秋林萧瑟之意。右上款识："疎林奇石，丙寅之夏，二圃四弟鉴之，华亭胡公寿。"《清代画史增编》说他的"花木竹石不减白阳（陈淳）、白石（沈周），而遒劲过之，江浙名流推崇备极，谓其腕力之强，局量之大，盖自沈、陈二公之后惟君一人而已。"

《海上墨林》记载胡公寿"江浙名士无不倾服，谓三百年来无此作也。"当时《申报》评价他称其画"天骨开张，笔势超纵"，使乞画者"踵趾相属"，成为"以书画噪遐尔者"。清末日本人是上海画坛一个不容忽视的消费群体，许多来沪的日本人都想方设法拜访胡公寿，并以拥有他的画为荣，"日本人东归，辄以得其胡公寿尺幅为韵事。"

胡公寿的绘画较多继承了文人画的传统，他的作品长于水墨，有时略施淡彩，清润简洁，富有文人气。虽然其画风与典型的海派画风尚有距离，但是他凭借自己的社会地位和艺术号召力，为后起的海派诸家铺平了道路，由此影响和促进了日后海派风格的形成和发展。

图一　胡公寿《疎林奇石图》扇面

任薰(1835—1893)，清代画家。字舜琴，阜长，籍贯萧山，"海上画派"代表人物之一，与兄任熊、侄任预、族侄任颐被后人合称"海上四任"。任薰兼工花鸟、山水、人物，画法博采众长，面貌多样，富有新意。这件任薰的《桃燕图》扇面(图二)，款识："载轩

观察大人雅属，即请教正，阜长任熏写于吴门。阜长（朱文印）"。任熏作画，构图极佳，在极小的折扇画面上，能开拓出深远悠长、妙趣盎然的意境。此扇桃花、绿叶、坡石左右相映，画面正中一只飞燕穿梭其间，花鸟的主从关系巧心安排，动静相宜，给人一种空灵明快之感。其用色上也是浓淡相宜，花红叶绿，却又清新可爱，绝无俗媚之气。小燕子的画法也是写意传神，墨色的浓淡和赭石的点染，使得这只燕子在花叶之间更显活泼质朴，整件作品透着浓浓的春意和生机。

图二　任薰《桃燕图》扇面

张熊《寒柯丛竹》扇面(图三)。张熊(1803—1886)，浙江嘉兴人。又名张熊祥，字寿甫，亦作寿父，号子祥，晚号祥翁，别号鸳湖外史、鸳湖老人、西厢客等，室名银藤花馆。张熊与任熊、朱熊合称"沪上三熊"，他画的花鸟、草虫、蔬果、人物、山水都很有功力，其花鸟画初宗恽南田，后自成一家，富于时代气息，极受社会称赞。

扇面款识："寒柯丛竹，仿石谷笔意，应竹宾世大兄雅属，子祥张熊"。此作虽言仿王石谷（王翚）笔意，却有自家面貌，所用笔法俊逸古媚，近处以淡墨绘嶙峋怪石和老树枯枝，并以浓墨点染苔点，远处以浅绿画出翠竹，画面层次分明，高低深浅错落有致，再衬以泥金扇面，顿时别开生面、气韵自生。

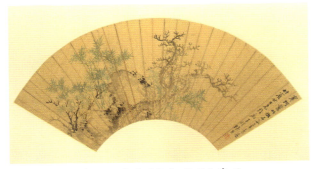

图三　张熊《寒柯丛竹》扇面

除了花鸟鱼虫，海派画家中亦有擅绘龙虎者，其中以房虎卿为佼佼者。房毅（1889—1979），字虎卿，号揖峰，江苏常州人。工画山水、走兽，尤擅绘墨龙。这件《双龙图》扇面（图四）即是房虎卿的拿手之作。画中所见两条墨龙遥相呼应，一龙于云中若隐若现，尽展飞龙在天的气势，另一龙在海中昂首咆哮，大有兴风作浪之势。周围浓云翻滚，风云变色，波涛汹涌，巨浪滔天，使得画面张力十足，威武雄奇。作者画龙点睛，将墨龙的清奇古怪展现的惟妙惟肖。

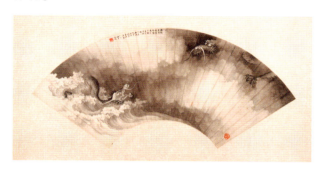

图四　房毅《双龙图》扇面

二、直抒胸臆　山水有情

仁者乐山，智者乐水。中国画离不开山水，扇面里的山水画更是以小见大，以情写景。

常州博物馆藏有不少海派画家的山水画作品，任熊的《花榭读书图》扇面（图五）即为其一。任熊，字谓长，一字湘浦，号不舍，浙江萧山人。清代晚期著名画家，"海派"艺术的代表人物之一。任熊是绘画全才，人物、花卉、山水、翎毛、虫鱼、走兽，无一不精。画法宗陈洪绶，笔力雄厚，气味静穆。与弟任薰、儿子任预、侄任颐合称"海上四任"，又与朱熊、张熊合称"沪上三熊"。任熊擅作册页、扇面等小品，能于较小尺幅中表现广博题材，这件《花榭读书图》并没有描写传统山水中常见的山高水长的辽阔风光，而是描绘了花树掩映下的园林小景，廊榭之中，一人悠闲的倚着栏杆，正沉浸在读书的乐趣之中。其用笔线条强而有力，遒劲刚折，且山石、草木、亭榭运用了淡墨、赭石、石青、石绿等色相互映衬，形成丰富的色彩对比，给人以明丽雅致的感觉。扇面款识："子青先生教正，庚戌夏日渭长任熊。渭长（朱文印）"。读书是乐事也是雅事，以读书为题画扇中小景相赠，更是妙哉。

图五　任熊《花榭读书图》扇面

吴庆云也是一位擅长山水的海派名家。常州博物馆收藏了他的《夏山烟雨图》扇面（图六）。吴庆云（1845—1916），字石仙，后以字行，号泼墨道人，上元（今南京）人，流寓上海，早年参加沪上著名画会"萍花书画社"，与吴大澂、顾若波、胡公寿、钱慧安、倪墨耕、吴秋农、金心兰、陆恢等名家并称"萍花九友"。吴石仙绘画主要有两种代表性风格：第一种为烟雨楼台景致，风雨晦明，云烟变幻，峰峦林壑，墨晕淋漓，应物象形，渲染入微；第二种则为细笔山水，以写秋景为主，胎息王蒙，用笔细密，勾勒圆劲，但传世较少。此件《夏山烟雨图》显然属于前者，画面中山峦屋舍，烟雨迷蒙，桥上一撑伞农人逆风而行，更突显了风雨大作的动感。但是风雨迷蒙却不昏暗，用笔浑厚又透着细腻，这正是吴石仙别出机杼、自成一家的个人魅力了。款识："夏山烟雨，仿米家法，丁未清和月（四月）下浣（下旬），湘云仁兄大人正之，白下吴石仙写于中江西城内云谷山房之北窗。石仙（朱文印）。"

图六　吴石仙《夏山烟雨图》扇面

三、传神写真　如见古人

人物画非常讲究笔墨技巧。工笔画重视笔法的运用，而写意人物画则笔墨互用，既要状物传神，又要抒情达意。海派扇面中的人物画题材，尽管尺幅有限，仍然善于描绘人物的细腻情感和丰富内涵。

顾洛（1763—约1837），字西梅，号禹门，清代浙江钱塘(今杭州)人,活跃于清嘉道年间,擅仕女、山水,亦工花卉。其仕女人物画工致妍丽,尤为著名。顾洛生平作画未尝重稿,亦未授一弟子。这件顾西梅的《梅月高士图》(图七),所绘意境清幽淡雅,梅花掩映的山谷中,一位高士持杯卧于石上,仰望夜空的明月,旁边的书童怀抱古琴,使得整个画面呈现出一种清风弄月、暗香自来的古雅妙境。款识:"己巳谷雨后三日于广陵客次,西梅居士顾洛。西梅。"

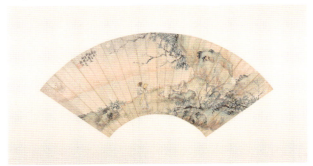

图七　顾西梅《梅月高士图》扇面

沙馥《桐阴高士》扇面。款识:子蕃仁兄大人正之,戊戌秋日沙馥。朱文印"山春"。沙馥(1831—1906),晚清画家,字山春,号粟庵,别署香泾外史,江苏苏州人。出身绘画世家,马仙根弟子。沙馥工人物、花鸟,为苏州阊门外山塘年画铺中最著名画家。他的人物画初学陈老莲,后转学改琦、费丹旭一脉,其笔下人物清雅秀丽、线条流畅婉约。

此扇面作于1898年秋季,画一文士老者,神态悠然,闲庭于梧桐树下。梧桐高士一直是文人画的重要题材,沙山春精于此道,将人物神态、线条变化、背景层次和画面色彩处理的恰到好处,充分表现了文人高士清雅闲适的情趣和隐逸超脱的品质。

图八　沙馥《桐阴高士》扇面

花元(1898—1957),江苏常熟人。名元,号劫庵,别号解语室主,室名闹红一舸。其父润卿是沙馥的入室弟子,花元自幼从父学画,后寓居上海,以

画为生。当年任伯年扇面极易购得,花元收藏有百页之多,装裱整理,日夕临摹,视为至宝,抗战逃难时还带在身边,故有"偶效任伯年得其神似"之说。花元之弟花剑南为刻竹高手,兄弟二人于折扇上多有合作,劫庵画扇面,剑南刻扇骨。

花元所画人物,笔触细致俏丽。这件《嫦娥》扇面,所绘嫦娥仙子,身穿孔雀羽衣,怀抱月兔,立于云端,嫦娥背后是皓白的明月,四周弥漫的云气和嫦娥飘动的衣带,更增添了画面的灵动之气。左上款识:"何处偷来换骨丹,金炉九转欲成难,剧怜孤影三更月,玉露无声下广寒。甲申大暑劫庵花元写。朱文印(劫庵)。"

图九　花元《嫦娥》扇面

四、书以明志　字字珠玑

中国书法博大精深,折扇扇面上窄下宽,纸面高低不平,最考验书写者的功力。扇面书法,讲究布局巧妙,其艺术魅力独特,自古就是文人雅士言志抒怀、诗词应和的绝佳载体。

黄山寿(1855—1919),原名曜,字旭初,号旭迟老人、丽生、鹤溪渔隐、裁烟阁主,江苏武进(今常州)人。官直隶同知,50岁后在上海卖画为生,善画人物、山水、花卉、走兽。他画人物仕女喜用工笔重彩,妩媚秀雅,有改琦遗韵;山水以青绿为主,气韵古逸;双钩花鸟形神兼具,生动有趣;偶作墨梅、竹石,别有清韵。

黄山寿书法学唐隶、北魏及郑燮、恽寿平。其对联大字以汉隶《石门颂》为主,他学《石门颂》,避其沉郁顿挫之神,显其开张曲伸之形,笔势流利又蕴含妩媚,在海派书画家中得以自成一格。黄氏的题画小字及扇面书法则学恽寿平,例如这件《行楷五言诗》扇面(图十),内容为:"弦匏无异音,椒果悦同馥。古有锦绣缎,将贻美人服。何以致继绻,采芳日

盈掬。论交各有因,嚣尘世相逐。轩盖徒喧豗,车音杳空谷。所以结赏心,寤寐予抒轴。柳庭秋易寒,薜荔自结束。歌停竹西屐,烟断雷塘绿。卧疴凛风帷,检身如枯木。混沌同昼处,金茎想夜沐。炼药鲜芝术,佗叹频仰屋。幼卿五兄大人雅正,黄山寿。"黄氏这种秀美的笔性,吸收了恽寿平妩媚萧散的行楷特点,笔锋转折之处,尽收温文儒雅之效。恽南田之书,出自赵孟頫。黄山寿有鉴于赵、恽的疏散,于是在楷书上力求整饬,寓柔媚之笔法于严谨之结构,使得书风刚柔并济,配合泥金笺扇面书写,可谓锦上添花。

图十　黄山寿《行楷五言诗》扇面

五、结语

自清末民初起,上海作为东西方文化交流的中心,活跃于此的海派画家群体在艺术风格上也发生了改变,是一个承前启后的流派。当时沪上扇庄林立,扇面书画风靡一时,无论官僚士绅、文人墨客、商贾买办、名媛闺秀,皆以怀袖雅物为时尚,海上画派由此得以在扇面书画中大放异彩,涌现出大量精美的艺术佳作!为了适应商品经济和民间审美的需要,海派扇面在题材上以花鸟为主,人物、山水次之;同时在内涵上注重诗书画印的修养,也善于从民间艺术中汲取营养,赋予作品许多美好的寓意;在设色上也更加丰富,从而使海派扇面书画呈现出一种百花齐放、小中见大、雅俗共赏的艺术特点。通过这些精美的扇面,使得海派书画艺术得以更加真实和完整的呈现给广大群众。海派艺术所传递的那种兼容并蓄、自由多元的精神内涵,对当今文化艺术的发展依然具有积极的启示作用。

参考文献:

[1]王双阳:《胡公寿与早期海上画坛》,《中国书画》2005年第2期。

[2]彭西春:《海上画派产生的背景及特色形成的因素》,《文艺研究》2008年第9期。

[3]陈超南:《承前启后的海上画派》,《社会科学》2000年第2期。

[4]王琪森:《海派书画》,文汇出版社,2007年。

[5]叶鹏飞:《蒲华书画艺术赏析》,《收藏家》2002年第2期。

[6]朱宏亮、刘振永:《泼墨道人吴石仙水墨山水》,《东方收藏》2014年第6期。

[7]顾维玺:《"前海派"绘画研究》,上海大学出版社,2009年。

[8]杨逸:《海上墨林》,华东师范大学出版社,2009年。

(作者单位:常州博物馆)

读《舣舟亭雅集图卷》札记

◇ 邹绵绵

内容提要：常州博物馆藏民国画家邓春澍1933年秋绘《舣舟亭雅集图卷》，从该图卷引首、款识、内容，到参与雅集的人员题名、卷尾题书诗跋等的考察，可以反映当时常州文风之盛、人才之众之外，还能间接反映抗战英烈李复当年与苏州美专同学创办常州尚美女校的地方艺文史料，兹择要就图卷内容相关的人事写作札记三则，其中或引征，或加考证，以冀能对这件馆藏文物的文化价值的认识有所增益，并引起更多人的关注。

关键词：舣舟亭　钱蕙荪　王栖霞

邓春澍《舣舟亭雅集图卷》上端题识："癸酉（1933）十月既望，铁年、仁冰、汀鹭、升初等来自宁、沪、锡，宜祝玉岑祖母耋寿。之翌日共饯于东郊舣舟亭畔，篱菊未残，霜枫犹赤，相与登临游（远）眺。既

久，酬酢尽欢而别。澍以胜会不常，盛筵难再，爰请题名，更绘斯图，以志鸿雪。云溪居士邓春澍识于四韵草堂"（图一）。

读此题识，便可知画家创作此图的缘起是为谢

图一　邓春澍绘《舣舟亭雅集图卷》（局部）

玉岑、稚柳兄弟的祖母钱蕙荪（1854—1934，字畹香，工诗，有《双存书屋诗草》。系谢祖芳妻，钱名山姑妈）八十庆寿，才使得在宁、沪、锡的友好都来祝嘏庆贺，才有此叔舟亭雅集事。而谢氏玉岑、稚柳兄弟的祖母钱蕙荪是位了不起的女性，她为谢家文脉的传承做出了重要贡献，力使《谢氏家集》面世，并培育孙辈成才。纵观这部《谢氏家集》，它所汇集的是晚清谢氏（玉阶、祖芳、仁卿三代人）的诗词文学作品，也可以说是一部当时苦难交加的谢氏家族为了书香传家而作的奋斗史。对此正如晚清学者、诗人钱名山在为《谢氏家集》作跋中写道："今年春（1912年），姑母（钱蕙荪）呼予，谓之曰：'谢氏家集，尔姑夫（谢祖芳）在，欲刻不果而死；仁卿兄弟又不果刻而死，今又不刻，我又将死。世虽乱，我欲见吾书一日成，盍为我谋？等贫也，终不以不刻书而富矣。虽费，吾不恤矣！'予奉命遂卒成之。"读至此，不能不使笔者对这位知书达理，且深明大义的钱蕙荪老太太，她为了完成先夫亡儿的遗愿，毅然担当起了传承谢氏家族文化的这份责任而肃然起敬！

一、雅集题名、卷尾题诗与"苔岑吟社"

《叔舟亭雅集图》卷前有钱名山大书引首，卷子拖尾有"叔舟亭雅集题名"（共21人，另有汤澹然、汪公玉、周企言、吴敬恒四家所题观款）外，另有如郑岳、蒋石渠、徐鋆、孙保圻、周企言、侯鸿鉴等十余家的题诗。这些题名，题诗者分别来自宁、沪、锡等地，堪称人才辐辏。在当时能召集这么多文人、书画家来常州为谢氏玉岑、稚柳兄弟的祖母钱蕙荪老太太祝寿，其原因除了钱名山朋友、弟子众多，和谢玉岑的"爱朋友若性命"（夏承焘语）而交游颇广之外，应该还与素以"诗国"传称的常州于1918年（一说1917年）肇创的"苔岑吟社"流风所披相关。

有关"苔岑吟社"的肇创时间、社旨、主要人员、出版刊物，及其影响等，这些在谢建红著《玉树临风：谢玉岑传》第三章《芝兰玉树》中有较为详细的记述，在此不再作全面的介绍。仅引该社的宗旨为"整饬文风，保存国粹，启迪后进。"认为学问是立身之本，诗文是立国之原，文明是进化之国，均为以振兴文化这一大计来培植本原。当时该社成员目睹时局纷纭、世变日亟、文学凋敝之状，感到应以维持民

族文化为己任，为求补偏救弊。1919年，苔岑社发展很快，远近文人，纷至沓来，同心相应，同气相求，沾沾于声韵之学，企作文学艺术界的砥柱中流。为此，该社即呈文县府，要求在北直街祥源观后辟一荒地，拟公筹经费，建筑平屋三楹，正式命名为苔岑吟社，使之成为社员聚会觞咏之所。苔岑吟社活动持续十余年，闻风响应者，纵横及八九省，达300余人。1918年12月出版《苔岑丛书》第一集。再说钱名山为该社名誉社长，24人之首，余如上海陈蝶仙（天虚我生）、常熟金病鹤等。谢玉岑为该社成员，兼任书记员，次年成为苔岑吟社社董。鉴于上述，如《叔舟亭雅集图》卷尾就有近现代知名教育家无锡侯鸿鉴的题诗，而侯氏即苔岑吟社的社员之一[①]。因此《叔舟亭雅集图卷》的产生，以文化传承而言，与苔岑吟社不无一定的关系。

二、对图卷中诗人"王栖霞"其人及其题诗背景考察

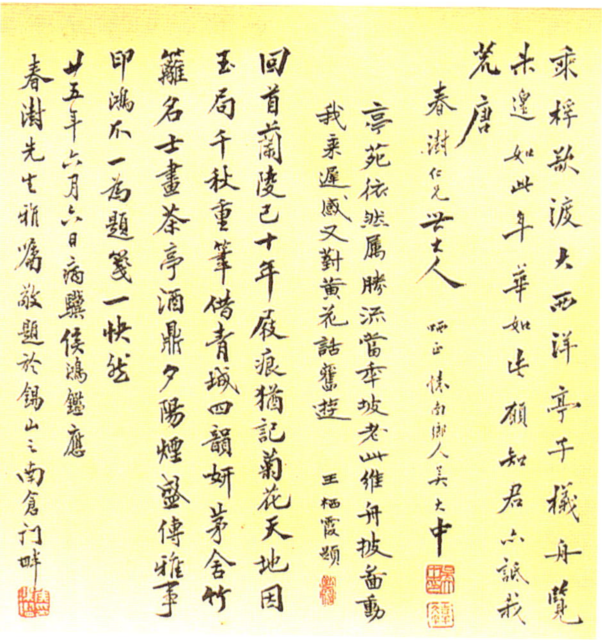

图二　《叔舟亭雅集图卷》拖尾（局部）
左起一为王栖霞题诗手迹

读图卷拖尾上有如郑岳、蒋石渠、徐鋆、孙保圻、周企言、侯鸿鉴等十四家的题诗。就在侯鸿鉴题诗之前，见有款署"王栖霞"书题七绝一首，引起笔者的格外关注，原因是题诗作者"王栖霞"，是否便是当代苏州文苑艺坛老前辈、生前为苏州市文联艺术指导委员、苏州园林局顾问的老诗人王西野

(1914—1997)先生？如果按年纪推算，当时王老年仅弱冠，而在他题诗的前后题诗者有如郑岳（1901—1975，字曼青，浙江永嘉人）、蒋石渠（1898—1979，名庭曜，今常州人）都是"江南三大儒"之一钱名山"寄园"高弟，而孙保圻（1881—1953，名肇圻，无锡人。系当代著名学者、作家钱钟书表伯，工诗，有《箫心剑气楼诗存》等）、周企言（1868—1937，字葆贻，常州人。工诗词和古文，有《怡庵诗茸》。即当代文化名人周有光之父）、侯鸿鉴（1872—1961，字保三，号病骥，无锡人。知名教育家，工诗，有《骥鹤唱和集》），都是年逾花甲的耆儒。鉴此，若要认定诗人"王栖霞"即王西野，及其题诗的背景，那就有必要作番探究了。

在此探究之前，先把现今王西野先生的生平简介录于下：王西野（1914—1997）字栖霞，晚署霜桐老人，室名霜桐野屋、诗隐楼，江苏江阴人。早年毕业于苏州美专，旋为上海光华大学文学士。长期从事教育事业，曾任同济大学，上海杨浦教育学院等校教职。对中国古典文学、美术史论、古建筑及园林艺术均深具造诣，工诗文，兼擅书画，而以诗名。与叶圣陶、谢国桢、沈从文、顾廷龙、苏渊雷、钱仲联、陈从周等交好；在书画界与白蕉、陆俨少、王企华、徐绍青最为友善。退休后定居苏州，应聘为苏州市文联艺术指导委员、苏州园林局顾问，对苏州的文化事业，尤其是对苏州园林、名胜古迹的修复、整治，堪为劳绩处处，贡献良多。

再看"王栖霞"在《舣舟亭雅集图卷》上的题诗：
亭苑依然属胜流，当年坡老此维舟。
披图动我来迟感，又对黄花话旧游。王栖霞题
（钤"敬而信"长方朱印）

该诗系七言绝句，诗中大意为：这次会集舣舟亭的都是一时诗文书画界的一些名流，由于这里传为大文豪苏东坡当年每乘船到常州就停泊于此而留下的胜迹，才成为文人墨客向往的雅集之所。当我欣赏到了《舣舟亭雅集图卷》后，不禁使自己稍感遗憾的是由于自己的晚来（生）而未能参与雅集盛会，失去了一次能向诸位前辈请益求教的机会。然而，图中"篱菊未残，霜枫犹赤，相与登临游眺"的良辰美景，不仅能使我感同身受，更为有幸的是能在此图卷上题诗抒怀，以记游踪，真是件赏心乐事。

由于诗人在题诗名款下所钤"敬而信"长方朱印，该印章显然系俗称的"闲章"，而非姓名、字号印章，遂产生了本次的考证。至于有关在题诗后未署年款，则可以从在"王栖霞"题诗之前有周企言等的题诗均记为"乙亥"（1935年），而在"王栖霞"题诗之后的侯鸿鉴题诗则记为"（民国）廿五年（1936年，丙子）六月六日"，由此可知"王栖霞"题诗的时间最早也应该是在1935年，最晚在1936年之夏。那么，王西野先生时年22岁。

笔者经查钱定一《苏州美专大事记》有记述："1928年9月，颜文樑去法国巴黎留学……这时苏州美专由胡粹中代理校长之职，……是年组办了高中艺术师范科，学制为三年。第一期招进学生有钱延康、王栖霞、汪宗华、徐京、周适、李复、凌琳如、周家鼎等24人。高中艺术师范科毕业后，一部分学生至外单位就业，主要的学生升入专科，继续学习深造。"②

鉴于上述，可知王西野先生早年确实是以其字栖霞行，同时他至1931年的秋季已经从苏州美专高中艺术师范科毕业，这可以说是他毕生从事教育事业的根源。再从王西野先生生前赠我的《霜桐野屋书画集》③在所附"霜桐野屋藏师友书画"中就有其老同学如徐京、于中和、杨公毅等的画迹，可以说明他们的交谊非同一般。

钱伯城《颜文樑先生年谱》一文记载："1934年民国二十三年 甲戌 四十二岁。一月，偕胡粹中莅常州参观常州美术会第一届展览会，系美专同学刘昆岗、李复、徐京仿苏州美术画赛会而发起者也。在常州晤常邑名画家邓春澍等人。"④由此可知王西野先生在苏州美专高中艺术师范科的同届同学李复、徐京等已经在常州就业，颜文樑等还与常州画家邓春澍等相晤。那么毕业于苏州美专高中艺术师范科的同届同学李复、徐京等既然会在常州发起"常州美术会第一届展览会"，想必他们当时所从事的职业应该是与艺术教育相关。如果这一推想能够成立的话，那么颇有可能作为与李复、徐京同届同学的王栖霞当时也就业在常州，这对探究他1935年在《舣舟亭雅集图卷》上题诗的背景就至关重要了。

继而笔者在《苏州史志》（总第26辑）读到沈伟东撰写的《先生之风 高淡旷远——缅怀王西野先生》一文，该文提到王西野30年代走上讲坛，先后在常州女中、杭州光华中学、江阴长泾中学、怀仁中学、上海师城中学、华东工农速成实验学校、同济大学、凉州中学、杨浦区教师进修学院任教，在教育阵地上辛勤耕耘了近50年⑤。其中的"常州女中"，就使我对以上推想的成立信心倍增。就此就着手对王的同届同学李复、徐京等的事迹再作搜索并加考察。

笔者在《常州日报·文笔塔》（2015年12月20日 A2版）读到作者李业文撰写的《抗战英烈李复与尚美女校》一文，在该文中就有着与之相关的记述："1933年秋，苏州美术专门学校毕业生李复（笔者按：李复，1906—1940，宜兴藏村人。1939年任新四军独立团副团长，同年加入中国共产党，1940年在突围战斗中壮烈牺牲。）放弃了留美深造的机会，变卖了家中财产，胸怀'教育救国'和献身艺术事业的理想，与同窗好友徐京、尤迁、钱延康、堂弟李述等来常州，经半年筹划，成立了常州尚美女子艺术专门学校。李复自任校长，聘请苏州美专颜文樑为董事长。尤迁、金若水为国画教员，钱延康为素描、西画教师，徐京、王栖霞为美术理论教师，倪言野为西画教师，其他如李述、金述、胡建英、于中和等教授普通中学课程。这些青年教师艰苦办学，充满生气，他们不拿工资，仅由校方供饭及一些零用钱。校址在铁市巷磨盘桥盛氏义庄，校舍有四厢。……70名新生分初、高中两班。高中班每日上午为美术专修课，下午学语文、历史、地理。王栖霞还在《美术理论基础》课上，自编《古代诗词讲评》等教材，加强学生的艺术修养。"⑥鉴于上述，对于有关王栖霞（西野）1935年在《舣舟亭雅集图卷》题诗的背景也就全然清楚了。

最有必要申说的是，正是由于曾毕业于苏州美专高中艺术师范科的抗战英烈李复早年胸怀教育救国和献身艺术事业的理想，由他汇集了同窗好友徐京、钱延康、王栖霞等在常州创办"常州尚美女子艺术专门学校"，他们艰苦办学，充满生气，不拿工资，把自己的青春年华献身于艺术教育事业，

就这一意义上来说王栖霞当年在《舣舟亭雅集图卷》上的题诗，堪为常州现代艺术教育史中的一个物证。

需要再作说明的是，邓春澍因何会请一位年仅22岁的小青年在图卷上题诗？对此可以从上述引文中"王栖霞还在《美术理论基础》课上，自编《古代诗词讲评》等教材，加强学生的艺术修养。"来释疑。再说王栖霞（西野）早在苏州美求学时，就由他在校发起组织"起社"诗社，请国文教师黄颂尧任社长，由党义金石教师朱梁任任名誉社长，还出版有《起社》社刊⑦。这也可以说是他之所以后来会以诗著称当代文苑艺林的由缘。由于至今在苏州文艺界都认为王西野先生早年自苏州美专毕业后即就读上海光华大学。现通过以上对王栖霞1935年在《舣舟亭雅集图卷》上题诗相关背景的考察就可以辨明，他的就读上海光华大学的时间应该是在1935年题诗之后，而非1931年在苏州美专高中艺术师范科毕业之后。其实，此类"先就业再深造"在当时的社会是很普遍的现象。况且我自上世纪80年代中期起与王西野先生结为忘年交，他还为我说诗，勉励我学作诗，还为我批改诗文，我至今还保存着几页经西野先生生前为我批改的诗稿。又某次我持一纸白蕉《书二书人》呈他一览。由于白蕉在文中有曰："自丁丑岁避地海上，始以诗识郭晴湖。既而得笔札，讶其资赋之有异。然各以尘事，数年来见不数数，其间或杯酒谈书，言必有中。近见所为，殊惊其用力之猛。聆其吐属，益信我本末之见为未谬也。晴湖之书，初颇宽博，而神未内敛。既习《书谱》，得其使转，更习《宣示》，益沉着严肃，骎骎焉庶几晋人风尚矣。"⑧其中的"自丁丑岁避地海上，始以诗识郭晴湖。"即1937年抗战爆发后白蕉避兵到上海，并在光华大学附中任教职，由是以诗书与已在光华文学院任讲师，兼在光华附中任教职的郭晴湖相识并订交，而王西野与白蕉的订交亦在其时。因此王西野先生当即告知我他与白蕉订交的一些事，还告诉我郭晴湖先生还是他在光华大学（文学院）求学时的老师。由此可见1937年夏王西野先生尚在光华文学院读书，这与他在《舣舟亭雅集图卷》题诗时间，即1935年至1936年夏来看也完全吻合。

上述这些便是我所见王西野先生早年在《舣舟亭雅集图卷》上题诗的全部背景。而今王西野先生去世已 20 余年，2017 年《苏州杂志》第四期选刊有他的不少书画、诗词，和纪念他的文章。而常州博物馆藏的这件《舣舟亭雅集图卷》，在此把所见王西野先生早年的书诗手迹及其相关背景考述如上，藉此作为我对素怀敬重的老前辈王西野先生的一点纪念，同时也可以说是为常州博物馆所珍藏的《舣舟亭雅集图卷》挖掘了一段故事，而且其中涉及到中共党员、抗战英烈李复当年与苏州美专同学创办常州尚美女校的史迹而使这件藏品增添了内容。

注释：

①约十多年前笔者在常州钱璱之先生府上巧遇无锡安健先生，他当时谈起民国时期常州钱名山、谢玉岑与苔岑社事，笔者闻后颇感兴趣。安健先生即取出其所撰《钱名山、谢玉岑与苔岑社》打印稿二叶赠阅。其中述及"常州亦有一文学社团，名为'苔岑社'，社员主要以武进、阳湖为主，后波及其它各地，如无锡侯鸿鉴、王传镛、秦镜秋等亦为苔岑社社员，其盛时社员达二百余人之多，遍及七八个省市，影响虽不及南社，但亦蜚声一时。"

②钱定一：《苏州美专大事记》，载陈微主编《沧浪撷英：苏州美术专科学校建校八十六周年纪念专辑》，中国现代美术出版社，2009 年。

③王西野：《霜桐野屋书画集》，福建美术出版社，1996 年。

④钱伯城：《颜文樑先生年谱》，载《学林漫录》第六集，中华书局，1982 年。

⑤沈伟东：《先生之风 高淡旷远——缅怀王西野先生》，载苏州市地方志编纂委员会、苏州市政协学习和文史委员会编，《苏州史志》(内部资料)，总第 26 辑，2001 年。

⑥李业文：《抗战英烈李复与尚美女校》，《常州日报》2015 年 12 月 20 日 A2 版。

⑦事见沈伟东撰写的《先生之风 高淡旷远——缅怀王西野先生》一文中。

⑧白蕉《书二书人》，该文刊载于上世纪 40 年代初的由上海联华广告公司出版的《小说月报·今人诗文录》中。2001 年，笔者将该文点注后刊载于上海书画出版社《书与画》2002 年第 2 期。

征稿启事

　　《常州文博论丛》是常州博物馆主办的连续性学术辑刊,本论丛立足常州,兼及周邻地域,是面向国内公开发行的文博类综合性学术刊物,主要征稿范围涵盖文物研究、博物馆学研究、考古学研究、文化遗产研究、历史学及地方史志研究、文化名人研究以及自然研究类论文等。本刊旨在加强业界同仁的交流与争鸣,促进常州文博事业的发展,提升常州文博的科研水平,推动文博行业的繁荣。为了保证刊物的高质量出版,现对论文来稿的要求、格式及规范等统一作如下要求:

　　一、须严格遵守学术规范,无剽窃、抄袭行为;切勿一稿多投,文责自负。

　　二、普通论文篇幅以4000至5000字左右为宜,考古报告、简报类一般不超过10000字。

　　三、来稿须提供文稿的电子文本(word格式)。

　　四、论文依次由标题、作者、工作单位、摘要、关键词、正文、尾注或参考文献组成。务请在来稿正文前提供中文摘要(200字左右)、关键词(3~5个),摘要应能客观反映论文或报告的主要内容,文博类论文的注释和参考文献一律采用尾注,以序号①、②、③的形式标注;自然科学类论文可以在后文标示出参考文献。

　　论文注释详尽、准确。著作类包括作者、著作名称、页码、出版社、出版时间,译著可在作者前加国别。古文献类包括作者、文献名称、卷号、本纪或列传等名称、出版社或版本、出版或刊印时间、页码。期刊论文类包括作者、论文名称、期刊号、页码。文集或辑刊论文类包括作者、论文名称、编者、文集或辑刊名称、出版社、出版时间、页码。学位论文类包括作者、论文名、学校名、学位名、时间、页码。

　　例如,巩启明:《仰韶文化》,文物出版社,2002年,第1至8页;司马迁:《史记》卷11《孝景本纪》,中华书局,1959年,第439至450页;宋向光:《博物馆定义与当代博物馆的发展》,《中国博物馆》2003年第10期,第1至6页;毛昭晰:《关于良渚遗址的发现》,载浙江省文物考古研究所编,《浙江省文物考古研究所学刊》(第八辑),科学出版社,2006年,第9至13页;郑奕:《博物馆教育活动研究》,复旦大学博士学位论文,2012年,第22页。

　　自然博物类论文参考文献格式为:作者、出版时间、论文或著作名称、刊物名称或出版社名称、期卷号和页码。

　　例如,汪筱林,周忠和,2002。辽西早白垩世九佛堂组一翼手龙类化石及其地层意义。科学通报,20:1521-1527;张弥漫主编,2001。热河生物群。上海:上海科学技术出版社,1-150.

　　五、论文插图清晰,插图单独打包,与论文一并投递。图片须为JPG格式,扫描件300像素以上,照片500K以上,图片命名清楚。

　　六、本论丛有权依据审稿专家意见对来稿提出修改建议,并会及时告知作者;在最后出版前有权对文字内容进行文辞语法上的适当删改,如不同意,请在来稿前告知。

　　七、来稿请注明作者信息,包括单位全称、地址、电话和邮编。

　　八、本刊不收版面费,并实行实付稿酬的用稿制度。

　　九、本论丛坚持以质论稿、择优录用的原则,并实行匿名审稿制,稿件一经采用,即通知作者本人,征稿截止日期为每年8月30日,如当年9月30日前未收到用稿通知,可另投他处。

　　十、未尽事宜,请咨询《常州文博论丛》编辑部。

　　地址:江苏省常州市龙城大道1288号常州博物馆《常州文博论丛》编辑部　　邮编:213022

　　电话:(0519)85165080—8031　　联系人:雷倩萍　　投稿邮箱:wbeditor@czmuseum.com